Ph. M. Klein

Der Wanderer durch Köln

Ph. M. Klein

Der Wanderer durch Köln

ISBN/EAN: 9783743347007

Hergestellt in Europa, USA, Kanada, Australien, Japan

Cover: Foto ©ninafisch / pixelio.de

Ph. M. Klein

Der Wanderer durch Köln

Der

Wanderer durch Köln.

Eine

geschichtliche Beschreibung der Stadt

und

sämmtlicher Merkwürdigkeiten.

Nach den zuverläſſigſten Quellen und mit Benutzung des mannig-
faltigſten Stoffes zuſammengeſtellt und herausgegeben

von

Ph. M. Klein.

Mit 50 in den Text gedruckten Original-
Holzschnitten.

KOELN, 1863.

Druck und Verlag von Friedr. Greven,
Marsplatz 10—12.

Vorrede.

―――

Mit dem bescheidenen Bewusstsein, weder eine Frucht eigener historischer Forschung zu sein, noch einen Anspruch auf gänzliche Unfehlbarkeit in allen seinen unzähligen Einzelnheiten machen zu dürfen, tritt gegenwärtiges Werkchen hiermit in die Oeffentlichkeit. Die einzige Absicht bei seinem Entstehen war die, aus dem unerschöpflichen Material, welches die Metropole des Rheinlandes dem Suchenden zu allen Zeiten und an allen Orten bietet, das Hauptsächlichste auszuwählen, und durch Zusammenstellung desselben dem Kölner wie dem Fremden ein möglichst lebensfrisches Bild meiner Vaterstadt zu entrollen, dessen Betrachtung alle Bewohner mit Stolz, und alle Besucher mit gebührender Bewunderung erfüllen sollte. So nehme denn jeder Kölner es freundlich auf in sein Haus, um in demselben seine Vaterstadt besser kennen und mehr noch lieben zu lernen. Der Fremde aber nehme es als einen treuen Führer zur Hand, der sich mit dem besten Willen bemüht, ihm auf einem angedeuteten Wege Alles vorzuführen, ihm Alles zu erklären und zu beschreiben, was die alte heilige Stadt nur Wichtiges und Sehenswerthes in ihren Mauern enthält. Das eine wie das andere erreichen zu wollen, war die Absicht des Unterzeichneten; das Bewusstsein aber, es mehr entsprechend dem guten Willen als der Kraft erreicht zu haben, wäre für die mühevolle Arbeit sein schönster Lohn.

KOELN, in der Charwoche 1863.

Der Verfasser.

Inhalts-Verzeichniß.

E. Beschreibung der Sehenswürdigkeiten Kölns.

o liegt sie da, in weitem Halbkreise ausgedehnt vor unserm Auge an den Ufern des grünen Rheines, die reiche Colonia, die stolze Römerbraut, einst der deutschen Hansa Schmuck. jetzt die Metropole an jenem mächtigen Strome, der Preussens weinbelaubte Grenzmarken durchzieht. Ihren ganzen innern Charakter trägt sie freimüthig zur Schau. Die zahllosen Kirchthürme geben den Frommsinn ihrer Bewohner zu erkennen. Tausende von Schiffen grüssen sie mit bunten Wimpeln, und fahren fröhlich an ihren Ufern entlang, theils ihrer Last entladen, theils mit reichen Schätzen für die Ferne befrachtet: das lebendigste Bild der üppigen Handelsblüthe. Eiserne Linien weisen von allen Himmelsgegenden den Fremden in ihre Mitte hinein, und wer diesen Wegweisern folgt, er wird sich behaglich fühlen in der Umgebung einer gewerbthätigen, gesinnungstüchtigen Bürgerschaft. Die engen

Strassen haben ihre Einwirkung auf Annährung und gegenseitige Zuneigung der Bewohner durchaus nicht verfehlt; dabei sind Gemüthlichkeit und Lebensgenuss mehr wie irgend am ganzen Rheine in den Mauern dieser Stadt daheim. Wissenschaft und Kunst waren von jeher gepflegte Töchter der Mutter Colonia, die nebenbei auf Bearbeitung ihrer eigenen Biographie einen seltenen Fleiss verwandte. In ihren geheimen Schränken birgt sie nicht Gold und Silberwerth, aber einen merkwürdigen Schatz weltgeschichtlichen Stoffes, von dem wir einiges, was die Eigenthümerin selbt betrifft, dem geneigten Leser in kurzen Umrissen in's Gedächtniss niederzulegen hiermit versuchen wollen.

A.

Geschichte Kölns.

1. Urgeschichte.

öln wurde schon 37 Jahre vor Christi Geburt von den Ubiern erbaut.*) 16 Jahre nach Christi Geburt wurde Julia Agrippina, spätere Gemahlin des Kaisers Claudius und Mutter Nero's, in Köln geboren. Aus dieser Veranlassung und weil Claudius selbst eine römische Colonie bei dem alten Ubium gegründet hatte, gab er seiner Gemahlin zu Ehren der Stadt die Benennung: Colonia Agrippina, aus welcher der heutige Name: Köln, sich allmählich gebildet hat.

Die Kaiserin Julia Agrippina scheint eine grosse Vorliebe für die nach ihr benannte neue Stadt gehabt

---

*) Nach einer frommen Sage fiele die Gründung der Stadt mit der Geburt der h. Jungfrau Maria zusammen.

1 *

zu haben, denn sie umgab sie nicht nur durch feste
Mauern mit Thürmen und Thoren, (von welcher ersten
Ummauerung noch heute Spuren vorhanden sind), sondern
schmückte sie namentlich im Innern mit grossartigen
Bauten, wozu besonders ein Capitol, ein Amphitheater,
mehrere Tempel etc. zu zählen sind. Kaiser Trajanus
(98 — 117 Jahre nach Christi Geburt) ertheilte der
so rasch aufblühenden Stadt römische Rechte und Freiheiten, und verwandte ebenfalls bedeutende Mittel auf
Verschönerung und Bauten, und zwar nur römischer
Art. Ein späterer Nachfolger des Trajanus, der römische
Imperator Posthumus (260 Jahre n. Chr.) setzte seiner Zeit die Verschönerungen nicht nur fort, sondern
errichtete ausserdem in der Stadt einen römischen Senat,
so dass man die ihm zugeschriebene Absicht, allmählich
ein zweites Rom aus derselben zu schaffen, aus allen
Einzelnheiten erkennen konnte. In seine Regierungszeit
soll sogar die Errichtung eines ersten Rheinhafens zu
verlegen sein. Ein Arm des Rheines, der damals
seinen Lauf von Lyskirchen her über den Heumarkt,
unter Küsten, über den Altenmarkt, den Domhof auf
Cunibert zu nahm, bildete unter andern kleinern eine
ziemlich grosse Insel, (worauf die Kirche Gross St.
Martin sich befand,) die zum Baue dieses Hafens die
natürliche Veranlassung und grosse Erleichterung bot.
Von Posthumus bis zum Kaiser Constantin können wir
Köln als eine Reichs-, Haupt- und Residenzstadt betrachten, indem die Kaiser als solche hier anerkannt und
ausgerufen worden sind. Es befand sich sogar eine
Flotte im Kölner Hafen, und hatten die Kaiser ihre
Hauptheeresmacht und ihre Münze in Köln.

Von den der Stadt in jener ihrer ersten Entwickelungsperiode ertheilten römischen Einrichtungen und Rechten,
hat sich manches sogar noch bis über das Mittelalter
hinaus erhalten. So mussten selbst noch bis in die jüngere Zeit hinein die zwei jährlich gewählten Bürgermeister,

(Consules,) statt dass sie ihren Eid im Capitole leisteten, in der jetzigen Kirche St. Maria im Capitol, einer feier- lichen Messe beiwohnen, wurden alsdann mit der Con- sular-Toga bekleidet, und vom Senate in pomphaftem Zuge abgeholt.

2. Einführung des Christenthums.

as Christenthum gewann schon sehr frühe in Köln ei- nen festen und fruchtbaren Bo- den. Wenn, wie eine vielverbreitete Sage dies wenigstens erzählt, dasselbe durch den h. Bischof Maternus hierhin verpflanzt worden wäre, und dieser, gemäss der Ueberlie- ferung aus grauester Zeit, ein Schüler des Apostels Petrus war, so fiele die Einführung und Ausbreitung des Christen- thums schon mit der allerersten Entwickelungsperiode der Stadt in dieselbe Zeit zusammen. Nach Andern soll Ma- ternus erst im Jahre 314 n. Chr. Bischof von Köln gewesen sein, und wäre hiernach das directe Schülerverhältniss zum Apostel Petrus durch Zahlen widerlegt. Das aber das Christenthum shon in den ersten Jahrhunderten seines Bestehens hier ausgebreitet worden ist, daran kann man um so weniger zweifeln, als nach Zeugnissen

Tertulians und Irenäus der christliche Glaube unter den germanischen und britanischen Völkern schon gegen Ende des zweiten Jahrhunderts vielfach Wurzel gefasst haben soll. Sollte da die blühende, begünstigte junge Römercolonie andern Städten, Ländern und Völkern in der Annahme des Christenthums erst lange nachgefolgt sein? — Aber auch schon die allerersten Kämpfe zwischen Christen- und Heidenthum ergossen über den kölnischen Boden ihre blutigen Ströme. Im Jahre 286 n. Chr. erlitten hierselbst der h. Gereon mit seinen 700 Gesellen als Blutzeugen des neuen Evangeliums den grausamsten Martyrtod, und unter dem römischen Kaiser Gratian (378—383) folgten diesen die h. Ursula nebst den 11,000 Jungfrauen als Märtyrinnen nach.

Ueberhaupt hat Köln bei allen Christenverfolgungen der damaligen Zeit so viel mit erlitten, dass man wirklich behaupten kann, die ganze Stadt steht auf einem durch das Blut der ersten Christusbekenner getränkten und geheiligten Boden. Daher ist es nicht zu verwundern, dass fast unter allen katholischen Städten, vielleicht nur mit Ausnahme Roms, keine einzige einen solchen Reichthum an Reliquien von Heiligen wie Köln besitzt, woher denn auch die Bezeichnung, das heilige Köln, sich bis auf die jetzige Zeit als gerechtfertigt erhalten hat. Unter Kaiser Constantin (geb. 274, regierte von 323 bis 337 n. Chr.) wurde endlich das Christenthum zur herrschenden Religion.*)

Die Regierungszeit dieses Kaisers war für die Geschichte Kölns nicht nur desshalb eine erspriessliche, weil durch das Aufhören der Christenverfolgungen ihre bürgerliche Entwickelung einen neuen Aufschwung erhielt, sondern weil er selber der Stadt so viel wie nur einer seiner Vorgänger besonders zugethan war. So

---

*) Von Constantins Mutter, der Kaiserin Helena, die auf Golgatha das wahre Kreuz des Heilandes entdeckte, wurde in Köln die prachtvolle Kirche St. Gereon erbaut.

ging von ihm der erste Plan zur Erbauung einer festen
Rheinbrücke aus, deren Bau wirklich begonnen, aber
leider nicht vollendet wurde. Nach ihrer spätern gänz-
lichen Zerstörung (954 n. Chr.) wurde aus dem noch
vorhandenen Material die jetzige Garnisonkirche St.
Pantaleon erbaut. So nahm durch grossartige Bauten
und Einrichtungen die Grösse und Wichtigkeit der
Stadt in den ersten Jahrhunderten ihres Bestehens auf
eine rasche Weise zu, und blieb dieselbe bis zum Jahre
330 n. Chr. die Hauptstadt des untern rheinischen
Galliens. Die Stadt hatte damals nur fünf Thore, das
erste gegen Osten oder dem Rheine zu gewandt, war
die Porta martis, Eingang zur jetzigen Strasse: oben
Marspforten; das zweite gegen Süden die Porta jovis
oder Hochpforte, jetzt noch der Name der dort beginnenden Strasse; das dritte gegen Südwesten die Porta
graecorum, Griechenpforte, erst vor wenigen Jahren
abgebrochen, aber durch die Namen der dahinter liegenden Strassen: kleiner und grosser Griechenmarkt, in
der Erinnerung noch fortbestehend; das vierte gegen
Westen die Porta honoria, auch noch nicht lange
vertilgt, und auf der westlichen Hälfte der jetzigen
Ehrenstrasse stehend; und das fünfte nach Norden gerichtet, die Porta flaminea oder paphia, an deren
Standpunkt noch heute die Inschrift in dem Propstei-
gebäude in der Strasse: unter fetten Hennen, erinnert.

3. Köln unter den Franken-Königen.

leichwie der Mensch nach der sorglos lächelnden Jugendzeit zum ernsten Jünglinge wird und im reifern Mannesalter die oft schweren Kämpfe des Lebens mit durchkämpfen muss, so rückten auch bald für die so glücklich aufblühende Colonia viel ernstere Zeiten heran. Schon um das Jahr 355 n. Chr. wurde sie von den Franken, einem kräftigen deutschen Völkerstamme, erobert und fast gänzlich zerstört. Bald darnach, 357 — 358, gelangte sie durch Kaiser Julian nicht nur wieder in den Besitz der Römer, sondern es wurden auch die meisten zerstörten Gebäude wieder aufgerichtet und hergestellt, und viele neue erbaut, so dass die ververwüstete Stadt bald wieder in ihrem alten Ansehen erglänzte. Doch leider dauerte diese Friedensperiode nur bis gegen 462, wo sie abermals den Franken in die Hände fiel, und Hauptstadt eines Stammes derselben, der Ripuarier (Uferfranken) wurde, die ihr Reich allmählich auszubreiten wussten von Andernach bis über Köln hinaus in die Gegend von Uerdingen, und westlich bis über das Gebiet von Trier.

Im Jahre 496 siegten die Ripuarier, denen der Fran-
kenkönig Chlodwich von Paris aus zu Hülfe eilte,
unter ihrem Könige Sigisbert über die Alemannen in
einer ewig denkwürdigen und blutigen Schlacht in der
Nähe von Zülpich. Hätten in dieser Schlacht die Alemannen gesiegt, so würde das Königreich der Ripuarier
verloren gewesen, die durch Chlodwig enstandene fränkische Monarchie in Verfall gerathen, und das Christenthum vielleicht auf Jahrhunderte unterdrückt worden
sein. Sigisbert wurde später von Meuchelmördern, die
von seinem eignen Sohne gedungen waren, nach einer
Jagd ermordet. Chlodwich, der oben genannte Herrscher
der gallischen Franken, liess den Vatermörder durch
seine Abgesandten tödten, kam dann selbst nach Köln,
und wusste hier das Volk der Ripuarier zu bereden,
sich ihm zu unterwerfen, und ihn als ihren König aus-
zurufen, so dass er die beiden Stämme der Franken
unter seinem Scepter vereinigte. Nach Chlodwigs Tode
wurde das ganze Reich unter seine vier Söhne vertheilt,
und Austrien, (Oestreich) wozu auch die Gegend von
Köln gehörte, fiel seinem ältesten Sohne Theodorich anheim. Dieser nahm wieder in Köln seinen Sitz und residirten nach ihm mehrere fränkischen Könige in den
Mauern der Stadt.

Ihm folgte zunächst im Jahre 536 Theodobert, der
536 in Köln die ersten fränkischen Münzen prägte, und
diesem 547 Theodobaldus, der seinen Grossoheim
Clothar (553) zum Nachfolger hatte, welcher 558 die
ganze fränkische Monarchie wieder an sich zu bringen
wusste. Gegen diesen empörten sich die ihm tributpflich-
tigen Sachsen zwischen Rhein und Weser, die er in einem
blutigen Treffen an der Weser besiegte. Ihr ihnen ab-
genöthigtes Versprechen, den Tribut in der Folge pünkt-
lich zu bezahlen, wurde nicht gehalten und in einem
erneuerten Kriege wurde Clothar von den Sachsen
zurückgeschlagen. Hierdurch ermuthigt, fielen sie von

neuem in Franken ein, raubten, plünderten und brand-
schatzten bis in das Köln gegenüberliegende Deutz, wurden aber dann von den sich muthig erhebenden Franken
von neuem besiegt. Als Clothar im Jahre 561 starb,
theilten seine vier Söhne abermals das gesammte Fran-
kenreich, und Siegebert II. erhielt Austrien und
wählte neuerdings die Stadt Köln zur Residenz. Im
Jahre 613 wurde die ganze fränkische Monarchie wieder
unter Clothar II. vereinigt, doch trat dieser Austrien
freiwillig seinem Sohne Dagobert ab. Nach Clothars
Tode fielen ersterem auch die übrigen Theile wieder
zu; aber im Jahre 633 erklärte Dagobert auf dem
Reichstage mit Zustimmung der Grossen den dreijährigen
Prinzen Siegebert zum Könige von Austrasien, mit
dem Vorbehalt, dass er in Metz residire und der Erzbischof Cunibert von Köln in Gemeinschaft mit dem
Herzoge Aldagisilus die Verwaltung des Reiches
übernähme. Unter dieser Regierung sandte Papst Martin I. den h. Amandus, den ersten päpstlichen Legaten in Deutschland, im Jahre 651 als solchen nach
Köln. Nach vielen Verwirrungen in Austrasien wurde
durch geleisteten Vorschub des Bischofs von York, des
Königs von England und der Grossen Britaniens im
Jahre 674 Dagobert II. in Köln zum Könige der
Ripuarier erwählt und ausgerufen. Dieser fiel aber
schon 678 durch Meuchelmord, nachdem er in seiner
kurzen Regierungszeit viele Kirchen und Klöster zu
beiden Seiten des Rheines gestiftet hatte. Er wird von
der Kirche als Heiliger und Märtyrer verehrt. Unter
seinem Nachfolger wurden Martin und Pepin von
der Nation als Herzöge des Reiches erwählt, und Austrasien, dem Scheine nach unter einem Könige stehend,
in der Wirklichkeit in zwei Herzogthümer getheilt.
Theodorich III., König von Neustrien, machte Anstalt, sich des so getheilten Austrasien zu bemächtigen
und trieb die beiden Herzöge bei einer Schlacht in

Lothringen zu wilder Flucht. Pipin, der weiseste, er-
fahrenste und gesinnungstüchtigste Mann seiner Zeit,
zog sich, seine Truppen möglichst deckend, nach Köln
zurück, musste aber in einer zweiten Schlacht bei Na-
mur den Neustriern unterliegen.

Durch die tyrannische Regierung in Neustrien veranlasst, ersuchten später mehrere Bischöfe der dort unter-
drückten Kirche und viele aus Neustrien vertriebenen
und geflohenen Grossen den Pipin, sich und sie durch einen erneuerten Krieg zu rächen. Er that dieses und schlug
die Neustrier 687 in einer blutigen Schlacht. Den
Feind in wilder Verwirrung vor sich her treibend, hielt
er seinen Einzug in Paris, bemächtigte sich aller königlichen Schätze, zwang den König, ihn zum Major-Domus
der drei fränkischen Reiche zu erklären, und nahm dann
seine bleibende Residenz in Köln. Von ihm und seiner
berühmten Gemahlin Plectrudis*) haben zwei nahe
beim Capitol (St. Marien) liegende Strassen, und von seiner siegreichen Schlacht gegen die Friesen, aus der er als
Beute ungeheure Schätze nach Köln gebracht, die Frie-
senstrasse ihren Namen. Im Jahre 711 stellte Pipin
Dagobert III., ein zartes Kind, der Nation als König
vor, und fuhr natürlich fort, das ganze Reich unter
diesem Scheinkönige von Köln aus zu regieren, bis er
im Jahre 714 starb. Die Stellung eines Nachfolgers
errang sich in vielen blutigen Kämpfen, in die natürlich
Pipins Gemahlinn, ihr eigenes Interesse zu verfechten
suchend, sehr vielfach verwickelt wurde, sein unehelicher
Sohn, Carl Martell, der Hammer genannt, der ebenfalls in Köln residirte. Seine beiden Söhne, Pipin
und Carloman, theilten sich nach seinem Tode in
die Herrschaft des fränkischen Reiches. An sie sandte
Papst Stephan IV. zwei römische Legaten mit dem
Ersuchen ab, alle Bischöfe der fränkischen Reiche zu

---

*) Beide residirten nach glaubwürdigen Angaben in dem jetzt
„zum Pallast" genannten Hause, Marienplatze Nr. 28.

einer Synode in Köln zu versammeln, da in jener Zeit die christliche Religion von Irrglauben und Ketzerei sehr gefährdet erschien.

Carloman that besonders viel für die Kirchen und Klöster in Ripuarien und überhaupt in Deutschland, und beabsichtigte, den damaligen Apostel der Deutschen, den h. Bonifacius zum Erzbischofe von Köln zu erheben. Als dieser Plan sich zerschlug, ernannte sein Bruder Pipin denselben zum Erzbischofe von Mainz und zum Metropoliten über Köln, Worms, Speier, Utrecht und alle Bisthümer, die in Deutschland noch errichtet würden. Carloman übergab 747 die weltliche Macht seinem Bruder Pipin, wallfahrte nach Rom, wo er Mönch wurde, ein Kloster gründete und starb.

Die merkwürdige Machtstellung dieser meist in Köln residirenden Haushofmeister (Major-Domus,) die das eigentliche Königthum fast ganz in Schatten stellte, muste entweder zur selbstständigen Herrschaft gelangen, oder gebrochen werden. Dieser längst angestrebte und vorbereitete Zeitpunkt war endlich unter Pipin gekommen. Vom Papste und dem Reiche unterstützt, entsetzte er den König Childerich (der später 754 im Kloster starb) seiner Würde und setzte sich selber die Krone auf. Dann eilte er siegreich von Schlachten zu Schlachten, zog später nach Rom und wurde vom Papste mit dem h. Oele gesalbt. Zu seinen Siegen sollen die Kölner, überhaupt die Bewohner des Rheines, die an Tapferkeit alle Frankenstämme übertrafen und ein Schrecken aller Feinde waren, das Meiste beigetragen haben. Vor seinem Tode vertheilte Pepin im Jahre 768 das Reich unter seine beiden Söhne und als der jüngere, Carloman im Jahre 771 starb, wurde der ältere, Carl, später der Grosse genannt, Alleinherrscher der fränkischen Monarchie.

Kaiser Carl der Grosse verlegte zwar seine Residenz nach Aachen, hielt aber einen Pallast in Köln bei, der in der Nähe des alten Domes lag, und den er noch bei Lebzeiten dem Erzbischofe Hildebold zum Geschenk übermachte. Als in der ersten Zeit seiner Regierung sich in Köln ein heftiger Streit bei der Wahl des Bischofs entspann, eilte Carl zu Pferde, als Jäger gekleidet von Aachen dahin. In der Nähe der Stadt wohnte er in der Kapelle zu Melaten, beim jetzigen Kirchhofe,*) der eben beginnenden Messe bei und legte beim Schlusse einen Gulden als Opfer auf den Altar. Der fromme Priester, der ihn nicht erkannte und durch die Annahme eines so grossen Geldopfers den Schein der Habsucht auf sich zu laden vermeinte, verweigerte dieselbe. Als aber Carl darauf bestand, bat ersterer ihn, ihm lieber von dem ersten Rehbocke oder Hirsche, den er erlege, die Haut zu schenken, damit er die im Dienste der Kapelle abgenutzten Messbücher damit über-ziehen könne. Der Kaiser versprach dieses und eilte, nachdem er auf seine sofortigen Erkundigungen diesen Priester als einen sehr frommen und heiligen Mann hatte schildern gehört, zum Wahlstreite nach Köln. Als er sah, dass hier eine Einigung der Partheien kaum möglich war, übernahm er es selbst, den Bischof zu bestimmen. Alle waren erstaunt, als seine Wahl den vorhin bezeichneten Priester Namens Hildebold traf, den er noch am selbigen Tage mit der bischöflichen Würde bekleidete. Erzbischof Hildebold, den der Kai-ser später zu seinem Kanzler ernannte, regierte 34 Jahre lang.

Kaiser Carl der Grosse, der die Stadt Köln gar sehr begünstigte, hat noch zu seinen Lebzeiten viele Stiftungen zum Besten der Stadt gemacht, wobei er aber besonders die Kirchen und Klöster bedachte, die in ihrer damaligen Glanzperiode den grossen und heiligen Ruf der Stadt zum natürlichen Vortheile derselben nicht

---

*) Nach Andern in der uralten noch jetzt bestehenden Kirche zu Kriel, südlich von Melaten gelegen.

allein nach **Aussen** verbreiteten, sondern auch nach Innen hin den wirksamsten Anziehungspunkt unzähliger Wallfahrer, oft aus weitester Ferne bildeten, wodurch auch ihr Handel und Verkehr in üppigster Blüthe erhalten wurde. **Carl** starb 814 am 28. Januar, und liegt im Dome zu Aachen begraben. **Hildebold** der noch zu Lebzeiten **Carls** auf dessen Geheiss seinen (Carls) Sohn **Ludwig** zum Kaiser krönte, wurde, nachdem er 819 auch verschied, in St. **Gereon** (rechts beim ersten Seitenaltare) beigesetzt. Nach **Carls** Tode bestritten **Ludwigs** Brüder, **Lothar** und **Carl** der Kahle, das Recht der ersterem überkommenen Macht und theilten sich schliesslich in das Reich. So wurde denn leider der Riesenbau des grossen Vaters durch die Herrschsucht seiner Söhne zerstört.

Nach vielfachen und fortbestehenden Streitigkeiten der sich selbst befehdenden Brüder fielen 845 und abermals 882 die Normannen in's Land, wobei die Stadt Köln jedesmal so bedeutende Verwüstungen erlitt, dass ausser den römischen Mauern, den Kirchen und ebenfalls durch Mauern eingeschlossenen Klöstern (der alte Dom brannte damals ab) fast sonst kein Gebäude der Stadt der allgemeinen Zerstörung widerstand. Erzbischof **Willibert** (870 — 890) flüchtete bei dem letzten Ueberfalle die Schätze der Kirchen an sichere Orte und begab sich selbst mit seiner Geistlichkeit und den vornehmsten der Stadt nach Mainz. —

Aber auch nach diesen Drangsalen ging die Stadt, wenn auch allmählich wieder, wie ein Phönix aus eigener Asche hervor, und nachdem sie 949 den Franken völlig entrissen und unter Kaiser **Otto I.** dem römischen Reiche wieder einverleibt worden war, wuchs sie nicht nur rasch zu neuer Grösse und Macht heran, sondern wurde auch von diesem, nachdem er ihr viele Freiheiten und Rechte verliehen, zur deutschen Reichsstadt erhoben.

4. Köln zur deutschen Kaiserzeit unter seinen Erzbischöfen.

rzbischof Bruno, mit dem Beinamen der Grosse, dritter Sohn Heinrich des Voglers und Bruder Kaiser Otto's I. (953 — 965) war wohl der erste Bischof der kölnischen Kirche, der mit der geistlichen Macht über seine Diözese auch den grössten Theil der weltlichen zu vereinigen gewusst. Er hatte von Jugend auf die ausgezeichnetste Erziehung genossen und Männer wie die Bischöfe Jsrael von Scotigena, Balderik von Utrecht und sogar mehrere griechische Koryphäen der Wissenschaft waren seine Lehrer. Kaiser Otto zog ihn an seinen Hof und umgab Bruno sich bald mit einem Kreise von Gelehrten, die er aus allen Ländern der damaligen civilisirten Welt zu wählen verstand. Er selbst aber nahm als Dichter, Schriftsteller und Philosoph eine der ersten Stellen unter ihnen ein, wobei er aber stets ein Muster der Bescheidenheit und des Frommsinnes blieb. Als Erzbischof von Köln und Erzkanzler seines Bruders wurde er von diesem im Jahre 954 zum Herzoge von Lothringen ernannt und ihm die Vertheidigung des Landes

gegen Conrad, den aufrührerischen Schwiegersohn des
Kaisers, übertragen. Seine Statue, vom Bildhauer Anton
Werres aus Köln verfertigt, ziert, die Bischofsmütze
rechts zu Füssen und das Schwert in der Linken haltend,
die linke Ecke des Portalgiebels am neuen Museum.
Bruno gründete die St. Pantaleons-Abtei, und
baute (wie früher bemerkt) aus den Trümmern der um
955 zerstörten Constantinsbrücke die Pantaleonskirche,
in welcher die Kaiserinnen Teophania (daher der Name
der hinter St. Pantaleon neu erbauten Strasse) und
Mathilde begraben liegen, und regierte mit seinem
Krummstabe über mehrere schönen Ländertheile längs
des Rheines, die er durch seine usurpirte weltliche
Macht seiner Kirche vor und nach unterworfen hatte.
Er verschaffte der Stadt und seinem Stifte grosse Freiheiten und Vorrechte; aber seine und seiner Nachfolger
Behauptung, dass dieselben ein freier Ausfluss der bischöflichen Gnade seien, und desshalb willkürlich geschmälert oder gedeutelt werden könnten, gab in der Folge
Veranlassung zu mancherlei Streitigkeiten, da die bischöflichen Unterthanen, eine kräftige Bürgerschaft und ein
derbes Bauernthum, dies bereitwillig anzuerkennen und
einzusehen sich nicht bequemen wollten. Diese Meinungs-
verschiedenheit und das daraus entsprungene gespannte
Verhältniss sind hauptsächlich Ursache der vielen Kämpfe
gewesen, die in der kölnischen Kirche zwischen Hirt
und Heerde so vielfach geführt worden sind.

.Der grosse Bischof Anno, der Erzieher Kaiser
Heinrichs IV. und während dessen Minderjährigkeit
als Erzbischof von Köln zugleich Verweser des deutschen Reiches (bis 1073) wurde auch mit der unter
seiner Regierung so kräftig blühenden Reichsstadt in die
verdriesslichsten Fehden verwickelt. Als nämlich seine
Diener sich des Schiffes eines kölnischen Kaufherren gewaltsam bemächtigen wollten, um damit Anno's Gast,
den Bischof von Münster seiner Heimath entgegen zu

fahren, erregte der Sohn des Kaufherrn die Gemüther der ihren strengen Bischof nur fürchtenden Bürger der Art auf, dass man allgemein zu den Waffen griff, den bischöflichen Pallast erstürmte und plünderte, die Fenster einwarf, mehrere Diener verwundete und einige sogar tödtete. Der Bischof floh erst in den Dom und dann verkleidet nach Neuss. Die empörten Bürger wütheten noch mehrere Tage gegen die Anhänger Anno's, bis dieser mit bewaffneten Landbewohnern seiner Erzdiözese vor den Thoren der Stadt erschien. Auf die Drohung, die Stadt zu verbrennen, wurden ihnen die Thore geöffnet. Als Sieger einziehend, hielt er sofort über die Urheber der Revolution ein strenges Gericht. — Köln verdankt diesem Bischofe den Bau der Annoburg (jetzt Georgsstrasse Nr. 7.) und der St. Georgs Kirche. Der unverhältnissmässig kolossale Thurm, so kühn und trotzend in die Strasse tretend, erregte bei den Kölnern die Meinung, der Erzbischof habe denselben mehr als Kriegsveste wie als Kirchthurm erbaut.

Als sich nach Anno's Tode König Heinrich V. gegen seinen Vater, Kaiser Heinrich IV. empörte, und letzterer nach einer verlorenen Schlacht Schutz und Hülfe bei den Kölnern suchte, wurde ihm, der in Köln erzogen und von den Bewohnern als Mitbürger betrachtet wurde, diese nicht nur gewährt, sondern seinetwegen und nach seinem Plane die Stadt mit riesigen Wällen, Gräben und Thürmen der Art versehen, dass sie nicht nur allen Angriffen des unnatürlichen Sohnes widerstand, sondern derselbe sich auch nach einer langwierigen Belagerung beschämt aber Rache brütend zurück ziehen musste. Diese hätte Köln getroffen, als nach dem Tode das verwirrte Reich sich dem Sohne unterwarf. Kölns Bürger thaten dies nicht, sondern erklärten, lieber unter den Trümmern ihrer Mauern zu sterben, als sich auf Gnade oder Ungnade dem dieses verlangenden neuen Kaiser zu ergeben, trotzdem derselbe (später noch unter dem Papste Paschalis II. mit dem Bannfluche bestraft) mit der gesammten Reichsarmee die Stadt umzingelt hielt. Die Schwierigkeit des Unternehmens erkennend, nahm Heinrich endlich die ihm von der Stadt gebotenen 6000 Pfd. Silber an, und hob die Belagerung auf.

Bemerkenswerth in der Reihe der kölner Erzbischöfe ist noch der von 1161 bis 1167 regierende Reinold von Dassel, der vom Kaiser Friedrich für geleistete Kriegshülfe die Gebeine der h. 3 Könige erhielt. Die Chronik erzählt darüber Folgendes: Diese Gebeine befanden sich in Mailand in einem Nonnenkloster. Der kölner Erzbischof speculirte darauf, und versprach der Abtissin des Klosters, ihren Bruder, den Bürgermeister von Mailand, dem der Kaiser den Tod geschworen, zu retten, wenn sie ihm die Gebeine der h. 3 Könige zum Geschenke übermache. Nach der Uebergabe der Stadt soll der Erzbischof für die Abtissin das vom Kaiser erbeten haben, was sie auf ihren Schultern aus der Stadt tragen würde. Der Kaiser gewährte dies, sie trug ihren Bruder hinaus, dieser wurde vom Tode gerettet und Reinold erhielt die versprochenen Reliquien. Sie wurden im Jahre 1164 nach Köln gebracht, und von der gesammten Geistlichkeit und Bürgerschaft in feierlichstem Zuge empfangen und zum Dome geführt. Diese bedeutsamen Reliquien waren von der grössten Wichtigkeit für die heilige Stadt und documentirte sie diese Wichtigkeit für ewige Zeiten durch Aufnahme der drei Kronen in das oberste Feld des stadtkölnischen Wappens.

Köln war zu dieser Zeit die bedeutendste Stadt des deutschen Reiches und wurden alle wichtigen Berathungen in Reichs- und Kirchenangelegenheiten dort abgehalten. Am 1. März 1198 wurde Otto IV. von den in Köln versammelten Reichsständen zum Könige gewählt. Im Jahre 1218 rüsteten die Kölner ungefähr 300 Schiffe aus, um, nachdem sie in Gemeinschaft mit den Friesen erst in Portugall die Mauren besiegt, an einem Kreuzzuge Theil zu nehmen. Johann, der christliche König von Jerusalem, machte darauf 1224 einen Besuch beim Erzbischof Engelbert I., und wurden ihm zu Ehren von den Kölnern die grossartigsten Feste bereitet. Erzbischof Engelbert war einer der bedeutendsten Männern seiner Zeit, wie des erzbischöflichen Stuhles von Köln. Als Sohn des Grafen Engelbert von Berg, (dessen Brüder, Friedrich und Bruno schon vor ihm den kölnischen Bischofssitz verwaltet,) und Margaretha, Tochter des Grafen Heinrich von Geldern, wurde er im Jahre 1185 geboren. Ausgezeichnet durch Schönheit an Körper wie an Geist, erregte er als Jüngling allgemeines Aufsehen unter den Genossen seiner Zeit. Ausser mehreren Präbenden, die er schon in frühester Zeit erhielt, wurde er in seinem 18. Jahre zum Bischofe von Münster erwählt, wollte aber in seiner Bescheidenheit damals noch nicht die Kraft in sich fühlen, dieses so wichtige und schwierige Amt zu übernehmen. Im Jahre 1215 bestieg er den erzbischöflichen Stuhl von Köln. Allerlei weltliche Wirren und Thronstreitigkeiten im Reiche, in die auch seine Vorgänger durch wechselnde Partheinahmen sich verwickelten, und in Folge deren Erzbischof Theodorich durch den päpstlichen Legaten, den Erzbischof Siegfried von Mainz, seiner Würde entsetzt worden war, gingen seiner Thronbesteigung vorher. Kaum aber im Besitze seiner erzbischöflichen Macht wurde er in ähnliche Fehden wegen eigenen Erbschaftsangelegenheiten hineingezogen, indem Irmengard, die Tochter seines im Morgenlande verstorbenen Bruders, Adolph IV. von Berg, nach dem Tode ihres Vaters die Grafschaft als ihr Erbe beanspruchte, was Engelbert mit Klugheit, Energie und Gewalt, gestützt auf das salische Gesetz, wonach weibliche Nachkommen von der Erbfolge ausgeschlossen sind, zu vereiteln verstand.

2*

Am Hofe des Kaisers Friedrich war Engelbert, so oft er dort erschien, die geachtetste Person. Der Kaiser übertrug ihm sogar später die Verwaltung aller Reichsgeschäfte diesseits der Alpen, sowie die Vormundschaft über seinen Sohn, den er auch zu Aachen 1222 zum Könige salbte und 'dann durch verschiedene Theile des Reiches führte, überall Ordnung und Friede stiftend, um Handel und Kunst, Gewerbe und Ackerbau zu fördern und zu beleben. Ein von ihm auf den Wunsch des Papstes und des Kaisers unternommenes Friedenswerk kostete leider diesen erhabenen Kirchenfürsten sein Leben. Sein Verwandter, Graf Friedrich von Isenburg, Schutzherr des unmittelbar unter dem Reichsoberhaupte stehenden reichen Stiftes von Essen, verfuhr gegen Land und Volk mit einer Willkühr und Tyrannei, die sogar für die damalige Zeit zu empörend erschien. Engelbert kam mit ihm und mehreren andern geistlichen und weltlichen Herren in Soest zusammen, um den Grafen durch Güte oder Strenge auf andere Wege zu bringen. Drei Tage der Friedensunterhandlungen reichten nicht hin, um Friedrich zu bekehren; endlich ging er scheinbar auf alle Vorschläge und Wünsche Engelberts ein und nachdem er vernommen, dass letzterer bei seiner Rückreise in Schwelm eine Kirche einzuweihen versprochen, und er die Zeit der Abreise und die Wege Engelberts zuverlässig erfahren hatte, liess er ihn bei Anbruch der Nacht in einem Hohlwege an dem Gevelsberge bei Schelm von seinen Trabanten meuchlings überfallen und auf eine so grausame Weise ermorden, dass 47 Wunden, kleinere Stiche gar nicht mitgerechnet, an seinem verstümmelten Körper aufgezählt worden sind. Dies geschah am 7. November 1225, an welchem Tage die Kirche noch heute sein Andenken als das eines Heiligen und Märtyrers verehrt. — Sein Vorhaben, an Stelle des am Anfange des 13. Jahrhunderts so sehr in Verfall gerathenen damaligen kölner Domes einen der grossartigsten Tempel der Christenheit zu erbauen, wozu schon die Einleitungen getroffen worden waren, wurde ebenfalls durch seinen plötzlichen Tod zwar vereitelt, dagegen von seinem Nachfolger, dem Erzbischof Conrad von Hochstedten, in der imposantesten Weise ausgeführt.

Engelberts Statue, zugleich mit der des grossen Bischofs Bruno vom Bildhauer Anton Werres aus Köln verfertigt, ziert als Seitenstück zu genannter, seit dem 10. Mai 1862 die westliche Ecke des Portalgiebels am neuen Museum.

Im Mai 1235 hielt die englische Prinzessin Isabella, als erwählte Gemahlin Kaiser Friedrichs II. ihren Einzug in die Stadt, und legte Köln durch den Glanz und die Pracht der angeordneten Festlichkeiten den Beweis seines Wohlstandes und Reichthumes an Tag. Dieses für Kölns Geschichte denkwürdige Ereigniss wurde noch kürzlich durch ein prachtvolles Wandgemälde von Maler Schmitz aus Frankfurt in dem kleinern Saale des Gürzenichs treffend dargestellt.

Der Name des zu jener Zeit regierenden Erzbischofs Conrad von Hochstedten (1237—1261) wird in der Chronik Kölns nie untergehen, weil er der Gründer des jetzigen Domes war. Der Grundstein zu demselben wurde von ihm am 15. August 1248, am Tage Maria Himmelfahrt gelegt. Der Fortbau gerieth aber leider bald ins Stocken, weil der Ausbruch erneuter Zwistigkeiten zwischen Bischof und Volk einen Kampf herauf beschwor, der das grossartige Unternehmen in Stillstand versetzte. Diese unseligen Kämpfe, oftmals angeschürt und bis zum Bürgerkriege entflammt, in deren Folge Erzbischof Engelbert II. später sogar genöthigt wurde, seinen Wohnsitz von Köln nach Bonn, (welches von da ab die Residenz mehrerer seiner Nachfolger blieb) zu verlegen, waren eine Schattenseite der Regierung durch die kölner Erzbischöfe. Sie dauerten fast durch die ganze damalige Zeit hindurch, bis endlich in der Schlacht

bei Worringen (am 1. Juni 1288) die Bürger Kölns mit
Hülfe ihrer Bundesgenossen über ihren Erzbischof und
seine Verbündeten einen glänzenden Sieg erfochten. Diese Schlacht war für die damalige Zeit eine wirklich
blutige zu nennen, indem auf beiden Seiten mit verhältnissmässig grossen Massen und seltenem Muthe gefochten
wurde und wenigstens 10,000 Mann getödtet auf dem
Platze blieben. Die Erfolge dieser Schlacht bilden für
die Stadt Köln einen Wendepunkt in ihrer Geschichte.
Ihre früheren, so oft angetasteten reichsstädtischen Freiheiten und Rechte blieben ihr von da ab auf eine lange
Dauer von Jahren verbürgt, und in dieser freireichs-
städtischen Verfassung lag der fruchtbarste Keim zu
ihrer Gewerbthätigkeit und Machtentfaltung, wodurch
sie schon längst die volkreichste und mächtigste Stadt
am ganzen Rheine war.

Köln hatte sich im Verlaufe der reichsstädtischen Periode
in seiner äusserlichen Gestalt bedeutend verändert und
erweitert. Der aus seinem Bette in den Hauptstrom
entführte Arm des Rheines, an dessen Ufern sich ein
bedeutender Gewerbeverkehr gebildet hatte, legte grosse
Flächen unbebauten Bodens frei, von dem der Heu-
und Altenmarkt noch bis heute als Plätze geblieben
sind. Der Verkehr rückte nun mehr auf die frühere
Insel dem jetzigen Rheinufer näher, wodurch die Stadt
an Ausdehnung nach dieser Seite hin bedeutend gewann.
Zum Schutze dieser neubebauten Flächen wurde südlich der
Filzengraben ausgeworfen und am Rheine eine neue Ufer-
mauer bis zum Frankenthurm erbaut. Im Norden der Altstadt hatte sich vor dem Pfaffenthor eine bedeutende Vorburg unter dem Namen Niederreich (Niederich) gebildet. Die
Gegend rechts davon von St. Lupus bis Cunibert, sowie
links davon der Strich von St. Andreas, der Marzellenstrasse bis zum Eigelsteine waren bevölkerte Distrikte
geworden. Vor der Hochpforte, ungefähr auf dem Terrain der jetzigen Pfarre Lyskirchen war ein Dorf unter

dem Namen Nothhausen entstanden. Südlich davon lagen in der Gegend von St. Severin die Sayner Höfe, woselbst durch eine Gräfin von Sayn, Mechtildis (von der eine dortige neue Strasse heut ihren Namen führt) das Kloster Sion erbaut worden war. (Daher die dortige Strassenbenennungen: Sionsthal und Sionsstrasse.) Seitwärts davon vom Rheine ab, lag das Dorf Diedenhofen und neben diesem die Grafenschaft Cunerich, an die sich weiter nach Norden eine Waldung Dierlo, oder Jungenforst reihte, deren letzter Rest nach das Klöckerwäldchen bei Aposteln war. Statt mit der heutigen Mauer waren diese Distrikte mit tiefen Gräben, an die die heutigen Strassennamen: Catharinen-, Perlen-, Altengraben noch erinnern, geschützt. Einzelne dieser Vorstädte (wie auch einige Klöster, z. B.: St Ursula, St. Pantaleon u. s. w.) umgaben sich (1000 — 1100) mit eigenen Mauern für sich und bildeten eine besondere Commune, die ihren eigenen Greven, (Bürgermeister) ihre Schöffen und Beisitzer, ihren Schrein und ihr Dinghaus besassen. Der Erzbischof Philipp von Heinsberg widersetzte sich damals dem Aubau ausserhalb der alten Mauern der Stadt. Als aber die Bürger deshalb an den Kaiser appellirten, verfügte dieser, Friedrich I., 1180 von Halberstadt aus mit lakonischer Unpartheilichkeit, dass kein Theil beeinträchtigt werden solle, und erlaube er den Bürgern: 1. ausserhalb der Stadt Häuser zu errichten, wenn sie dem Erzbischofe den üblichen Grundzins bezahlten, und 2. Gräben oder Mauern um die Vorstädte zu bauen, wenn sie die Kosten trügen. In derselben Urkunde gewährte und bestätigte er die nähmlichen Rechte, Frei- und Gewohnten für die Bürger in- wie ausserhalb der Mauern der Stadt, ohne dass jedoch die kaiserlichen, bischöflichen und kirchlichen Gerechtsame geschmälert werden dürften.

Nachdem sich die nördliche Vorburg, der Niederich, schon früher mit einer eigenen Mauer umgeben hatte,

kam man endlich auf den Einfall, die sämmtlichen Vor-
orte durch eine neue starke und feste Stadtmauer mit
der Altstadt zu vereinigen. Durch diese zweite,
noch jetzt bestehende Ummauerung, unter dem genannten Erzbischofe Philipp von Heinsberg von 1170 bis
1206 grösstentheils ausgeführt, erhielt Köln seine jetzige
Gestalt. Der an der südlichen Spitze der Stadt gelegene prachtvolle Bayenthurm wurde aber von Erzbischof Engelbert II. Grafen von Falkenburg, (1261—
1275) erbaut.

5. Köln während der Zunftperiode in seiner Blüthe.

ei dem Beginn
des hanseati-
schen Bundes
(1140) stand
Köln unter den Handelsstädten Europa's auf einer wirklich Staunen erregenden Höhe. Die Kaufleute Kölns
hatten, wie es jetzt nur für ganze Länder durch die
Staatscabinette auf diplomatischem Wege geschieht, eigene

Handelsverträge mit den entferntesten Ländern abgeschlossen, und besassen an allen bedeutenden Plätzen
ihre eigenen Lagerhäuser, wie z. B. in London die noch
jetzt bekannte und damals berühmte kölner Gildhall.
Englands Könige besonders, wie Heinrich II. (1154)
Richard Löwenherz (1189) Johann ohne Land
(1210) und Heinrich III. (1235) gewährten den kölner
Kaufleuten nicht nur aussergewöhnlichen Schutz, sondern
räumten ihnen und ihrem Handel ganz bedeutende Vorrechte ein. Der Wohlstand einzelner kölner Häuser
wuchs dadurch so gewaltig, dass man von den reichsten
Handelsleuten aller Länder sprichwörtlich sagte: „Er
ist so reich, wie ein kölner Tuchmacher!"
Mit dem Geleitbriefe des Bürgermeisters von Köln reiste
man damals so sicher, wie jetzt ein Gesandter mit den
Creditiven seines Souverains. Der stolzeste Kaufmann
Venedigs fühlte sich geehrt, wenn er, mit einem kölner Handelsherrn am Arme, über seinen berühmten St.
Markusplatz schritt.

Köln zählte damals über 150,000 Menschen, und
konnte, einen Beweis der grossen Zahl der Arbeiter in
den verschiedenen Zünften, 30,000 Mann kampffähiger
Soldaten unter die Waffen rufen. Der Seehandel der
Stadt stand ebenfalls in einem so blühenden Flor,
dass die Flagge Kölns auf allen Meeren der Welt zu
finden war. Selbst Könige und Kaiser, die ihre Geldan-
leihen ganz besonders in Köln zu machen pflegten,
buhlten um die Gunst der hervorragendsten Firmen des
kölnischen Handelsstandes. Mit Stolz überblickte der
kölner Kaufherr die gesammelten Reichthümer seines
Hauses; mit Stolz trat er den Mächtigen und Grossen
der Erde entgegen, und mit Stolz betrat er im Sammt-
mantel und Sammtbarret, die goldene Kette auf der
Brust, alle Märkte der ganzen civilisirten Welt. Einzelne Geschlechter, wie z. B. die Overstolzen, u. A.,
gelangten zu ausserordentlichem Ansehen und gefährlicher

Macht und erweckten dadurch den Neid und die Miss-
gunst der ebenfalls üppig empor blühenden Zünfte.
Dadurch entstanden nun ähnliche Spaltungen zwischen
Zünften und Patriziern, wie sie früher zwischen Bischöfen und Bürgern sich entwickelten. Durch das anmas-
sende Auftreten der besonders mächtigen Weberzunft
enstanden die ersten Keime des verderblichsten aller
Kriege, des Bürgerkrieges. In einem derselben, wo es
galt, den Hochmuth der Weber zu zerstören und wo
sich die übrigen Zünfte mit den adlichen Geschlechtern
vereinigt hatten (1372), mussten die Weber im Kampfe
unterliegen und es wurden 700 Webstühle in der Stadt
verbrannt. Die Weber verliessen demnach das empörte
Köln, siedelten sich in Aachen, Eupen, Montjoie an,
und legten so den Grund zu den in genannten Orten
noch bis heute so vielfach blühenden, grossen Webereien.
Kaum war nach diesen Kämpfen die Ruhe wieder eingezogen, als um das Jahr 1398 ein neuer Aufruhr
entstand, in dem der Bürgermeister Stave enthauptet,
und viele Häupter der angesehensten Patrizier-Familien
getödtet wurden; andere wurden gewaltsam verbannt,
und wieder andere verliessen freiwillig den Ort so viel-
facher Unruhen und Kämpfe. Hiernach stellte die nun
wieder zur Ruhe gelangte Bürgerschaft den sogenannten
Verbundbrief als ihre für die Zukunft gültige Verfassung auf, welche auch später vom Erzbischof Theodorich II. und vom Kaiser Friedrich II. (1437)
als solche bestätigt worden ist.

In einer nun folgenden grossen Periode der Ruhe
und des Friedens wandte sich jetzt das Streben der
bald wieder so reich und mächtig gewordenen Stadt
allmählich der Kunst und Wissenschaft zu. Die schon
am 22. December 1388 gestiftete Kölner Universität
gelangte zu einer, alle ähnlichen Anstalten verdunkeln-
den Blüthe; dieselbe, vom Papste Urban VI. mit
denselben Privilegien wie die Pariser Hochschule aus-

gestattet, zählte im 15. Jahrhundert bereits 8000 Studirende. Dies war übrigens kein Wunder, wenn man sich denkt, dass Männer wie Albertus Magnus, Thomas von Aquin, Duns Scotus u. A. hier lehrten und wirkten. Sogar die folgenreichsten aller Erfindungen, die Buchdruckerkunst, deren Ursprung sogar einige nach Köln verlegen wollen, siedelte zu dieser Zeit von Mainz hierhin, und lieferte von hier aus schon in der ersten Hälfte des 15. Jahrhunderts eine reiche Auswahl der herrlichsten Drucke, und im Jahre 1470 erschien in Köln die erste deutsche Bibelübersetzung in niederdeutscher Mundart und sogar schon mit Holzschnitten verziert.

Die kölnische Malerschule verbreitete über alle cultivirten Länder ihren Ruhm, denn es gingen aus ihr die bedeutendsten Gemälde hervor. Man braucht ja nur an das weltberühmte Dombild von Meister Steffen,*) (nach Andern wäre es von Philipp Kalf,) oder an die einer späteren Zeit angehörende Kreuzigung Petri von Rubens und ähnliche unerreichbare Kunstwerke dieser Periode zu erinnern. Die Glasmalerei, wovon unsere Domfenster an der linken Seite des Schiffes das sprechendste Zeugniss geben, blühte ebenfalls in höchster Vollendung; ja selbst die deutsche Dichtkunst hatte damals in Köln ihren vorzüglichsten Sitz. —

Zur Zeit der Reformation, die am 31. October 1517 in dem Anschlag der 95 Thesen Martin Luthers gegen Tetzel an der Wittenberger Schlosskirche ihren Ursprung fand, hat sich Köln als ächt katholische Stadt sehr rühmlich bewährt. Trotzdem sich sogar der damalige Erzbischof, Hermann von Wied (1515—1547) der um sich greifenden Spaltung persönlich zuwandte, und die Reformatoren in seine eigene Diözese berief, blieb das kölner Domcapitel mit der gesammten Bür-

---

*) Neuester Forschung gemäss Stephan Lothener, der von 1430—1450 einer der bedeutendsten kölner Maler war.

gerschaft, welcher in solchen Zeiten die in heissen Kämpfen errungene reichsstädtische Verfassung vortrefflich zu Statten kam, dem Glauben der Väter treu. Besonders war die kölner Universität, deren theologische Facultät am 30. August 1520 mehrere Schriften Luthers öffentlich durch Henkershand verbrennen liess, der unüberwindliche Fels, an dem durch die Macht der Gelehrsamkeit ihrer Professoren die Wogen der Reformation zerstoben. Als nun bald darauf die päpstlichen Legaten Aleander und Caracciola in Köln den Bannfluch gegen Luther verkündeten, da war es kein Wunder, dass unter dem Nachfolger Hermann von Wied's, dem frommen und gelehrten Bischofe Adolph von Schauenburg (1547 — 1556) sich in ein neues, um so regeres katholisches Leben in der ganzen Diözese entfaltete. Nicht ohne Gefahr für das Fortbestehen dieser neuen Aera war die ärgerliche Geschichte mit dem im Jahre 1557 zum Erzbischofe gewählten Gebhard, Truchsess von Waldburg. Das Aergerniss erregende Leben, welches derselbe mit der schönen Agnes von Mannsfeld, Abtissin von Gerresheim, führte, war wohl hauptsächlich Veranlassung, dass derselbe sich nicht nur der Reformation in vielen Punkten zuwandte, und die neue Lehre immer mehr begünstigte, sondern auch, namentlich zu seinem eigenen Schutze, protestantische Söldlinge in seine Dienste berief, um protestantische Bundesgenossen warb, und so seine ganze Diözese in Aufruhr und Verwirrung versetzte. Hier waren es abermals Köln und sein Senat, die in dem unerschütterlichen Festhalten an ihrer blutig errungenen freien und selbstständigen Verfassung eine Waffe besassen, um alle Bemühungen, sie dem angeerbten Glauben ihrer Väter zu entfremden, erfolglos zu machen. Als aber Gebhard mit der Agnes von Mannsfeld sogar ein eheliches Bündniss schloss, und offenbare Verfolgungen und Verheerungen gegen die Katholiken begann, schritt man zur Wahl eines neuen Erzbischofs, und dieser, Ernst von Bayern, rückte nebst seinem Bruder, dem Herzoge Ferdinand, und dessen Truppen zunächst zu den Kölnern heran, vereinigte sich mit diesen, und nahm, nachdem er Bonn, den damaligen Aufenthalt des Erzbischofs, belagert und erobert hatte, an den Hauptanhängern seines Vorgängers, der selbst entfloh, eine strenge Rache. Doch leider wurde auch hierdurch die Ruhe nicht dauernd wieder hergestellt. Die Protestanten schlossen sich nun den Holländern an, rückten mit diesen, um möglichst nahe bei dem mit ihrer Rache beschworenen Köln zu sein, in das widerstandlose Neuss, welches noch heute viel Grauenhaftes von ihrem wüthenden Treiben zu erzählen weiss. Da kamen plötzlich den bedrohten Kölnern unter Herzog Alexander von Parma die Spanier zu Hülfe, und das arme Neuss wurde von diesen so mächtig bombardirt, dass Stunden weit in der Gegend umher die Erde davon erdröhnte. Die Stadt wurde genommen, die feindlichen Truppen niedergehauen, und die Anstifter der verübten Grausamkeiten ermordet oder aufgeknüpft. Doch trotzdem hatten die in Köln nunmehr zwar geduldeten, aber durch entsprechende Massregeln in festen Schranken gehaltenen Protestanten noch immer keine Ruhe. Nochmals einen offenen Kampf zu versuchen, dazu war ihnen die Möglichkeit benommen, und desshalb leiteten sie nun eine heimliche Verschwörung ein. Diese hatte kein geringeres Ziel, als die sämmtlichen Mitglieder des katholischen Senates zu überfallen und zu ermorden, und den Feinden der heiligen Stadt zum Einzuge und zur Verheerung alle Thore zu erschliessen. Der im Verborgenen ausgesponnene Plan war schon so weit gediehen, dass auf ein verabredetes Zeichen die Ausführung beginnen sollte, als derselbe durch die Haltung und das Auftreten des davon in Kenntniss gelangten Bürgermeisters Hardenrath plötzlich vereitelt wurde.

Nun hatte endlich alle Tolleranz ein Eude und sämmtliche in die Verschwörung verwickelten Protestanten
wurden gewaltsam aus den Mauern der Stadt verjagt.
Hardenrath aber erwarb sich bei dieser Gelegenheit
durch sein kluges und besonnenes Auftreten wie durch
seine Energie einen nachhaltigen Ruhm; denn jedem
seiner Nachfolger wurde von nun an bei der Einführung
amtlich eingeschärft: „Werde ein Bürgermeister
wie Hardenrath!" Seine Statue ziert im Verein mit
andern berühmten Männern aus der Vorzeit Kölns die
Aussenseite des neuen Museums.

uch zur Zeit des
dreissigjährigen
Krieges (1618
— 1648), dessen
Hauptkeime in der durch Luther veranlassten Kirchen-
spaltung, und in den von den Uebergetretenen daraus-
gezogenen Consequenzen zu suchen sind, standen die
Bewohner Kölns felsenfest zum deutschen Reiche und
ihrem katholischen Glauben, und trieben mehrere Male
die Freischaaren der Protestanten nebst den mit diesen
verbündeten Reichsfeinden, den Schweden, Holländern
und Franzosen, siegreich von ihren Thoren zurück. Ja

einer der Haupthelden dieses furchtbaren Krieges, der berühmte **Johann von Werth**, dieser Schrecken der Schweden und Franzosen, stieg zu seiner Feldherrnwürde aus dem gewöhnlichen Bürgerstande seiner Vaterstadt Köln in dieser unruhigen Zeit empor.

Nach dem dreissigjährigen Kriege sank mit dem allmählichen Verfall des deutschen Reiches auch die Blüthe der Stadt Köln sehr merklich herunter. Der Verfall der Stadt hatte hauptsächlich auch darin mit seinen Grund, dass die Holländer dem kölnischen Handel entweder durch Erhebung bedeutender Zölle, wie durch totale Sperrung der Rheinmündungen ganz entsetzlich zu schaden wusten. Als nun auch gegen Mitte des 17. Jahrhunderts die Fürsten den Hansastädten ihre Vorrechte entzogen, wäre der kölner Handel durch Isolirtheit der Stadt noch unbedeutender geworden, wenn er nicht durch die Verbindungen der reichen Stifte, Abteien und Klöster unterhalten worden, oder die kölnischen Landesprodukte und Fabrikate keinen so guten Ruf nach Aussen hin besessen und fortwährend behalten hätten. Leider verbreitete sich noch dazu in dieser Periode, ebenfalls von Holland ausgehend, die Pest über die kölnischen Gaue, und hat dieselbe eben in der Stadt im Jahre 1665 ganz bedeutend gewüthet. Auffallend dabei war, wie der berühmte Abt **Aegidius Romanus**, im Brauhause zum Römer (jetzt „auf Rom" am Würfelthor) geboren, bezeugt, dass keiner von den vielen Klosterbrüdern der Abtei St. **Pantaleon**, in deren Umgebung viele Gerbereien lagen, vielleicht aus diesem Grunde, von der Pest ergriffen ward.

In den französischen Revolutionskriegen wurde die Stadt am 6. Oktober 1794 von den Franzosen eingenommen und besetzt, und nach dem lüneviller Frieden, am 9. Februar 1801, förmlich an Frankreich übertragen. Sie hatte damals ein Domcapitel, zehn andere Stiftscapitel, zwei Commenden des deutschen-, eine des Maltheserordens, zwei Abteien, siebzehn Manns- und neun und dreissig Frauenklöster, eilf Stifts- und neunzehn Pfarrkirchen, neun und vierzig Capellen und über zwei und ein halb Tausend geistliche Personen beiderlei Geschlechts.

Die kurze Periode der französischen Fremdherrschaft schlug der einst so blühenden Stadt manche bedeutende Wunde. Alle bis dahin bestehenden Klöster wurden aufgehoben, und ihrer Schätze wie ihres Vermögens ganz vollständigt beraubt. Der erzbischöfliche Stuhl wurde einstweilen nach Aachen verlegt und in ein Bisthum verwandelt. Die Stadt selbst wurde eine einfache Munizipalstadt des Roer-Departements und Sitz eines Unterpräfekten. An Stelle der 1798 aufgehobenen Universität erhielt sie eine nach französischen Schnitt eingerichtete Centralschule, die bald in ein Lyceum, und dann sogar in eine Secundärschule umgewandelt wurde. Für den Neumarkt schienen die Franzosen eine besondere Vorliebe gehabt zu haben, indem sie keinen Namen finden konnten, der schön genug war, um seiner würdig zu sein. Bald hiess er Place d'armes, bald Place de la victoire und endlich wurde er sogar in Place Napoleon umgetauft. Ausser der französischen Gesetzgebung, die das linke Rheinland mit aller Energie auch unter Preusens Scepter beibehalten hat, wäre wohl in Köln einzig der Sicherheitshafen als vortheilhaftes Andenken an die französische Gewaltherrschaft zu betrachten. Der Bau desselben wurde am 24. November 1810 zu 750,000 Francs vergantet, im Frühjahre 1811 begonnen, und war, 1813 schon soweit gediehen, dass er zu seinem Zwecke benutzt werden konnte. Im Jahre 1814 kamen von den zur Vertreibung der Franzosen verbündeten Mächten die Russen an den Rhein, und hielten am 14. Januar ihren Einzug in die von den Franzosen eiligst verlassene Stadt. Nach vollständiger Niederlage der letztern kam Köln 1815 in Folge der wiener Congressakte an die preussische Krone, unter deren

Schutz es bis zum jetzigen Augenblicke von Neuem
eine Blüthe und Wichtigkeit erlangte, wie es sie nur
jemals in seinen glänzendsten Zeiten besass.

Schade nur is't, dass die beengenden Festungswerke
einstweilen die Ausdehnung der Stadt feldeinwärts unmöglich machen; jedoch wird die jetzige Generation es
hoffentlich noch erleben, dass die heutigen Umfassungs-
werke ihrem Zwecke, bei der Tragweite der neueren Geschütze doch nicht mehr entsprechend, beseitigt und
die ringsum entstandenen Vorstädte in das Weichbild
der Mutterstadt hineingezogen werden.

B.
Das jetzige Köln.

K öln ist nach Berlin und Breslau die grösste und volkreichste Stadt im preussischen Staate. Am Schlusse des Jahres 1861 zählte sie 113,088 Seelen, und hatte ausserdem eine Militairbesatzung von 6854 Mann. Durch die glückliche Lage als Centralpunkt so vieler Eisenbahnen und Verkehrswege, durch die Wichtigkeit der Stadt als Handelsplatz, durch ihre grossartigen Fabriken und ihren blühenden Gewerbeverkehr, wächst die Bevölkerung Kölns schon durch den Zuzug von Aussen so rasch, dass sie bei der natürlichen Vermehrung der Population im Innern die Stadt Breslau sicher bald überholt haben wird. Die Zunahme der Bevölkerung, die nach 1820 circa 56,000, im Jahre 1846 erst 85,441 Seelen betrug, ergibt sich in dem letzten Jahrzehend aus folgender Tabelle:

Jahr.	Civil-Be-völkerung.	Katho-liken.	Evange-lische.	Israeli-ten.	Menoni-ten.	Grie-chen.
1852	96524	85665	9330	1522	6	1
1853	98522	87293	9659	1564	6	
1854	99698	88147	9942	1605	4	
1855	100470	88258	10385	1823	3	1
1856	104700	92027	10901	1759	13	
1857	108451	94709	11681	1985	76	
1858	108680	94505	12050	2120	5	
1859	112138	96961	12984	2188	5	
1860	114183	99071	12810	2297	5	
1861	113088	98425	12321	2336	6	

Auffallend ist vom Jahre 1846 bis 1861 die Zunahme der drei Haupt-Religionsgemeinden der Stadt, da die Vermehrung der Katholiken 29,[68], die der Evangelischen dagegen 58,[32], die Vermehrung der Jsraeliten aber 146,[41] Procent betrug. —

Köln, am linken Rheinufer gelegen, hat vollständig die Form eines Halbmondes, dessen Diameter, durch den Strom bespült, einen etwas über den Mittelpunkt hinein gekrümmten Bogen bildet. Der äussere Halbkreis, einen weiten Bogen landeinwärts beschreibend, wird durch die nicht unbedeutenden, seit 1815 wieder hergestellten und verstärkten Festungswerke begrenzt. Fast parallel mit den Mauern, Gräben und Wällen läuft in nicht weiter Entfernung der Bischofsweg durch das Feld, welcher zugleich die Grenze des Stadtkreises bildet. Hinter diesem befinden sich, ebenfalls in wieder grösserm Halbkreise, dreizehn detachirte Forts, zwischen welchen mehrere durch Wälle verdeckte Pulvermagazine liegen.

Um sich im Innern der Stadt ganz leicht zurecht zu finden, hat man sich nur die Hauptstrassen in kreuzweiser Richtung zu merken. Parallel mit dem Rheine laufend zieht sich die verkehrreichste Linie von Norden nach Süden in folgenden Strassen durch die Stadt, selbige in die schmälere östliche, und breitere westliche Hälfte theilend: Vom Severinthore die Severinstrasse, der Waidmarkt, Hochpforte, unter Pfannenschläger, Hochstrasse, Wallrafsplatz, unter Fettenhennen, Paulus-Wache, Marzellenstrasse, Eigelstein bis zum Eigelsteinthore. Als Köln zum Uebergange über den Rhein nur allein seine Schiffbrücke besass, wurde die, die vorige Linie durchschneidende, Hauptquerrichtung von folgenden Strassen gebildet: Von der Schiffbrücke in fortlaufender Richtung von Osten nach Westen die Friedrich-Wilhelmstrasse, rechte Hälfte des Heumarktes, oben Marspforten, links ein Theil der Hochstrasse, die Schildergasse der Neumarkt, die Mittel-, Benesis- und das Ende der Hahnenstrasse bis zum Hahnenthore. Durch die Erbauung der festen Rheinbrücke hat sich indess die Frequenz von Osten nach Westen etwas weiter in die nördliche Hälfte der Stadt gezogen, so dass sich eine zweite westliche Hauptrichtung von der Rampe der festen Rheinbrücke aus durch die Trankgasse, am Central-Bahnhofe vorbei, durch die Comödienstrasse, oder parallel mit dieser unter Sachsenhausen hinunter, durch das Würfelthor, die Gereonstrasse, Christophstrasse nach dem Gereonsthore bereits schon gebildet hat, und sich allmählich immer mehr noch ausbilden wird. Hat sich der Fremde diese Hauptrichtungen gemerkt, so fällt ihm die weitere Orientirung gar nicht schwer.

Die Stadt Köln enthält im Innern der Festungswerke einen Flächenraum von 1560 (mit den Festungswerken circa 3000) Morgen, von denen ungefähr 150 Morgen noch als unbebaute Flächen erscheinen. Sie liegt in einer weiten, grösstentheils sehr fruchtbaren Ebene, aus welcher man gegen Westen die Ausläufe des Vorgebirges, gegen Osten die Höhenzüge des bergischen Landes mit dem Bensberger Schlosse, und gegen Südosten das malerische Siebengebirge am Horizonte hervor ragen sieht. Das Klima Kölns ist milde, und der Gesundheitszustand trotz der dichten Bevölkerung ein äusserst günstiger. Folgende Notizen, den Barometer- und Thermometerstand betreffend, geben vielleicht über die atmosphärischen und klimatischen Verhältnisse der Lage Kölns ein etwas deutlicheres Bild. Der mittlere Barometerstand des Jahres 1861 war 27 G. 11,^{75} L. Der höchste Stand am 2. Februar selbigen Jahres Abends 9 Uhr zeigte 28 G. 6,^{3} L., und der niedrigste am 19. März 27 G. 1,^{5} L. (Das Maximum des letzten Jahrzehnds ergab sich 1854, mit 28 G. 8,^{3} L., und das Minimum 1858 mit 26 G. 8,^{9} L.) Wärme- und Kältegrade zeigen im kölner Klima als Extreme + 29 bis — 16 G. Reaumur. Der höchste Thermometerstand des Jahres 1861 ergab am 16. August Nachmittags $2\frac{1}{2}$ Uhr + 26,⁵ R., und der niedrigste am 9. Januar 7 Uhr Morgens — 14,⁵ R. (Die grösste Hitze des letzten Jahrzehends hatten wir im August 1857 mit + 29,⁰ R., und die grösste Kälte 1853 im December mit — 16,⁵ R.) —

Der Charakter des Kölners ist echt deutsch, bieder und lebensfroh. Keine Stadt der Welt wäre vielleicht im Stande, solche grossartigen Volksfeste zu feiern, wie der Kölner sie liebt, bei denen in dem ungeheuersten Gewühl und Gedränge so wenig Ausartungen und Unordnungen vorfallen wie hier. Der weltberühmte kölner Carneval, in dessen Verlauf die Stadt wenigstens eben so viele Fremden enhält, als sie sonst inwohnende Seelen zählt, gedeiht am allerbesten und ist am ungefährlichsten ohne jeden polizeilichen oder gar militärischen Schutz.

Der Kölner ist lebensfroh, ja sogar genusssüchtig. Dies beweisen u. A. die Besuche der Kirmessen (Kirchmessen, Kirchweihfesten) im Innern der Stadt. Jeder der neunzehn Pfarrsprengel hat an einem bestimmten Sonntage im Sommer seine jährliche Kirmess. Tausende und abermal Tausende aus allen andern Gegenden der Stadt ziehen dann oft in ganzen Familien durch die betreffende Pfarre, sich ergötzend an den verschiedenen Heiligenbildern, die fast an allen Fenstern ausgestellt, an den oft reich mit Kränzen und Laubguirlanden verzierten Häusern und Strassen, und an der fröhlich und glücklich gestimmten dahinwogenden Menschenmasse. Alle Bier- und Weinhäuser laden dabei durch ihre lauten und lustigen Gäste so unwiderstehlich ein, dass beinahe die meisten der Angelockten genöthigt sind, stehenden Fusses die durstige Kehle zu laben, was dann häufig als Veranlassung geltend gemacht wird, ein weiteres Haus aufzusuchen, wo auch der ermüdete Körper einen Augenblick sitzend der Ruhe geniessen kann.

Die Neigung zum Lebensgenusse zeigt sich ferner beim Kölner durch den fleissigen Besuch der benachbarten Orte. Wer wäre wohl ein echtes kölner Kind, ohne die Deutzer, Mülheimer, Nippeser, Brühler Kirmess alljährlich mitzumachen? Kein Dorf im Umkreise, welches sich nur zu Fuss und zu Wagen eben erreichen lässt, feiert ein Fest mit Tanz, auf welchem nicht die kölner Jungfrauen und Jünglinge die flottesten Tänzerpaare sind. Doch betrete man erst an einem schönen Pfingsttage den Central-Bahnhof der vereinigten Eisenbahnen, so kommt man sicher zu der Meinung, die ganze Bevölkerung der Stadt wäre plötzlich von einer allgemeinen Auswanderungslust ergiffen worden.*) Der stattliche Park von Brühl, die anmuthigen Gegenden von Roisdorf und Bonn, die herrlichen Anlagen bei Godesberg, die so sehr anziehenden Höhen des Siebengebirges, die reizenden Schönheiten von Rolandseck, ja sogar die romantischen Thäler der Ahr und in neuester Zeit der Sieg, alles übt auf den lebensfrohen, genusssüchtigen Kölner eine solche Anziehungskraft aus, dass er sich bei günstigem Wetter beinahe keinen Sonntag in den engen Schranken seiner vier Wände zu halten vermag.

Der wahre Kölner ist nebenbei ein ganz gemüthlicher Biergast oder Schoppenstecher. In den zahllosen Bierhäusern trifft sich der Handwerker- und untere wie mittlere Bürgerstand. Die Weinschenke dient mehr der vermögendern Klasse zum Rendez-vous. Das weibliche Geschlecht ist fast nie in den Schenken im Innern der Stadt zu sehen. Für dieses dienen nur einige Gartenwirthschaften, wie in Deutz, am Bayenhause, am Todtenjuden, am Thürmchen, und besonders in jüngster Zeit im zoologischen Garten zum etwaigen Vergnügungsorte. Die sämmtlichen kölner Bier- und Weinschenken, wer-

*) Die rheinische Eisenbahn beförderte allein Pfingsten 1862 ausser den durchgehenden Reisenden 40194 Personen.

den im Vergleich zu andern rheinischen Städten sehr zahlreich frequentirt. Jedes Haus hat seine bestimmten Stammgäste, die täglich fast auf demselben Stuhle ihren Platz einnehmen wollen. Ausserdem gibt es eine Klasse von Zugvögeln, die stets wissen, wo das beste Glas Bier oder der kostbarste Schoppen Wein zu geniessen ist, und sich von diesem nur so lange an dasselbe Lokal gefesselt fühlen, bis der eine oder andere zufällig wieder etwas besseres entdeckt. Die Unterhaltung in den Schenkwirthschaften ist gewöhnlich recht lebhaft und laut, dabei gemüthlich, durch Witz, Humor und Satyre gewürzt. Der Fremde wird, wenn er nur im Mindesten zugänglich ist, gern in die Unterhaltung hineingezogen, und dabei sehr anständig und freundlich behandelt. In keiner rheinischen Stadt findet er sich daher, wenn er nur will, weniger isolirt, wie eben in Köln.

Bei der angeborenen Zugänglichkeit, die hoffentlich ein unvertilgbarer Zug im Charakter des wahren Kölners bleiben wird, ist ein Abschliessen in streng gesonderte Kasten unter der Bevölkerung Kölns viel weniger vorhanden, als dieses in andern grossen Städten so vielfach, wie unangenehm bemerkbar wird. Es gibt hier auch zu viele Gelegenheiten, wo sich die verschiedenen Elemente der kölner Einwohnerschaft zu nothwendig und so naturgemäss mit einander vermengen, als dass sie sich im gewöhnlichen Leben als schroffe Gegensätze von einander abstossen könnten. — Ein Adelstolz ist nicht vorhanden; doch sollte er sich von Aussen einfinden, so zuckt man gleichgültig mit den Achseln dazu, und „lässt ihn links liegen." Eine mächtige Geldaristokratie hat Köln freilich aufzuweisen, aber die Repräsentanten derselben sind nichts weniger als hochnasige und unnahbare Personen. Der zahlreiche und gut fundirte Kaufmannsstand kömmt mit der Bürgerschaft in gar zu vielseitigen Geschäfts- und Gesellschafts-Verkehr, als dass sich eine Kluft zwischen beiden von jeher hätte bilden können. Wenn auch der Aristokrat eine auserlesene Theegesellschaft im Winter in seinen Salons um sich versammelt, die sogenannte Haute-volée ihre Bälle und Concerte durch hohe Eintrittspreise nicht jedem zugänglich machen will, und die reichere Kaufmannschaft und das höhere Beamtenthum ihre Casino's und ihre geschlossenen Gesellschaften bilden, — so sucht man von der einen und findet man von der andern Seite darin nichts weniger, als ein sich isoliren, sich schroff und scharf gegen einander abgrenzen wollen; im Gegentheile, es sucht ein jeder Stand ganz ähnliche Vergnügen in seinem eignen Kreise, und der schlichte Handwerker amusirt sich nicht weniger auf den Bällen im Geistensterz zu geringem Eintrittsgelde, wie die vornehme Welt auf dem freilich prachtvollen Gürzenich zu hohem Entreé.

Einen wirklichen Pöbel findet man in Köln verhältnissmässig weniger wie am ganzen Rheine. Wo er sich in zufälligen Exemplaren noch findet, ist er zu vereinzelt, um gefährlich zu werden, und fühlt er fortwährend das wachsame Auge der Polizei und die Verachtung der Menge auf sich gerichtet. Bemerkenswerth sind unter den untersten Ständen die Marktweiber und die sogenannten Rheinkadetten, bei welchen man wörtlich „die Weisheit auf der Gasse" findet. Ihr Mutterwitz, ihre schlagenden, wenn auch noch so komischen Antworten, Bemerkungen und Einfälle sind oft einzig in ihrer Art, und circuliren dann von Mund zu Mund als die amusantesten Anekdoten. Will der Fremde die Wahrheit des Gesagten selbst erproben, so binde er nur mit einer der beiden Klassen durch eine Frage oder Bemerkung an, — an einer schlagenden Antwort wird's sicher nicht fehlen, wenn er auch einen derben Witz dabei vielleicht mit in den Kauf nehmen muss.

Einen andern wirklich schönen Zug in dem Urtypus des Kölners bildet sein mitleidvolles Gemüth, welches

ihn leicht zu den rührendsten und grossartigsten Akten
der Wohlthätigkeit zwingt, und bei dem seine Opfer-
willigkeit wirklich niemals erlahmt. Dieser Wohlthätig-
keitssinn erstreckt sich nicht allein über die Nothleidenden der Stadt, sondern nimmt ihren grösseren oder ge-
ringeren Antheil an allen Schicksalsschlägen, Feuers-
brünsten, Ueberschwemmungen u. s. w. des preussischen,
wie des deutschen Vaterlandes, ja sogar über dessen
Grenzen hinaus. War es doch, wenn wir nicht irren,
ungefähr eine halbe Million Thaler, die, in Köln durch
freiwillige Beiträge aufgebracht, dem Hamburger Comité
für die im Jahre 1842 bei dem furchtbaren Brande in
Noth gerathenen Bürger übersandt worden sind. Dass
dieser Zug ein uralter in der kölner Bürgerschaft gewesen, beweisen die grossartigen und zahlreichen Wohl-
thätigkeits-Stiftungen der städtischen Armenverwaltung,
deren Capitalwerth eine Summe von über drei Millionen
Thaler beträgt. Ausser den zur Unterstützung der
Nothleidenden verwandten Zinsen dieses Capitals, welche
nebst den sonstigen aussergewöhnlichen Einnahmen jährlich über 160,000 Thlr. betragen, schiesst die städtische
Verwaltung aus ihren direkten Einnahmen wenigstens
noch 57,000 bis 60,000 Thaler in jedem Jahre zu.
Doch trotz alledem lässt sich die Neigung des Kölners
zur Privatwohlthätigkeit weder unterdrücken noch be-
schränken. Ausserdem, was auf die edelste Weise bei
verschämten Armen und im Geheimen geschieht, darf
nur ein Einzelner, oder eine Familie in eine sichtbare,
unverschuldete Noth gerathen, die durch die Armenverwaltung nicht rasch genug, nicht hinlänglich, oder aus
prinzipiellen Gründen gar nicht gestillt werden kann,
so treten sofort kleine Kreise zusammen, oder bestehende
Wohlthätigkeitsvereine beginnen ihre Wirksamkeit, um
die Mittel zur Linderung oder Abhülfe sofort zu beschaffen. — Grund und Boden, wie der jetzt vollendete
kolossale Bau des sogenannten Marienhospitals (an St.

Cunibert) wurde durch Schenkungen und freiwillige Gaben erworben resp. ausgeführt, um den unheilbaren Kranken, die im Spital nicht untergebracht werden können, ein Asyl zu schaffen, wo sie bis zum Ende ihres Lebens sich der sorgsamsten Pflege und liebevollsten Behandlung erfreuen. Ein anderes Beispiel der brüderlichen Mithülfe bildet unter ähnlichen Vereinen die Gesellschaft Meisterschaft, die jetzt schon eine Mitgliederzahl von 1200 Personen des Bürger- und Handwerkerstandes erreichend, mit Geldvorschüssen von 20 bis 100 Thalern zurückgegangenen Handwerkern unter die Arme greift, um sie vor dem Bettelstabe, resp. dem Verfall an die Armenverwaltung zu retten. — Das schöne Lied von Claudius: „Bekränzt mit Laub den lieben, vollen Becher," enthält einen Vers, der da heisst: „Und wüssten wir, wo Jemand traurig läge, wir reichten ihm den Wein!" Hätte es der Dichter mit uns gesehen, wie bei Absingung dieses Verses bei munterer kölner Tafelrunde durch die zufällige Hinweisung eines Einzelnen auf einen solchen Traurigen das Mitgefühl aller Zecher erwachte und jeder sich beeilte, bereitwillig und freudig sein Scherflein zu spenden, um diesen Traurigen zu trösten, — welch' schöner Lohn würde das dem gefühlvollen Claudius gewesen sein für seinen so edeln und zündenden Gedanken! —

Beweise für die Sympathie des Kölners zu seiner geliebten Vaterstadt könnte man Hunderte vom kleinsten bis zum grössten Massstabe erzählen; doch nur einige der bedeutendsten seien hier im Vorübergehen genannt. Ein Wallraf darbte sich fast die nothwendigsten Lebensbedürfnisse ab, um Kunstschätze aller Art zu sammeln, und sie seiner Vaterstadt nach seinem Tode zu schenken. Ein Richartz liess es sich über 200,000 Thlr. kosten, um seinen Mitbürgern einen Kunsttempel, ein Museum zu schaffen, dass die gesammten Kunstschätze eines Wallraf nebst andern auf ewig und würdig beherbergen sollte. Ein schlichter Bürger, Frank, schenkte der armen Pfarrgemeinde von St. Mauritius, zu der er sonst in keiner Beziehung stand, 80,000 Thlr. zum Baue einer neuen Kirche, da die alte dem Einsturze drohte, und den Bedürfnissen der bevölkerten Pfarre durch die Beschränktheit ihres Raumes durchaus nicht mehr entsprach. Die beiden Brüder Sulpiz und Bernhard Boisserée vermachten der Stadt eine mit vieler Mühe und grossen Geldopfern gegründete Sammlung von kostbaren Glasgemälden, die eine der schönsten Sehenswürdigkeiten des neuen Museums bildet. Herr Banquier Oppenheim scheute nicht vor der ungeheuren Summe zurück, die ihn der Bau einer neuen Synagoge kostete, welche, im reichsten maurischen Style ausgeführt, der Stadt zu einer der grössten Zierden gereicht. — Ausserdem gibt es in Köln keine Kirche, keine Kapelle und kein Kloster, wo nicht Tempel, Altäre und Paramentenschreine die zahlreichsten Geschenke von geringerem bis zum höchsten Werthe aufzuweisen im Stande sind, und manche Pfarrer, deren Namen noch heute im Munde des Volkes leben, haben es bewiesen, wie leicht von dem Kölner alles zu erlangen ist, was den Tempeln seiner Vaterstadt zum Ruhme, zur Ehre und zur Verherrlichung gereicht, wenn man nur die Sache von der rechten Seite zu behandeln und in der geeigneten Weise anzugreifen versteht. —

C.
Köln als Hauptstadt
der Rheinprovinz und des Regierungsbezirkes.

Als die Rheinlande und Westphalen im Jahre 1815 gemäss den wiener Congressbeschlüssen an die Krone Preussens fielen, wurden beide Provinzen, ähnlich den sechs andern des Staates, in Regierungsbezirke, und diese in Kreise abgetheilt. Die Rheinprovinz hat gegenwärtig fünf Regierungsbezirke nämlich Coblenz, Trier, Aachen, Düsseldorf und Köln. Köln, die Stadt, ist der Sitz der Königlichen Regierung des Regierungsbezirks Köln, welcher einen Flächenraum von 72,40 ☐ Meilen umfasst, und dessen Bevölkerung ungfähr 500,000 Seelen beträgt.

Die Königlich Regierung besteht aus einem Präsidenten, dreizehn Regierungsräthen, mehreren Assessoren und Referendarien, den Secretairen und dem nöthigen Hülfs- und Dienstpersonal. —

Das Plenum der Regierungsräthe unter dem Vorsitze des Präsidenten hat den Regierungsbezirk in politischer wie in socialer Hinsicht zu verwalten. Alle für diesen Verwaltungsbezirk speziell ergehenden Bestimmungen und Verordnungen, die in dem wöchentlich erscheinenden „Amtsblatte der Königlichen Regierung" ihre Veröffentlichung finden, müssen natürlich den allgemein bestehenden Staats-Gesetzen und Prinzipien, Cabinets-Ordres und Ministerial-Erlassen entsprechen, widrigenfalls das Ministerium als höhere, oder das Staatsoberhaupt als höchste Instanz zur Berichtigung oder Annullirung derselben ersucht werden darf. Die Zusam-

mensetzung des Regierungs-Collegiums entspricht beinahe
völlig der Zusammenstellung des Staats-Ministeriums, indem auch hier Inneres und Aeusseres, Unterrichts-,Medi-
zinal- wie Rechnungswesen (Finanzen), Bau- und Forstfach,
u. s. w. ihren besonderen Vertreter und Chef in dem
Collegium besitzen. Alle wichtigen Angelegenheiten
werden in regelmässigen oder aussergewöhnlichen Plenar-
sitzungen, wo sämmtliche Räthe zugegen sein sollen, berathen und beschlossen, und hat der Rath des betreffenden Faches die vorherige Bearbeitung und in der Sitzung selbst das Referat zu übernehmen. Die Beschlüsse
werden mit einfacher Majorität gefasst. Weniger wichtige Sachen werden zuweilen vom Präsidenten direkt
an den betreffenden Fachrath überwiesen, der dann die
Entscheidung resp. Erledigung persönlich zu übernehmen,
aber auch dem Plenum gegenüber eventuell zu verant-
worten hat. Unter der Verwaltung der Königlichen
Regierung ressortiren ausser dem politischen und socialen
Theile noch ferner die Regierungs-Hauptkasse, die Kata-
ster-Inspektion, die Revier- und Forst-, wie die Provin-
zial- Hülfskasse, die Verwaltung der Provinzial-Arbeits-
und Besserungsanstalt zu Brauweiler, der weiblichen
Besserungsanstalt zu Pützchen (gegenüber Bonn,) der
Irrenheilanstalt zu Siegburg, des Hebammen-Instituts zu
Köln, und das Königliche Eisenbahn-Commissariat. Die
Bureaus für die Regierungs- und sämmtliche vor genann-
ten Verwaltungszweige befindet sich ohne Ausnahme im
Regierungsgebäude (Zeughausstrasse 4.)

Das Regierungsgebäude dient zugleich als Wohnung des Präsidenten, und enthält die ziemlich geräumigen und neuerdings wieder prachtvoll eingerichteten Appartements zur Aufnahme Ihre Majestäten des Königs und der Königinn, der Königl. Prinzen, u. s. w. bei Höchstdero Anwesenheit in Köln. Dasselbe besteht aus einem dreistöckigen Hauptbaue in der Mitte, an den sich beiderseits ein zweistöckiger Flügel schliesst. Es ist im neuern Style nach dem Plane des Königlichen Bauraths M. Biercher erbaut, und hat über dem Haupteingange in der Mitte einen weit vortretender Balcon, welcher von sechs dorischen Säulen getragen wird.

Köln ist ferner der Sitz der Königlichen Provinzial-Steuer-Direktion (Breitstrasse 98.) An der Spitze derselben steht der Provinzial-Steuer-Direktor und sein Stellvertreter nebst vier Regierungsräthen. Die grosse Zahl der Assessoren, Sekretaire, Assistenten, Gehülfen,

Boten und Diener (beinahe 50 an der Zahl) beweist den Umfang der Geschäfte in Steuersachen einer ganzen Provinz, die einen so kolossalen Ein- und Ausfuhrhandel, wie eben die Rheinprovinz betreibt, und wo von dieser Centralbehörde alle desfallsigen Verordnungen aus-, alle Beschwerden, Reclamationen und Wünsche eingehen, und überhaupt alle steuerlichen Verhältnisse geordnet und geschlichtet werden müssen.

Das Königliche Hypothekenamt und das Stempel-Fiscalat sind zwar minder umfangreiche Verwaltungszweige, aber von nicht geringerer Wichtigkeit oder Nothwendigkeit für die Provinz. Auch sie haben beide in Köln, und zwar ersteres Mittelstrasse No. 2, letzteres Klingelpütz Nr. 72, ihr Domizil.

Köln hat, wie jede der vier übrigen Regierungsbezirks-Haupt- (und einige anderen bedeutenden Handels-) Städte sein königliches Hauptsteueramt für ausländische (im Freihafen an der Mühlengasse) wie für inländische (am Hof No. 5) Gegenstände, mit einem dem hiesigen Platze entsprechenden, alle anderen Handelsplätze der Provinz an Anzahl weit üdertreffenden Personal.

Um sich einen Begriff von der Geschäftsgrösse der Ober-Post-Direktion von Köln (Lokal: Glokengasse 25 u. 27.) zu machen, muss man die Ausdehnung der Gebäulichkeiten dieses Verwaltungszweiges, und den Personen-, Brief- und Paquet- Verkehr an Ort und Stelle in Augenschein nehmen, und dabei bedenken, dass in diesen verschiedenen Räumlichkeiten und Bureaus mehr als 360 Beamte fortwährend in Thätigkeit sind, und dass zu gewissen Zeiten, wie zu Weihnachten, Pfingsten, Ostern, um alles effectuiren zu können, noch eine ziemliche Zahl qualifizirte Militairpersonen zur Aushülfe heran gezogen werden müssen.

Das Comptoir der Königlichen Bank zu Köln befindet sich einstweilen noch Cäcilienstrasse No. 4. Wegen der Beschränktheit der Räumlichkeiten dieses Gebäudes und bei dem ungeheuer vermehrten Geschäftsbetrieb ging man schon lange mit dem Plane eines Neubaues an geeigneter Stelle um, hat aber statt dessen das Haus Georgsstrasse No. 7 aquirirt, wohin in Kurzem das Bank-Comptoir verlegt werden wird.

Die Bilanz der preussischen Bank ergab am 31. Dezember 1861 in Aktiva wie in Passiva die Capital-Summe von 220,833,288 Thlr. 12 Sgr., in welcher Summe ein dem Staate gehörendes und demselben mit $3^1/_2$ % zu verzinsendes Capital von 1,897,400 Thlr. steckt.

Unter den mit der preussischen Bank in Verkehr stehenden einzelnen Bankanstalten des Staates nimmt die Königliche Bank zu Köln nächst Berlin in jeder Beziehung die oberste Stelle ein. Während die Hauptbank in Berlin im Jahre 1861 einen Geschäftsumsatz an: 1.) Depositenbelegungen und Zurückzahlungen, 2.) an Lombardgeschäften, 3.) im Gesammt-Wechselverkehr, 4.) im Anweisungsverkehr, und 5.) an Ueberschüssen anderer Königlichen Kassen die Summe von 228,969,000 Thlr. erreicht, weist die Königliche Bank zu Köln einen Umschlag von 141,110,900 Thlr. nach. Breslau schlug bloss 106.196,600, Magdeburg 96.367,100, und Königsberg nur 87.056,600 Thlr. um. Den geringsten Umschlag der 27 Banken im preussischen Staate hatte Graudenz mit 5,868,800 Thlr., wohin gegen die Total-Umschlagssumme sämmtlicher Banken die Höhe von 1,399,725,100 Thlr. erreichte. — Die Königliche Bank zu Köln, wie die übrigen im ganzen preussischen Staate, schiesst Gelder vor auf Rohprodukte, auf preussische Staatspapiere und auf solche Eisenbahnaktien, die im amtlichen Theile des preussischen Staatsanzeigers aufgeführt sind. Sie beleiht diese Gegenstände mit der Hälfte, ja zuweilen mit zwei Dritteln des wirklichen Werthes, und lässt sich die darauf geliehenen Gelder mit 5 Procent verzinsen. Von den bei ihr deponirten Geldern gibt sie Privatpersonen 2, milden Stiftungen,

Kirchen und Schulen $2\frac{1}{2}$, Minorennen und Blödsinnigen 3 Procent jährliche Zinsen. Die Privatpersonen können ihre deponirten Capitalien nur nach dreimonatlicher, die übrigen schon nach achttägiger Kündigung zurück erhalten. Mit der königlichen Bank zu Köln stehen folgende Filialbanken in Verkehr: Aachen, Coblenz, Düren, Eupen, Neuss, Saarbrücken, Siegen, Solingen und Trier.

Ausserdem besteht in Köln ein königliches Eichamt, (Portalsgasse Nr. 2) unter einem Direktor und einem Mechanicus stehend, welch letzterer alle in Köln verfertigten und ausserdem im Regierungsbezirke sich in Gebrauch befindenden Wagen und Gewichte, Flüssigkeits-, Frucht- und Längenmaasse, Gasmesser, Alcoholometer u. s. w. zu rectificiren und dann zu eichen hat, wofür der Gebührensatz prinzipiell so niedrig bestimmt sein soll, dass nur die Verwaltungskosten dieses Zweiges damit gedeckt werden können.

Andere königliche Behörden, die in Köln ihr Domizil besitzen, und über die nähere Mittheilungen kaum wünschenswerth erscheinen dürften, wollen wir deshalb bloss dem Namen nach hier aufführen.

Es sind dies:

1. Die königliche Departements- ⎫
2. Die königliche Kreis- ⎬ Ersatz-Commission.

3. Die königliche Handelskammer (Rheingasse Nr. 8) im sogenannten Tempelhause, welches zugleich das Lokal der kölner Börse ist.

4. Die königliche Straf- und Besserungsanstalt für weibliche Gefangene. (Schildergasse 122.)

5. Die königliche Straf- und Besserungsanstalt für männliche Gefangene. (Klingelpütz 37.)

Der Bau dieses sehr umfangreichen Gefängnisses wurde 1834 begonnen und 1838 vollendet. Es besteht aus einem grossen, achteckigen Hauptgebäude, von welchem, wie beigegebener Grundriss zeigt, vier Flügel, weithin auslaufend, sich in rechten Winkeln erstrecken.

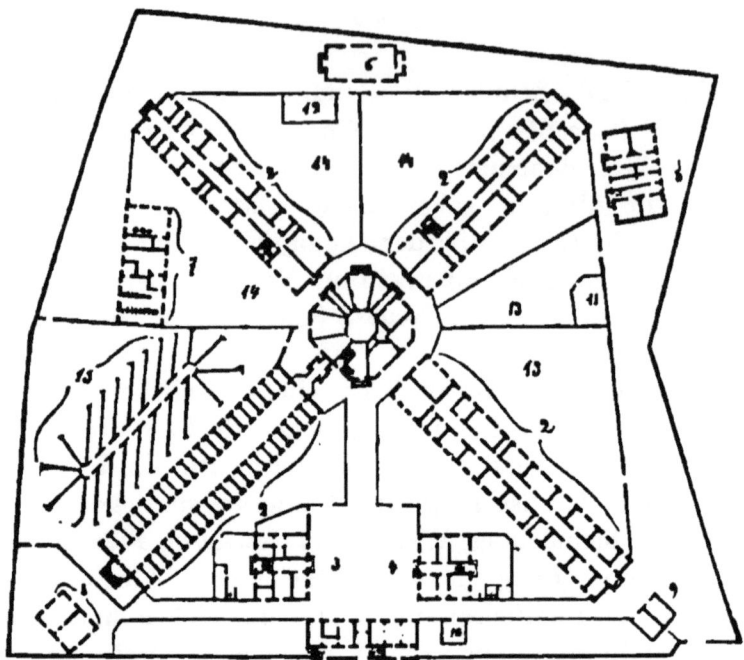

Grundriss des Arresthauses am Klingelpütz.

1.) Eingangsgebäude.
2.) Flügel für die Gefangenen.
   Der linke vordere Flügel
   enthält 165 pensylvanische
   Zellen.
3.) Wohnung des Direktors.
4.) Wohnung von 2 Inspek-
   toren
5.) Lazareth und Todtenhaus.
6.) Kirche.
7.) Kettenschmiede, Wasch- u.
   Kochküche.

8.) Arbeitshaus.
9.) Spritzenhaus.
10.) Vorrathshaus.
11.) Kettenschleiferei.
12.) Holzschuppen der Gold-
   leistenfabrik.
13.) Höfe.
14.) Spazierhöfe für die Gefangenen.
15.) Isolirspazierhöfe.

Das Gebäude kann mindestens 750 Arrestanten beherbergen und nach Beschaffenheit der Strafe in besondern Sälen beschäftigen. Möge die rheinische Justizbehörde zu Ehren der Provinz es nie erleben, dass man in dieser Herberge über Mangel an Raum zu klagen habe.

6. Das königliche Stadt-, so wie das Landkreis-Physicat.

7. Die königliche Haupt-Telegraphen-Station (Central-Eisenbahnhof in der Trankgasse.)

Gerichtswesen.

n Köln haben sechs Gerichtshöfe ihren Sitz, von denen sich der königliche Appellationsgerichtshof, das königliche Landgericht und das Handelsgericht in demselben Gebäude befinden (Appellhofsplatz.)

Um dem Leser einen, wenn auch noch so bescheidenen Blick, über den Charakter der in Köln befindlichen verschiedenen Gerichte zu geben, theilen wir in Kürze darüber folgendes mit.

Die linksrheinische Gerichtsverfassung ist bekanntlich französischen Ursprungs. Sie beruht auf justizorganisatorischen Gesetzen und kaiserlichen Decreten aus der Zeit der Fremdherrschaft, die zum Theil durch preussische Gesetze vor und nach modifizirt worden sind.

Das ordentliche Gericht, (Tribunal de première instance) gewöhnlich Landgericht genannt, zerfällt in drei Kammern: zwei für Civilsachen, „Civilkammern" eine für Strafsachen, „Zuchtpolizei- oder Correctionellgericht. Die Appellation vom Zuchtpolizeigerichte geht an die erste Civilkammer, welche dann als Correctionell-Appell-Kammer zu urtheilen berufen ist. — An der Spitze jeder Kammer steht ein Kammer-Präsident, an der Spitze des ganzen Landgerichtes der Landgerichts-Präsident.

Die Competenz des Landgerichtes ist nach Oben hin unbeschränkt. Dasselbe erkennt bei Streitobjekten unter dem Werthe von 1000 Francs in erster und letz-

4*

ter Instanz; bei höherem Werthe jedoch nur in erster Instanz, d. h. mit Vorbehalt der Appellation an den Appellhof.

Neben dem Landgerichte steht, theils als Aufsichtsbehörde, theils als Partheivertreterin in Sachen die den Staat, das öffentliche Interesse u. s. w. betreffen, das öffentliche Ministerium, gebildet aus dem Ober-Procurator und dessen Substituten, den Staats-Procuratoren. Neben seinen eben angedeuteten Funktionen hat das öffentliche Ministerium auch noch das ausschliessliche Recht der Verfolgung aller Verbrechen und Vergehen.

Das Geschworengericht, gewöhnlich die Assisen genannt, tritt vierteljährig unter dem Präsidium eines Rathes des Appellationsgerichtshofes zusammen, ist also nicht, wie das Landgericht ein ständiges Gericht. Gebildet wird es aus Mitgliedern des Landgerichtes als Richtern, die das Strafmass bestimmen, und aus Geschworenen, gewählt aus den Höchstbesteuerten, die nach subjektiver Ueberzeugung, gewonnen aus dem vorgeführten Thatbestande, über Schuld oder Unschuld der im Anklagezustand sich befindenden Personen entscheiden. Die Geschworengerichte urtheilen in der Regel nur über Verbrechen, d. h. über widerrechtliche Handlungen, die das Gesetz entweder mit dem Tode, mit Zuchthaus, oder mit Gefängniss von wenigstens fünf Jahren bestraft,

Als Gericht zweiter, also höherer Instanz besteht in Köln der Rheinische Appellations-Gerichtshof. Sein Sprengel umfasst sämmtliche neun Landgerichte der Rheinprovinz. Wie die Landgerichte in Kammern, so zerfällt der Appellhof in drei Senate mit Senatspräsidenten. An der Spitze des Appellations-Gerichtshofes steht der erste Präsident. Neben ihm fungirt der General-Procurator, zugleich Chef des öffentlichen Ministeriums, dem die General-Advokaten zur Seite gestellt sind. Die Advokatur der genannten Gerichtshöfe zählt weit über 50, und das mehr oder weniger damit zusammenhängende Notariat in Köln gegenwürtig dreizehn Personen.

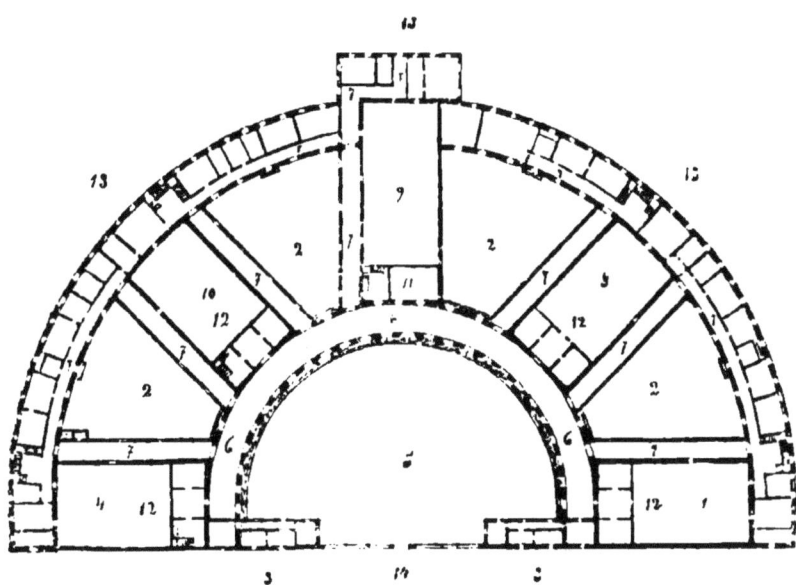

Grundriss des Appellhofes.

1.) Sitzungssaal des Civil-Senats des Apellations-Gerichtshofes.
2.) Hofräume.
3.) Wohnungen der Kanzlei-Diener.
4.) Saal für die öffentlichen Sitzungen der I. und II. Correctionell-Abtheilung.
5.) Vorplatz.
6.) Vorhalle.
7.) Corridore.
8.) Sitzungssaal des I. und II. Civil-Senats des Apellations-Gerichtshofes.

9.) Sitzungssaal des Assisen-Gerichtshofes.
10.) Saal für die öffentlichen Sitzungen der I. und II. Civilkammer des Landgerichtes.
11. Archiv.
12.) Vorzimmer und Zimmer für die Advokaten u. Anwälte.
13.) Berathungszimmer, Sekretariate, Garderobezimmer für das Justizpersonal, Zeugenversammlungszimmer, Treppenräume.
14.) Haupteingang.

Ausserdem befinden sich noch in Köln das Friedensgericht (in vier Ahtheilungen Nr. I, II, III u. IV,) ein
Handelsgericht, ein Gewerbegericht und ein Rheinzollgericht. Die Aufgabe der Friedensgerichte, die alle vier
in einem Lokale (Gereonstrasse Nr. 42) sich befinden,
soll, wie der Name dieses schon sagt, vorzüglich darin
bestehen, streitende Partheien zu versöhnen und zum Ver-
gleiche, zum Frieden zu führen. Wo dieses nicht ge-
lingt, da erkennen sie alsdann als urtheilendes Gericht.
Die Friedensgerichte sind competent bei jedem Streit-
objekte unter 100 Thlr. Werth. In Polizeisachen erkennen sie bis zur einer Geldstrafe von fünfzig Thalern
oder mit Arreststrafen bis zur Dauer von sechs Wochen
hinaus. Jedes Friedensgericht hat einen Friedensrichter,
einen Gerichtsschreiber und zwei Gerichtsvollzieher. Ausserdem vertritt eine Polizeiperson in allen Polizeisachen
als Anwalt das öffentliche Ministerium. Die Appellation
von friedensrichterlichen Urtheilen geht in Civilsachen
an das Landgericht, in Polizeisachen aber an das Zucht-
polizeigericht.

Eine andere sehr wesentliche und wohlthätige Wirksamkeit der Friedensgerichte bildet das Vormundschafts-
wesen. Stirbt von Minderjährigen die Mutter, so ruft
der Friedensrichter des betreffenden Bezirks einen Fa-
milienrath, bestehend aus den nächsten Anverwandten
des Elternpaares zusammen, und wird aus diesen ein
Nebenvormund gewählt, indem der noch lebende Vater
die Hauptvormundschaft behält. Stirbt hingegen der
Vater, so wird sofort eine Hauptvormundtschaft erwählt,
und lässt dass Gericht in ersterm wie in letzterm Falle
ein spezielles Inventar des Gesammtvermögens verfassen,
für dessen Betrag der Vormund eine auf ihm lastende hy-
pothekarische Verantwortlichkeit übernimmt, die eigentlich
durch Inscription seines eignen Vermögens beim Hypotheken-
amte verbürgt werden soll. Der so gewählte Vormund
übernimmt also die ungeschmälerte Erhaltung und pflicht-

getreue Verwaltung des vorhandenen Vermögens bis zur Grossjährigkeit der hinterbliebenen Kinder.

Der Geschäftsbereich des Handelsgerichtes ist schon in dessen Namen ausgesprochen. Es erkennt in allen Zwistigkeiten in Handelssachen, unter Vorbehalt der Appellation an den Appellations-Gerichtshof. Der Präsident des Handelsgerichtes so wie die acht Richter und eben so viele Ergänzungsrichter, die diese Stellungen als Ehrenamt versehen, gehören ausschliesslich dem Handelsstande an, werden von diesem gewählt und vom Handels-Minister bestätigt. Es gelten bei diesem Gerichte das Allgemeine deutsche Handelsgesetzbuch von 1862 und die deutsche Wechsel-Ordnung von 1848.

Das königliche Gewerbegericht bezeichnet ebenfalls in seinem Namen den Charakter seiner Thätigkeit. Sein Präsident und Vice-Präsident, seine 14 Mitglieder und 5 Stellvertreter gehören sämmtlich den verschiedenen Gewerbeständen an, und werden alle von diesem gewählt. Zur Competenz dieses in einer grossen Gewerbestadt so nothwendigen und nützlichen Gerichtes gehören die Schlichtung aller Zwistigkeiten zwischen Meistern und Gesellen unter sich, zwischen ersteren und den Arbeitgebern, ferner die richterliche Erkennung über klagbar gewordene Forderungen und Berechnungen zwischen dem Gewerbe- und jedem andern Stande. Der Sitzungssaal dieses Gerichtes befindet sich Rathhausplatz Nr. 9.

Das königl. Rheinzollgericht befasst sich mit der Erkennung in Fluss-, Schiffs- und Uferangelegenheiten. Es steht unter dem Richterpersonal des Friedensgerichtes Nr. I und hat auch in demselben Lokale seinen Sitz.

Die Verhandlungen sämmtlicher Gerichte sind öffentlich, in so fern nicht Vergehen gegen Sittlichkeit und Moral die Abweichung von der Oeffentlichkeit gebieten.

Polizei-Verwaltung.

Eine der wichtigsten Behörden für eine so volkreiche Stadt wie Köln bleibt immer die Polizeiverwaltung, weil dieselbe mit jedem einzelnen Bürger in direktesten Verkehr zu treten gar zu häufig die Veranlassung nehmen muss. Die Spitzen der Polizeiverwaltung zu Köln bilden folgende Chargen:

1. Der Polizei-Präsident, gleichzeitig in der Eigenschaft eines Landrathes des Stadtkreises Köln, in welcher ihm ein Kreis-Secretair besonders beigegeben ist.

2. Der Polizei-Rath, zugleich Stellvertreter des Präsidenten bei dessen Verhinderung oder Abwesenheit.

3. Der Polizei-Assessor,

4. Der Polizei-Inspektor, welcher zugleich die Staatsanwaltschaft in Polizeisachen an zwei Friedensgerichten repräsentirt. (An den beiden andern ist dieselbe durch einen dazu bestimmten Polizei-Commissar vertreten.) Ausser diesen fungiren in den verschiedenen Bureau's des Polizei-Präsidiums (Glokengasse 30.) die erforderlichen Secretaire, der Rendant der Polizei-Casse, die Registratur-Beamten, Kanzlisten, Pass- und Fremden-Expeditionsbeamten nebst dem nothwendigen Ordonnanz- und Boten-Personal.

Die Stadt zerfällt in polizeilicher Hinsicht in neun Sektionen. Jede derselben wird überwacht von einem

Polizei-Commissar, der ausser einem Bureau-Gehülfen, drei, vier oder fünf Polizei-Sergeanten, und einen, zwei oder drei Gensdarmen zur Verfügung hat.

Die kleinen Vergehen gegen polizeiliche Verordnungen werden auf der Amtsstube des betreffenden Polizei-Commissars abgeurtheilt und bestraft, und hat derselbe als Richter in diesen Sachen das Recht, bis zu vierzehn Tagen Gefängniss oder bis zehn Thaler Geldstrafe zu erkennen. Zwei der neun Polizei-Commissare haben ausserdem die Schulpolizei auszuüben, und alle unentschuldbaren Versäumnisse schulpflichtiger Kinder an den Eltern mit Geld bis zu einem Thaler oder Gefängniss bis zu 24 Stunden zu bestrafen. Alle diese durch den Polizei-Commissar verhängten Gefängnissstrafen werden abgebüsst in dem sogenannten städtischen Depot. Das jetzt als solches von der Stadt neu erbaute Lokal wurde im April 1861 bezogen. Dieses im gothischen Style vom Stadtbaumeister R a s c h d o r f ausgeführte Gebäude, südlich vom Neumarkt in der Spinnmühlengasse gelegen, kostet die Stadt 39,500 Thlr., und hat für die in geschiedenen Abtheilungen zu beherbergenden Arrestanten männlichen und weiblichen Geschlechts, zu denen auch die von der Polizei frisch aufgegriffenen Individuen (aber nur bis zum Ergebniss der innerhalb 24 Stunden Statt findenden Untersuchung) gehören, sehr gesunde, reinliche und luft- wie lichtreiche Räume.

Das neue städtische Depot oder Municipal-Gefängniss enthält folgende Räume:

a) im Souterrain ausser den Vorrathskellern eine Küche, eine Vor- und Waschküche, zwei Badezimmer, ein Mangel-zimmer, und einen grossen Arbeitsraum für Männer.

b) im Erdgeschoss fünf Räume als Aufseherwohnung, ein Bureau, zwei Zimmer zu 5 Köpfen für Aufgegriffene, ein Zimmer zu 5 Köpfen für Syphilitische, zwei Isolirzellen, zwei Krankenzimmer nebst Vorzelle, zusammen auf 5 Köpfe berechnet.

c) in der ersten Etage, einen Betsaal, ein Zimmer

für den Arzt, ein Verhörzimmer, zwei Krankenzimmer nebst Vorzimmer (wie oben zu 5 Köpfen berechnet,) zwei Zimmer für je 5 Detinirte und 4 Isolirzellen.

d) in der zweiten Etage zwei Zimmer jedes für 8, zwei jedes für 6, und 6 jedes für 5 Detinirte ausreichend. Am Eingange befindet sich ein kleiner Vorhof, und an jeder Seite ein Spaziergang, der eine für männliche, der andere für weibliche Gefangenen bestimmt. Der grössere Hof hinter dem Gebäude dient zu ökonomischen Zwecken.

Unter dem Polizei-Präsidenten steht unter anderm auch die städtische Feuerlösch-Anstalt (Pompier-Corps,) an deren Spitze als technischer Chef der Arbeiter Compagnien der zeitige Stadtbaumeister steht. Das Pompier-Corps Kölns zerfällt in 5 militairisch organisirte und uniformirte Compagnien, deren jede einen Chef und 4 Sous-Chefs hat. Jede Compagnie hat 5 Spritzen, die in den verschiedensten Theilen der Stadt und zwar in meist eigens dazu erbauten, städtischen Spritzenhäuschen untergebracht sind, zu welchen die Chefs oder Sous-Chefs die Schlüssel besitzen. Beim Ausbruche eines Brandes geht sofort die Mittheilung an den Küster der nächsten Kirche oder an den zunächst wohnenden Chef oder Sous-Chef ab. Ersterer schlägt sofort auf die Glocke, letzterer setzt den Rasseler mit der Brandrassel in Lauf, insofern diesem nicht direkt die Kunde überbracht worden ist. Die zunächst liegenden Kirchen und Feuerrasseln folgen unaufgefordert dem gegebenen Signale, und bald ist, wenn's Noth thut, die ganze Stadt in Feuer-Alarm vesetzt. Die Mannschaften der Compagnien, meist den Bauhandwerken angehörend, müssen auf der Stelle ihre Arbeit verlassen, und begeben sich sodann schleunigst zu ihrer Spritze hin, die von den zunächst aufzutreibenden Pferden bespannt, unter Führung der Chefs nach der Brandstätte eilt. Den zuerst ankommenden Spritzenmannschaften wird bei jedem Brande zur Belohnung eine

Prämie von 5 Thlr. ausbezahlt. In Berlin wie in andern bedeutenden Städten besteht eine fortwährend in Bereitschaft gehaltene uniformirte Feuerwehr, und, um die raschesten Mittheilungen nach den sämmtlichen Posten hin, zu machen, sogar eine unterirdische Telegraphenleitung. Köln hat dieses nachahmen wollen, es aber des zu erheblichen Kostenpunktes wegen bei den bisherigen Einrichtungen belassen. Man that dies um so mehr, als sich dieselben bisher wirklich recht tüchtig bewährt und praktisch bewiesen haben, und weil dazu bei dem geringsten Anscheine einer grössern Gefahr das Militair, worunter besonders die Pioniere auszuzeichnen sind, dem Pompier-Corps kräftig zur Seite steht.

Militair-Wesen.

Die Militair-Bevölkerung Kölns beträgt durchschnittlich über 6800 Personen, in welcher Zahl die Besatzung von Deutz, welches überhaupt in militairischer Hinsicht mit Köln ein Ganzes bildet, mit einbegriffen ist. Von höhern Militair-Behörden enthält Köln den Stab der 15. Division, der 29. und 30. Infanterie-, und der 15. Cavallerie-Brigade. Ausserdem hat Köln eine Commandantur, (Apostelnkloster 3) eine Festungs-Inspektion (Glockengasse 15), ein Proviant-Amt (Severinstrasse 176), eine Garnison-Verwaltung (Neumarkt 2), und ein Garnison-Lazareth. Letzteres (Carthäusergasse 17) enhält

400 Betten. Die ärztliche Behandlung und Krankenpflege wird von einem Oberstabsarzte geleitet. Die ärztliche Praxis üben zwölf Oberärzte aus, von denen jeder die Patienten desjenigen Truppentheiles behandelt, dem er selber zugetheilt worden ist.

Fünf Aerzte wohnen fortwährend im Gebäude. Zur Führung der Apotheke, über welche der Oberstabsarzt die Aufsicht hat, sind drei Pharmaceuten kommandirt, die hier zugleich ihre einjährige Dienstzeit vollenden, und von ihrem Austritte an während ihrer ganzen Militairpflichtigkeit als Apotheker zum stehenden Heere gehören. Die Krankenpflege wird von zwölf angestellten Krankenwärtern besorgt. Die ökonomische Verwaltung wird vom Ober-Lazareth-Inspektor geleitet, dem noch drei Inspektoren zur Seite gestellt sind. Das grosse Terrain, auf dem sich das Garnison-Lazareth befindet, und welches ausserdem noch das Laboratorium der Artillerie umschliesst, war früher Kirche, Kloster und Garten des Carthäuserordens in Köln.

Die Besatzung von Köln und Deutz besteht gegenwärtig aus dem 1., 2. und 3. Bataillon des rheinischen Infanterie-Regiments Nr. 25, dem 1. und 2. Bataillon Nr. 65, dem 3. Bataillon des ostpreussischen Füsilier-Regiments Nr. 33, dem rheinischen Cuirassier-Regiment Nr. 8, der westphälischen Artillerie-Brigade Nr. 7. und dem westphälischen Pionir-Bataillon Nr. 7. — Von dem 1. Bataillon des 2. rheinischen Landwehr-Regiments Nr. 28, bildet die Stadt mit drei Compagnien und der Landkreis mit einer das 1. Bataillon, und befindet sich der Stamm desselben in Köln. Ausserdem garnisoniren noch hier unter einem Major stehend zwei berittene und vierzehn Fuss-Gensdarmen der 8. Gensdarmerie-Brigade, die zu polizeilicher Beihülfe über die ganze Provinz sich vertheilt.

Kirchliches.

Der hohen Bedeutung, die Köln als Metropole einer der berühmtesten Kirchenprovinzen im ganzen Christenthume von jeher gehabt, entspricht noch heute das zahlreiche und auserlesene Collegium geistlicher Würdenträger, welches von hier aus seine gesegnete Wirksamkeit über die Stadt und die ganze Erzdiözese verbreitet. An der Spitze desselben steht Seine Eminenz, der Cardinal-Erzbischof, umgeben von einem aus zwölf wirklichen und vier Ehren-Domherren bestehenden Capitel. Der Propst desselben (vacat) und der Dom-Dechant sind infulirte Prälaten

Die ganze Kirchenverwaltung der Erzdiözese zerfällt in folgende erzbischöfliche Behörden:

1. Das erzbischöfliche Ordinariat. Dieses ist eine vom Erzbischofe zur Verwaltung der Diözesan-Angelegenheiten eingesetzte und von ihm geleitete Behörde. Das Ordinariat, zusammengesetzt aus einer Anzahl hoher geistlicher Räthe und Assessoren, pflegt im Allgemeinen über Diözesan-Angelegenheiten, über Prinzipien- und andere Fragen allgemeiner Bedeutung zu beschliessen.

2. Das erzbischöfliche General-Vicariat. Dieses befasst sich hauptsächlich mit der äusseren Verwaltung aller geistlichen und Personal-Angelegenheiten und der geistlichen Censur, jedoch stets mit Berücksichtigung der dem Erzbischofe persönlich zustehenden Pontificalrechte.

3. Das erzbischöfliche Officialat. Dieses übt die geistliche Gerichtsbarkeit (jurisdictio contentiosa) aus. Insbesondere befasst sich dasselbe mit Disciplinar- und Ehesachen.

4. Das erzbischöfliche Metropoliticum. Darunter ist diejenige geistliche Behörde zu verstehen, bei welcher gegen die von einer suffragan-bischöflichen Behörde erlassenen Sentenzen sowohl in Disciplinar- wie in Ehesachen Berufung eingelegt werden kann.

5. Die erzbischöfliche Rechnungskammer, welche die sämmtlichen, jährlich vorzulegenden Kirchenbudgets zu prüfen und festzustellen, und die ihr ressortmässig überwiesenen Kirchenrechnungen zu revidiren hat,

Ausserdem besteht in Köln ein erzbischöfliches Priester-Seminar, (Marzellenstrasse Nr. 32.) das jedes Jahr eine grosse Anzahl Alumnen, welche die Universität bereits absolvirt, zum activen geistlichen und Seelsorger-Dienste vorbereitet.

Die Stadt zerfällt in ihrer kirchlichen Eintheilung in neunzehn Pfarreien, von denen vier Hauptpfarren heissen. Die Hauptpfarren sind: Die Pfarre zum Dom, von St. Columba, St. Maria im Capitol, und St. Peter. Die andern heissen: St. Alban, St. Andreas, St. Aposteln, St. Cunibert, St. Gereon, St. Jacob, St. Johann, St. Maria Himmelfahrt, St. Maria zur Kupfergasse, St. Maria in Lyskirchen, St. Martin, St. Mauritius, St. Pantaleon in der Schnurgasse, St. Severin und St. Ursula. An jeder Pfarre steht ein Pastor, dem zur Ausübung der Seelsorge, zur Abhaltung des Gottesdienstes, zur Spendung der h. Sakramente und zur Ertheilung des Religionsunterrichtes in den Schulen, zwei, drei oder vier Capläne, je nach der Grösse der Pfarre, als Gehülfen beigeordnet sind. Köln hat ausserdem sieben katholische Nebenkirchen, in denen öffentlicher Gottesdienst abgehalten wird, nämlich:

1. Die Allerheiligen-Capelle, Eigelstein Nr. 12.

2. Die St. Cäcilienkirche, Cäcilienkloster Nr. 9.

3. Die von Groote'sche Familienkirche, zum Elend genannt, an St. Catharinen Nr. 5.

4. Die St. Maria-Ablass-Capelle, Maria-Ablassplatz Nr. 14

5. Die Minoritenkirche, nunmehr mit dem neuen Museum verbunden.

6. Die Ursulinerkirche, Machabäerstrasse Nr. 25.

7. Die Begräbnisskirche auf dem vor der Stadt gelegenen Kirchhofe zu Melaten.

Der Leser möge entschuldigen, dass wir an dieser Stelle auf den Besuch des kölner Kirchhofes aufmerksam machen. Derselbe wurde im Jahre 1810 an Stelle der vielen, im Innern der Stadt bei den einzelnen Kirchen gelegenen Begräbnissplätzen errichtet, und am 1. Juli die erste Leiche dort beerdigt. Der Weg dahin führt als Fortsetzung der S. 36 bezeichneten Hauptstrassen-linie von Osten nach Westen zum Hahnenthore hinaus der aachener Landstrasse entlang. Er liegt nur eine kleine Viertelstunde vor der Stadt, und hat einen Flächenraum von 80 Morgen. Wenn auch nicht jedes der unzähligen Denkmäler auf demselben einen Anpruch auf besondern Kunstwerth zu machen berechtigt ist, so ist doch in einer Reihe von Jahren manches Monument dort entstanden, dessen Besichtigung den kurzen und gut unterhaltenen Weg dahin wohl reichlich belohnt.

Ausser den vorhin genannten sieben Nebenkirchen, deren jede unter einem geistlichen Rector steht, welcher in seelsorglicher Hinsicht meist noch der zunächst liegenden Pfarrkirche beigegeben ist, befinden sich in Köln noch folgende Klosterkirchen, die theilweise dem öffentlichen, theilweise dem Klostergottesdienste gewidmet sind:

1. Die Klosterkirche St. Elisabeth bei den Elisabetherinnen in der Antonsgasse Nr. 7. Diese Nonnen versehen Krankenpflege im Bürgerspitale wie auch bei Privatpersonen.

2. Die Alexianer-Capelle, Mauritiussteinweg Nr. 41, beim Kloster gleichen Namens, dessen Brüder sich ebenfalls mit der Pflege männlicher Kranken befassen. Während des jetzigen Neubaues der St. Mauritius-Kirche wird diese Capelle auch zur Abhaltung des Pfarrgottesdienstes benutzt.

3. Das Kirchlein der Carmelitessen-Nonnen, Gereonskloster Nr. 12.

4. Die St. Vincent-Capelle der Missionsprediger in der Stolkgasse.

5. Die Kloster-Capelle der Schwestern vom armen Kinde Jesu, Martinstrasse Nr. 5. Die Nonnen dieses Ordens wirken in Köln sehr wohlthätig durch Erziehen und Unterrichten, wie durch Pflege armer, durch die häuslichen Verhältnisse verwahrloster Kinder. Die in ihrem Kloster neu gegründete Stickschule hat sich durch die ausgezeichneten Leistungen in kurzer Zeit einen ganz bedeutenden Ruf erworben.

6. Die Capelle der Väter der Gesellschaft Jesu, kleine Sandkaul Nr. 3, die täglich den Andächtigen und Beichtenden geöffnet ist. Die Väter dieser Gesellschaft, ausgezeichnet durch ihre grosse Gelehrsamkeit, sind in Köln besonders geachtet durch ihr hervorragendes Predigertalent, dass sie, meist in einem abgeschlossenen Cyclus von Vorträgen, in einer der kölner Kirchen von Zeit zu Zeit entfalten.

Von geschlossenen Anstalten haben das Waisenhaus, die Strafanstalt für männliche Gefangene am Klingelpütz (Augustinerkirche) und das weibliche Arresthaus (Schutzengelkirche) ihre eigenen Capellen. Eine Hauskapelle befindet sich nur im erzbischöflichen Palaste, und als zum Gottesdienste nicht benutzte steht die Rathhauskapelle als alleinige da.

An die bis hierhin aufgezählten 37 Kirchen und Capellen schliesst sich noch die katholische Garnisonkirche St. Pantaleon an. Der allgemeine Gottesdienst

5

in dieser Kirche wird von dem Militair-Pfarrer, der als solcher unter dem Fürstbischofe von Breslau steht, für die Truppen aus den preussich-polnischen Provinzen in polnischer, für die übrigen in deutcher Sprache abgehalten.

Die evangelische Gemeinde Kölns hat zwei Pfarrkirchen und ist in vier Pfarreien getheilt. Die eine Stadthälfte benutzt die Antoniterkirche in der Schildergasse Nr. 57, die andere die neu erbaute Trinitatiskirche im Filzengraben Nr. 10—12.

Die Antoniterkirche in der Schildergasse war früher eine katholische, und zwar die Klosterkirche der sogenannten „Antoniter-Herren." Ein reicher Edelmann aus der Dauphinée in Frankreich, welcher durch die Berührung der Gebeine des h. Antonius von einer lebensgefährlichen Krankheit gerettet worden sein soll, hat den Antoniter-Orden im Jahre 1095 aus Dankbarkeit gegen diesen Heiligen gestiftet. Der Orden sollte sich hauptsächlich mit der Pflege von Kranken, und besonders von solchen befassen, die mit dem Aussatze, Ausschlage (auch Antoniusfeuer, laufendes oder wildes Feuer genannt,) behaftet wären. Im Jahre 1288 wurden Brüder dieses Ordens vom Erzbischofe Wichbold auch nach Köln berufen, und die jetzige Antoniterkirche im Jahre 1384 vom Erzbischofe Friedrich als deren Klosterkirche eingeweiht. Das Innere macht einen recht freundlichen Eindruck, und als Sehenswürdigkeiten in derselben gelten ein grosses Gemälde von Johann von Achen, die Kreuzigung Christi, so wie die schönen Glasfenster hinter der jetzigen Kanzel. Der grosse Garten und die umfangreichen Gebäulichkeiten hinter der Kirche, jetzt als Predigerwohnungen und seit 1814 zur evangelischen Schule benutzt, wurden von dem im Jahre 1776 verstorbenen General-Praeceptor des Ordens, Hieronimus Bertram von Wolf, dem Kloster vermacht.

Die Geschichte dieser Kirche liefert ein merkwürdiges

Beispiel zu der damals in Köln noch herrschenden In-
toleranz. Bis zum Jahre 1794 war es den Protestanten nicht erlaubt, weder eine Kirche noch eine Schule
auf dem Boden der heiligen Stadt Köln zu gründen.
Ihre Kinder wurden daher auf einem am Bollwerk vor
dem Mühlengassenthore gelegenen Schiffe, worauf auch
sogar die Neugeborenen getauft werden mussten, unter-
richtet. Im Jahre 1787 kam von ihnen ein Gesuch
zur Errichtung einer eigenen Kirche und Schule vor
den städtischen Senat, welcher demselben zu willfahren
mit überwiegender Majorität beschloss. Kaum war dieser
Beschluss zur Bestätigung an den kaiserlichen Hofrath
nach Wien gesandt, als sich das Dom-Capitel, die Universität und der ganze Clerus der Stadt nebst den auf-
geregten Zünften gegen denselben auf das energischste erhoben. Nachdem schon die Genehmigung des Senatsbe-
schlusses am 14. Januar 1788 eingetroffen war, nöthigte
das Volk dennoch den Senat unter den gefährlichsten
Drohungen, die Sache in seinem Schosse noch einmal
zu berathen, sich aber bei dieser Berathung und der
desfallsigen Abstimmung durch zwei Deputirte von sämmtlichen Zünften zu verstärken. Der Senat fühlte sich
nicht stark genug, diesem Begehren zu widerstehen,
und kam so in die Lage, am 22. April 1788 seinen
Beschluss vom vorigen Jahre zu cassiren. Die Protestanten wandten sich hierauf im Jahre 1789, nach
Wien, und erwirkten eine vom Kaiser Joseph Höchst-
selbst vollzogene, noch heute in ihrem Archive aufbe-
wahrte Urkunde, worin der zuletzt gefasste Beschluss
aufgehoben, der Senat und seine Unselbstständigkeit
scharf getadelt, und den Protestanten die Erlaubniss
ertheilt wurde, in Köln eine Kirche und Schule zu gründen.
Der gereizten Stimmung der Katholiken Rechnung tragend,
wagten sie es aber trotzdem noch nicht, mit der Ausführung zu beginnen, bis ihnen endlich im Jahre 1802
von den Franzosen zuerst ein Zunftsaal, und dann die

jetzige Antoniterkirche mit sämmtlichen dazu gehörenden Gebäulichkeiten überwiesen wurde. Am 19. Mai 1805 fand die feierliche Einweihung der Kirche zum alternirenden Gebrauch der beiden damals bestehenden evangelischen Pfarrgemeinden Statt.

Die neue evangelische Kirche im Filzengraben wurde am 3. Juni 1860, am Dreifaltigkeitssonntage unter dem Namen Trinitatiskirche dem Gottesdienste feierlichst übergeben. Die äussere Façade derselben mit der hervortretenden Säulenhalle macht einen recht angenehmen Eindruck auf den Beschauer.

Im Innern hätte man ihr etwas mehr Licht und Schmuck verleihen können; doch lag es in der Absicht, ihr ganz besonders den Charakter eines stillen, einfachen, zur Andacht und zum innern Beschauen stimmenden Bethauses aufzuprägen. Der schlanke Thurm, welcher sich an der hintern Seite rechts neben der Kirche befindet, wäre für die Rheinfronte Kölns eine schöne Zierde geworden, hätte man ihn statt des stumpfen Daches mit einer entsprechenden, hohen Dachspitze versehen.

Die evangelisch-lutherische Gemeinde in Köln ist an Anzahl nicht sehr bedeutend; sie hat keine eigene Kirche, und hält ihre Zusammenkünfte und Andachtsübungen in dem Saale eines Privathauses ab. — Die in Köln lebenden Engländer haben sich ebenfalls unter einem anglicanischen Geistlichen zu einer Pfarrgemeinde verbunden. Ihr regelmässiger Gottesdienst findet jetzt in einem von der Stadt gemietheten Saale (Rheingasse Nr. 8) im hiesigen Tempelhause Statt. — Eine hier entstandene sogenannte frei-religiöse Gemeinde hat sich bald hier, bald da in einem Privathause versammelt. Sie scheint aber auf dem kölner Boden nicht der Art gedeihen zu wollen, dass sie zu einem bestimmten und öffentlichen Versammlungslokale gelangt.

Die israelitische Gemeinde Kölns zählt beinahe zwei und ein halb Tausend Seelen. Ihr Gotteshaus ist die in der Glockengasse Nr. 7 gelegene neu erbaute Synagoge. Zur Geschichte derselben sei Folgendes bemerkt.

Schon im Jahre 1858 erfreute der Geheime Commerzienrath, Herr Banquier Abraham Oppenheim, die ganze Gemeinde seiner Glaubensgenossen mit der wahrhaft grossmüthigen Erklärung, aus eigenen Mitteln an der Stelle der alten, baufälligen und räumlich so sehr beschränkten Synagoge eine neue zu erbauen. Der Dombaumeister, Herr Geheime Regierungs- und Baurath Ernst Zwirner wurde mit dem Entwurfe des Planes in maurischem Style, und der Architekt, Herr Anton Meder, mit der Ausführung desselben beauf-

tragt. Im Frühjahre 1859 wurde der Bau begonnen.
Trotz manchen unvorhergesehenen Schwierigkeiten, die
sich besonders bei der Fundamentirung zeigten, schritt
die Ausführung dennoch so rasch ihrem Ziele zu, dass
der Tempel im Sommer 1861 vollendet da stand. Am
15. August wurde er gemäss Schenkungs-Urkunde des
Erbauers der Gemeinde übergeben, und fand am 29.
August 1861 die Eröffnung und Einweihung Statt.

In feierlichem Zuge, an den sich eine grosse Zahl
kirchlicher Würdenträger des Judenthums im Ornate
und sehr viele Glaubensgenossen von Nah und Fern
angeschlossen, wurden die Thoras (Gesetzesrollen) unter
Gesang und Musikbegleitung aus der provisorischen in
die neue Synagoge übertragen. —

Ohne die Vorhalle misst die Synagoge im Gevierte
72 Fuss, enthält also 5184 $\sqcup$ Fuss bebaute Fläche.
Die Rundwand (Tambour,) welche die Kuppel trägt, erhebt sich auf dem Viereck der untern Umfassungsmauern
noch in einer Höhe von 35 Fuss. Die Kuppel selbst ist aus
einem Octogon (Achteck) construirt, und hat im Lichten einen
Durchmesser von 32 Fuss, und eine Höhe vom Fussboden
bis zum Mittelpunkte der Wölbung von 148 Fuss.
Der Tambour hat 14 Fenster in der Runde, um dem
Innern ein ausreichendes Licht zu verleihen. Ueber
der mit Bronze bedekten Kuppel befindet sich ein
reich vergoldetes Minnaret, auf welchem der Stern Da-
vids sich im Glanze der Sonne spiegelt. Ausserdem
erheben sich auf der vordern Giebelwand noch vier kleinere
Minnarets, in ebenso reicher Vergoldung erglänzend. Im
Innern tragen alle Wandflächen maurische Dessins von
Stuckaturarbeit, deren erhabene wie vertiefte Flächen auf
das reichste vergoldet und arabeskenartig übermalt erscheinen. Die schwierige Aufgabe, den maurischen Styl
in seinen mannichfaltigen und doch wieder einheitlichen
Formen in der üppigsten Farbenpracht auszuführen, ohne
dass dabei das Auge geblendet und das Ganze über-

laden erscheine, ist hier in der glücklichsten Weise gelöst. Die Kuppel ist im Innern auf blauem Grunde mit goldenen Sternen übersäet, das Firmament des Himmels zu versinnlichen; den Mittelpunkt derselben ziert eine strahlenvolle Sonne.

Das Innere der Synagoge bildet ein Viereck, dem jedoch die in den vier Ecken rechtwinklich austretenden Treppenthürme die Form eines Kreuzes verleihen. An der Ostseite befindet sich in der Mitte der Wandfläche der Behälter für die Bundeslade aus cararischem Marmor von zwei Marmorsäulen eingefasst und von zwei grossen maurischen Säulen begrenzt. Die geschnitzte Thür dieses Behälters ist durch einen reich in Gold auf weisser Seide gestickten Vorhang verhüllt, der den Geschenkgeber, ebenfalls Herr Abraham Oppenheim, nicht weniger als 3,500 Gulden oder 2000 Thlr. kostet. An der südlichen, westlichen und nördlichen Wand liegen zwei Gallerien übereinander, welche zu Frauenlogen dienen und mit gusseisernen Brustlehnen versehen sind. An der Südseite befindet sich in Rosettenform ein grosses farbiges Gläsfenster aus dem hiesigen Atelier von P. Grass, und in den vier Ecken, da wo die Gewölbe beginnen, sind Medaillons angebracht, auf deren Goldgrund hebräische Inschriften stehen. In der Mitte des innern Raumes sieht man eine vierseitige Estrade, die das Betpult und den Platz für den Vorsänger enthält. An den vier Ecken derselben sind vier schöne Candelaber mit je sieben Flammen. Dieselben werden mit Gas gespeist. Die Estrade und die rechts von der Bundeslade stehende Kanzel sind reichgeschnitzte Kunstwerke.

Die Reinigungsbäder und die damit verbundene Wasserleitung bilden einen complizirten Bau unter der Erde, dessen Grossartigkeit man im Innern des Tempels nicht ahnt. Die Wände dieser Baderäume sind mit Porzellan blau und weiss getäfelt, und die Bäder selbst aus cararischem Marmor gemacht.

Die äussere Façade, welche hinter einer maurischen Vorhalle sich erhebt, ist, wenn auch einfacher doch stylgetreu, mit Dessins aus Thontafeln und Farbe verziert. Die Vorhalle hat fünf Abtheilungen. Die beiden äussern sind Eingänge für die Frauen nnd führen vermittels der Treppenthürme zu den Gallerien. Der mittlere Haupteingang ist für die Männer bestimmt und die beiden zwischen liegenden sind Wohnräume des Castellans. Sechs kleinere aber nicht vergoldete Minnarets krönen die Giebelwand dieser Halle.

Dass die israelitische Gemeinde diesen Tempel und die Stadt in ihm ein so herrliches Baudenkmal der Munifizenz des Banquiers Abraham Oppenheim verdankt, wurde schon S. 43 erwähnt. Allgemein nur bedauert es der Beobachter, (und Jedermann, der die Sehenswürdigkeiten Kölns in Augenschein nimmt, versäume es nicht, ein solcher an und in der Synagoge zu werden,) dass dieser herrliche Bau nicht vor einem freien Platze liegt.

Schul- und Unterrichts-Anstalten.

Preussen wird der Staat der Intelligenz genannt. Und woher ist unserm Staate dieser Ehrenname geworden? Nicht durch eine geringe Zahl hellleuchtender Geister, die das Licht der Gelehrsamkeit über eine in dunkler Unwissenheit existirende Masse von Unterthanen wirft, sondern durch den mehr oder weniger hohen Grad der Bildung, der in jedem der siebenzehn Millionen preussischer Staatsbürger ruht. Diese allgemeine Bildung des ganzen preussischen Volkes zeigt sich in tausendfacher Weise. Liesse sie sich aber, von jedem Individuum ausgehend, ähnlich wie von allen harten und flüssigen Körpern in der Natur, in die Atmosphäre hinein übertragen, und hätte man dann ein Barometer, welches die von dieser allgemeinen Intelligenz geschwängerte Luft zu messen im Stande wäre, so würde dieses in Preussen einen Höhegrad erreichen, den es sonst vielleicht in keinem Lande der Erde uns zeigte. Und worin hat diese allgemeine Volksbildung ihren Grund? In dem im preussischen Staate ausgeübten Schulzwange, in der Organisation der Elementarschulen und in der Hebung und Förderung der zahlreichen Anstalten, worin höhere und die höchste Bildung zu erlangen ist. Ein Bild dieser Einrichtungen gibt jede grössere Stadt, und Köln, als eine der grössten, ganz insbesonders.

Köln hat drei vollständige Gymnasien, von denen am Schlusse des letzten Schuljahres das katholische (an Marzellen) 437, das neue katholische (an Aposteln) 261, und das gemischte (Friedrich-Wilhelms-) Gymnasium 356 Schüler zählte. Die Gymnasien Kölns besitzen bedeutende Fonds, welche unter einem besondern Verwaltungsrathe stehen. Derselbe ist gebildet aus Mitgliedern der Regierung, des Dom-Capitels, der städtischen Verwaltung, des Gemeinderathes und den Direktoren der drei Gymnasien. Dieses Collegium bildet die „Schulverwaltung," insofern es sich um die äussere Verwaltung der Gymnasien, welche in Bezug auf Unterricht und Lehrerpersonal unter dem Provinzial-Schulcollegium in Coblenz stehen, und den „Verwaltungsrath der Gymnasial- und Studienstiftungs-Fonds," insoweit es sich mit dem Vermögen dieser Anstalten zu befassen hat.

Jede der circa 260 Stiftungen wird getrennt verwaltet, und die Revenuen je nach der Höhe in kleinern oder grösseren Portionen nach der Urkunde an Verwandte des Stifters, oder sonstige Studirende vertheilt. Bei den meisten Stiftungen besteht das Vermögen in Capitalien, die rentbar angelegt und im Laufe der Zeit auf eine Höhe von ungefähr einer Million Thaler gestiegen sind, und die immer weiter steigen müssen, da bei den meisten ein Theil des jährlichen Ertrages capitalisirt werden muss. Bei andern Stiftungen besteht das Vermögen aus grössern oder kleinern Grundgütern, deren Einnahme durch den in der letzten Zeit bedeutend gestiegenen Pachtpreis erheblich vermehrt worden ist. Die Portionsbeträge, welche pro Jahr von 10 bis 300 Thlr. steigen, werden verwandt: a.) an Elementar-Schüler und Schülerinnen, b.) an Handwerker-

Lehrlinge und an Mädchen für Ausbildung in Handar-
beiten, c.) für Gymnasiasten und Akademiker, d.) als
Aussteuer bei Ergreifung eines Standes, e.) als Rente
für Erfüllung gewisser kirchlichen Obliegenheiten, und
f.) als Unterstützung an Familienmitglieder, so wie
an dürftige Gymnasiasten und Akademiker aller Facul-
täten, welche letztern Gelder aus unverwandt geblie-
benen Portionsbeträgen entnommen werden.

Für die übersichtliche Verwaltung des Stiftungs-Ver-
mögens wird alle drei Jahre ein neuer Etat aufgestellt.
Der Letzte balancirt im Augenblicke in Einnahme und
Ausgabe mit circa 60,000 Thlr.

Das Gymnasium an Marzellen ist mit am reichsten
dotirt im preussischen Staate. Seine Revenuen nebst
dem Schulgelde tragen jährlich circa 40,000 Thlr. ein.

Das Gymnasium an Aposteln ist eine Filiale des
vorigen. Es wurde von der Schulverwaltung aus dem
Erlös des botanischen Gartens, den dieselbe an die
rheinische Eisenbahn zur Anlegung des Central-Bahn-
hofs mit den Pflanzen für mehr als 250,000 Thlr. verkaufte,
gebaut, und kostet beinahe 60,000 Thlr. Der Plan
wurde vom Stadtbaumeister Raschdorff entworfen,
und die Anstalt im Herbste 1860 eröffnet.

Die derselben überwiesenen Stiftungen erreichen nebst dem Schulgelde einen Ertrag von ungefähr 12,000 Thlr. pro Jahr.

Der Etat des Friedrich-Wilhelms-Gymnasium erreicht dieselbe Höhe, und besteht aus den Zinsen eines Stamm-capitals, einem Zuschusse des Staates, der Stadt und aus den eingehenden Schulgeldern.

Die Provinzial-Gewerbeschule in Köln, neben dem Friedrich-Wilhelms-Gymnasium gelegen, wurde im letzten Semester von 165 Schülern besucht. Sie wird verwaltet von einem Curatorium, wozu der evangelische Regierungs- und Schulrath, der Oberbürgermeister, ein Stadtverordneter und der zeitige Direktor gehören. Einen bedeutenden Aufschwung hat in letzter Zeit die Real-Schule genommen, da ihre Schülerzahl die Höhe von 654 erreichte. Das bisherige Lokal reicht bei weitem nicht aus diese Anzahl zu fassen, und trat die Stadt diesem Uebelstande durch Erbauung eines neuen in der Kreuzgasse auf eine wirklich grossartige Weise entgegen.

Das Gebäude der neuen Realschule, mit Luftheizung und Gasleitung versehen, enthält ausser der Wohnung des Direktors und einer Aula, sechs und zwanzig Säle zu unterrichtlichen Zwecken. Bis zur Fertigstellung, welche im Herbste 1862 erfolgen wird, kostet es die Stadt an 100,000 Thlr. Der Plan ist ebenfalls vom Stadtbaumeister Raschdorff entworfen und der Bau unter seiner Leitung zur Ausführung gekommen. Die Unterhaltung der Realschule kostete im verlaufenen Jahre 18,488 Thlr. 22 Sgr. 6 Pfg., und kamen davon 12,960 Thlr. an Schulgeldern ein. Die Verwaltung der Realschule steht unter einem Curatorium, welches aus dem Oberbürgermeister, dem ersten Beigeordneten, dem Direktor der Anstalt, zwei Gemeinde-Verordneten und aus zwei Vertretern der Bürgerschaft besteht.

Städtische Elementarschulen zählt Köln gegenwärtig 81. Davon sind 36 katholische Pfarr- und 18 Frei-schulen, 3 evangelische Pfarr- und 1 Freischule, 2 jü-dische Schulen, 1 Taubstummenanstalt, 4 Schulen für arme Mädchen von Frauenvereinen unterhalten, 2 Schulen im Waisenhause und 2 Klosterschulen. Das übrige Dutzend sind Sonntags-, Lehrlings- und Zeichenschulen. An diesen öffentlichen Elementar-Bildungsanstalten sind gegenwärtig 210 Lehrkräfte thätig, und wurden dieselben im letzten Semester von 17,433 Schülern besucht, so dass auf jede Lehrperson durchschnittlich 83 Schüler kamen.

Die 81 öffentlichen Elementarschulen sind Anstalten der Stadt, und werden als solche von derselben allein unterhalten. Das Budget der Elementarschulen Kölns weist pro 1862 eine Jahresausgabe von 85,651 Thlr. 25 Sgr, 8 Pfg. nach. Die direkten Einnahmen an Schul-geld, Zinsen von Stiftungen, Miethen von Kellern unter einigen Schulhäusern u. s. w., machen zusammen 31,851 Thlr. 25 Sgr. 8 Pfg. aus, so dass die Stadtkasse für die Elementarschulen Kölns einen Jahreszuschuss von 53,800 Thlr. zu leisten hat. Möge die Zunahme der Bildung und die sittliche Hebung der Gesammtbevölke-rung diesem wahrhaft grossen Opfer der Stadt im reich-sten Maasse entsprechen.

Nicht minder grosse Opfer hat Köln in letzter Zeit auf die Erhöhung der Gehälter des so zahlreichen Lehr-personals verwandt, und zwar um einestheils die Ver-dienste dieses Standes auch in materieller Weise zu würdigen, und anderntheils um die Freudigkeit bei dem so schweren Werke der Erziehung und die Thatkraft bei Ausübung der Berufspflichten immer mehr bei den Vertretern eines Amtes zu beleben, deren Wirksam-keit für die sittliche Hebung und Bildung des Volkes von so unendlicher Wichtigkeit ist, dass Lord Brougham damals im englischen Parlemente von ihnen behauptete,

ihr A B C sei mächtiger, wie alle Bajonnette des englischen Heeres. Zur Durchführung der verbesserten
Gehaltssätze wurde das gesammte Lehrpersonal nach
dem Dienstalter classifizirt, und rückt jede einzelne Person
unter gleicher Befähigung einzig nach der Anciennetät
in bessere Stellen und zu höherm Gehalte hinauf. Das
Gehalt der untersten Lehrerinnen beginnt mit 180 Thlr.
und steigt bis zur Höhe von 250 Thlr. hinan. Die Be-
soldung der Hauptlehrerinnen beträgt mindestens 325
Thlr. und kann die Höhe von 400 Thlr. erreichen.
Der jüngste Lehrer bezieht beim Amtsantritt mindestens
250 Thlr., und kann bis zu 400 Thlr. steigen. Das
Gehalt eines Hauptlehrers fängt mit 450 Thlr. an, und
kann als Maximum die Summe von 550 Thlr. erreichen.
Dabei haben alle Lehrpersonen freie Wohnung im Schul-
hause, oder, wo dieses nicht möglich, eine wenn auch
wenig entsprechende Baarvergütung für ausgelegte Miethe.

Das bedeutendste Opfer zu Schulzwecken hat übrigens Köln in letzter Zeit für den Ausbau seiner Ele-
mentarschulhäuser gebracht. Für die unter den städtischen Elementarschulen zuerst genannten 36 katholischen
Pfarr- und 18 Freischulen besitzt die Stadt 42 Schulhäuser, von denen 3 gemiethet, eines dem Kloster der
Ursulinerinnen und eines der Armenverwaltung gehört,
welch letztere beiden der Stadt ohne Miethvergütung
zum Gebrauch überwiesen worden sind. Die übrigen
37 Schulhäuser sind Eigenthum der Stadt, und wurden
23 derselben in dem Zeitraume von etwas mehr als 20
Jahren von Grund aus neu erbaut. Die übrigen 14
sind zwar älter, aber durchgehends in solch gutem, ent-
sprechendem Zustande, das man kühn behaupten darf,
es gibt vielleicht keine Stadt im preussischen Staate,
die so ausreichende und so gesunde wie luft- und licht-
volle Unterrichtssäle in ihren Schulhäusern besitzt,
wie Köln. Zur Bestätigung des Gesagten lassen wir

einfach das Bild des beinahe vollendeten Schulgebäudes
der Pfarre von St. Peter folgen.

Dieses Gebäude, nach dem Plane des Stadtbaumeisters
R a s c h d o r f f ausgeführt, wird circa 34,000 Thlr. kosten,
und enthält ausser fünfzehn Wohnungen für das Lehrpersonal und dem Conferenz-Saale der Lehrer und
Lehrerinnen der Stadt 15 Unterrichtssäle, wäre also im
Stande, circa 1200 Schüler und Schülerinnen in seinen
Mauern zu umfassen. Für entsprechende, separirte Eingänge, bequeme Treppen und geräumige Spielplätze ist
nebenbei auf das Beste gesorgt.

Alle innern und äussern Angelegenheiten des Elementar-
schulwesens, alle personellen und sachlichen Verhältnisse
kommen zur Verhandlung und, sofern die Genehmigung
der Regierung nicht erforderlich ist, zur Erledigung
und Ausführung durch die städtische Schul-Commission.
Diese besteht aus dem zeitigen Bürgermeister, dem
Schul-Inspektor, den drei Direktoren der beiden katholischen Gymnasien und der Realschule, aus drei Pfarrern
der Stadt, zwei Gemcinderäthen und dem Präsidenten
der Armenverwaltung. Jeder der neunzehn Pfarrbezirken

hat ausserdem einen besondern Schulvorstand, aus dem Pfarrer, zwei gewählten Pfarrgenossen und einem Gemeinderaths-Mitgliede bestehend. Diese Schulvorstände stehen mit der Central-Schulcommission insofern in Wechselbeziehung, als sie bei derselben Anträge machen, und Letztere bei ihnen Erkundigungen einziehen und Aufschlüsse verlangen kann.

Für höhere weibliche Bildung hat Köln noch 13 concessionirte Töchterschulen, welche im letzten Sommer-Semester 1071 Schülerinnen zählten. Ausserdem bestehen noch vier männliche Institute von Privatlehrern, und wurden dieselben zusammen von 80 Schülern besucht. Die grösste Zahl davon, nämlich 39, kam auf das Handlungs-Institut von B. Ochs, Apostelnkloster Nr. 6.

Um keine der öffentlichen Unterrichtsanstalten Kölns zu übergehen, nennen wir noch am Schlusse die 12 bestehenden Kleinkinderbewahranstalten, von 670 Zöglingen frequentirt. Acht derselben sind für Kinder vermögenderer Eltern und vier, von Frauenvereinen unterhalten und überwacht, für Kinder dürftiger Arbeiterfamilien bestimmt.

Seit mehreren Jahren besteht auch in Köln (Glöckengasse Nr. 13 u. 15) ein Conservatorium der Musik, welches 14 Lehrer, 28 Schüler und eben so viele Schülerinnen zählt. Den Vorstand des unter Direktion des städtischen Capellmeisters, Herrn Ferd. Hiller, und seines Stellvertreters, des königlichen Musik-Direktors Herrn Franz Weber stehenden Instituts bildet der Oberbürgermeister und mehrere Freunde und Förderer der Musik. Zur Ablösung des bei Errichtung dieser Anstalt von Seiten der städtischen Verwaltung gegebenen Versprechens: die nöthigen Lokalitäten für dieselbe miethfrei zu überweisen, wird sie nun aus städtischen Mitteln mit jährlich 500 Thlr. subventionirt. Die übrigen Einnahmen ergeben sich aus den Schulgeldern und den Zuschüssen einer Anzahl musikalischer Celebritäten der Stadt.

So zählte nun Köln im Ganzen 115 öffentliche Bildungsanstalten und wurden dieselben am Schlusse des Sommer-Semesters 1861 von mehr als 21,000 Zöglingen (etwas über 10,600 Schülern und über 10,400 Schülerinnen,) also beinahe vom 5. Theile der Gesammtbevölkerung, besucht.

Die städtische Verwaltung.

An der Spitze der Gesammtverwaltung der Stadt steht ein besoldeter Oberbürgermeister und zwei besoldete Beigeordnete. Die einzelnen Zweige der Stadtverwaltung sind folgende:

1. Das Finanz-Amt.
2. Die Stadtkasse.
3. Das Civilstands-Bureau.
4. Das Bureau für Leichen- und Begräbnisssachen.
5. Das Stadtbauamt.
6. Das Bau-Bureau.
7. Das Einquartirungsamt.
8. Das Stadt-Archiv.
9. Das Stadt-Secretariat nebst der Kanzlei.
10. Die Schul-Commission.
11. Die Krankenkasse der Handwerker und Fabrik-Arbeiter. *)

(* Die sämmtlichen Bureau's für diese Verwaltungszweige befinden sich in den Gebäulichkeiten am Rathhausplatz.

12. Das Hafen-Commissariat und die Hafen-Kasse. (Mühlengassenthor.)
13. Die Markt- und Kaufhausverwaltung (im Gürzenich.)
14. Die Schlachthausverwaltung (im Schlachthause.)
15. Die städtische Beleuchtungs-Inspektion.
16. Die Direktion der öffentlichen Gärten und Spaziergänge.
17. Die Verwaltung der städtischen Bibliothek.
18. Die Museumsverwaltung.

Dem Oberbürgermeister-Amte, resp. der städtischen Verwaltung, stehen 30 Stadtverordnete zur Seite, die von der Bürgerschaft nach einem Drei-Classen-System, von der Höhe des Einkommens abhängig, gewählt worden sind. Alle drei Jahre wird das dem Alter nach ausfallende Drittel jeder Klasse durch Neuwahl ersetzt. Dieser Gemeinderath bildet unter sich folgende Commissionen:

1. Für das Finanzwesen, für Schuldentilgungssachen, Verwaltung des Vermögens der Armen- und Schulanstalten.
2. Für Armen-, Schul- und Kirchensachen.
3. Für städtische Bauten und Wege, Unterhaltung öffentlicher Gebäude, des Strassen-Pflasters, der Canäle, der Wasserleitung, der Promenaden, des Kirchhofes, sowie für Privatbauten und Alignementsangelegenheiten.
4. Für Gewerbe-, Fuhrwerks-, Sack- und Päckchenträgersachen, sowie für Hafenbauten, Hafenordnung und Einrichtungen,
5. Für Polizei-, Markt- und Kaufhausangelegenheiten, Strassenbeleuchtung und Reinigung, Nachtwächterdienst, Munizipalgefängniss, Begräbnisswesen, Sanitätspolizei, Bade-, Schwimm- und Feuerlösch-Anstalten.
6. Für Ertheilung des Bürgerrechtes.
7. Für Angelegenheiten der Bibliothek, des Museums,

6*

der Archive und Monumente, sowie für musikalische Angelegenheiten.

8. Die juristische Commission.
9. Die Museums-Commission.
10. Die Gürzenich-Commission.

Die Vorberathungen dieser Commissionen, unter dem Vorsitze des Oberbürgermeisters oder des ersten Beigeordneten finden Statt, so oft der vorhandene Stoff es nöthig macht, und gehen dann die motivirten und bestimmt formulirten Anträge, durch einen Referenten der Commission vertreten, an den Gemeinderath ab. Die Sitzungen des Gemeinderathes werden, insofern sie keine Personalien betreffen, öffentlich gehalten, und finden in der Regel jeden Donnerstag, Abends $6^1/_2$ Uhr, im grossen Saale des Rathhauses Statt. Bei allen Abstimmungen über eine hinlänglich debattirte Frage entscheidet absolute Majorität, und hat bei Stimmengleichheit der Vorsitzende den Ausschlag durch seine ihm dann zukommende zweite Stimme zu geben. Alle in Form der Rede sich geltend machenden Ansichten werden während der Sitzung durch einen besondern Protocollführer, ziemlich vollständig dem Inhalte nach, niedergeschrieben und ausserdem die gefassten Beschlüsse, um die Ausführung controlliren zu können, in ein Beschlussbuch eingetragen. Die Verhandlungen, so wie der Protocollführer sie in der Sitzung niederschreibt, werden durch den Druck dem Publikum zur Kenntniss gebracht, und als Beilage der Kölnischen Zeitung gratis ausgegeben.

Die Stadt Köln hat in ihrer letzten Vergangenheit viermal eine freiwillige Anleihe gemacht.

Die älteste vom Jahre 1833 betrug 200,000 Thlr., und wurde diese Summe für die so nothwendigen Ufer- und Hafenbauten verwandt. Von dieser Summe wurden im Laufe der Zeit schon 119,900 Thlr. getilgt, so dass noch 80,100 Thlr. zu amortisiren bleiben. Die zweite Anleihe, im Jahre 1849 aufgenommen, betrug eine Million Thaler, und ist diese Summe zum grössten Theile in städtischen Obligationen zu 5 Prozent schon ausgegeben worden. Der noch liegende Vorrath wird nicht emitirt, und sind die sämmtlichen schon ausgegebenen seit dem 1. Januar 1862 in $4\frac{1}{2}$ procentige Obligationen verwandelt worden. Die dritte Anleihe vom Jahre 1856 betrug 750,000 Thlr., und wurde, so weit sie vergeben werden konnte, gleich in $4\frac{1}{2}$ prozentigen Obligationen verkauft. Beide Anleihen waren bestimmt zur Vollendung des Rheinauhafens, zum Bau mehrerer Schulen und sonstiger städtischen Gebäude, zur Verbesserung des Strassenpflasters, u. s. w. Wie bei der Hafenanleihe, so wird auch von diesen beiden jährlich ein Theil, und zwar von der Million über 8000, von der Dreiviertelmillion über 5500 Thlr in Folge Verlosung getilgt, so dass 1862 von ersterer noch 916050, und von letzterer noch 535,900 Thlr als zu verzinsendes Capital in den Händen des Publikums sich befinden.

Die vierte Anleihe wurde 1857 gemacht. Sie bildet eine 4 prozentige Schuld, betrug 132,400 Thlr, wovon 6400 Thlr. seit 1858 schon getilgt worden sind. Sie war nur für den Erneuerungsbau des Kaufhauses Gürzenich bestimmt, wesshalb sie gewöhnlich die Gürzenich-Anleihe heisst.

Die Gesammtschuld der Stadt weist nach dem Passiv-Status von 1862 eine Summe von etwas über zwei Millionen Thaler nach, was bei dem sehr bedeutenden Activ-Vermögen und den ergiebigen Einnahmequellen der Stadt eine sehr gering anzuschlagende Schuld genannt werden darf.

Die Haupteinnahmequellen der Stadt bestehen in folgenden Positionen:

1. Classifizirte Einkommensteuer: . 173,200 Thlr.
2. $50^0/_0$ Zuschlag zur Schlacht- und
  Mahlsteuer: . . . . 91,800 „

3. Ein Drittel des Rohertrages der
Mahlsteuer: . . . . 36,200 Thlr.
4. Antheil an der Schlacht- und Mahlsteuer nach dem Gesetze vom 17.
Mai 1856: . . . . 3,300 „
5. 40% Zuschlag zur Grundsteuer: . ' 28,600 „
6. 2% Antheil an den Hebegebühren
der Gewerbesteuer: . . . 1,500 „
7. Einzugsgeld: , . . . 5000 „
8. Miethe von städtischem Grundeigenthum: . . . . . 4,100 „
9. Einnahmen vom Gürzenich: . . 10,000 „
10. Einnahme vom städtischen Garten
und der Baumschule: . . . 4000 „
11. Standgelder von den Gemüsemärkten: 13,600 „
12. Lager- und Wagengebühren vom
Kaufhause: . . . . 1,700 „
13. Gebühren von Packhöfen, von den
Vieh- und Fruchtmärkten, vom
Schlachthause, an Standgeldern von
Schaubuden und Jahrmärkten; Einnahme von der Kirschen- und Butter-
wage u. s. w.: . . . . 9,100 „
14. Ertrag der Krahnen- und Werftge-
bühren : . . . . . 40,000 „
15. Lagergebühren und Wagelohn: . 6,700 „
16. Einnahme vom Sicherheitshafen und
den Nebenhäfen: . . . 3,400 „
17. Einnahme von der Realschule: . 13,130 „
18. Einnahmen der Elementar-Schulen: 31,851 „
19. Kaufgelder von Grabstellen auf dem
Kirchhofe: . . . . 3000 „
20. Eichungsgebühren: . . . 2,400 „
Die bedeutendsten Ausgabeposten kommen unter folgenden Titeln vor:
1. Verwaltungskosten: . . . 18,200 Thlr.

2. Polizei: . . . . . 2,500 „
3. Für die Nachtwachen: . . 7,200 „
4. Für Feuerspritzen und Feuerlösch-
 geräthe: . . . . . 2,900 „
5. Für die öffentliche Beleuchtung: . 23,100 „
6. Für die Hafenpolizei: . . . 3,800 „
7. Zuschuss zur Realschule . . 17,095 „
8. Zuschuss für die Elementarschulen: 53,800 „
9. Zuschuss zur Armenverwaltung: . 58,000 „
10. Zinsen und Tilgung der Hospital-
 Bauschuld: . . . . 22,100 „
11. Beitrag für die Brauweiler Besserungsanstalt: . . . . 2,300 „
12. Beitrag zum Bezirks-Stassenfonds: 6,500 „
13. Tilgung und Verzinsung- der .
 a. Hafenanleihe: . . . 10,304 „
 b. Der Million: . . . 50,400 „
 c. Der $^3/_4$ Million: . . . 35,100 „
 d. Der Gürzenich-Anleihe: . 1,700 „

Gemäss Zusammenstellung dieser und aller anderen Positionen der Einnahme und Ausgabe balancirt der Abschluss des städtischen Haushalt-Etats pro 1862 mit der Summe von 469,869 Thlr. 29 Sgr 9 Pfg.

Wie die Bevölkerung einer Stadt an Anzahl wächst, so wachsen nothwendiger Weise in gleichem Grade die städtischen Bedürfnisse. Aber mit Beidem muss ebenfalls in gleichem Schritte die Steuerkraft der Bürger sich vermehren, sonst können die laufenden Bedürfnisse nicht befriedigt, für öffentliche Bauten, Verschönerungen und Verbesserungen keine entsprechenden Opfer gebracht werden, oder man wäre genöthigt, die Leistungsfähigkeit der Bewohner zu sehr anzustrengen, was nicht weniger wie die erstere Eventualität den langsamen Rückgang und den allmähligen Verfall einer Stadt zur Folge haben müsste. Das ist nun bei Köln gerade nicht der Fall. Das Budget der Stadt ist, bei

einer sehr weisen und vorsichtigen, sorg- und spar-
samen Finanz-Verwaltung, nur mässig gestiegen, und
hat die Erhöhung der Lasten ebenso allmählig im
Verlaufe der Jahre eine nicht drückend fühlbare Steigerung erfahren. Um dem Leser eine etwaige Erkennt-
niss der erhöhten Bedürfnisse Kölns, des grössern
oder geringern Wohlstandes, und der aus ersterem
nöthig, aus letzterem möglich gewordenen erhöhten Be-
steuerung zu verschaffen, stellen wir aus dem letzten
Jahrzehend in Zahlen nebeneinander:

1. Die Summe des Budgets, woraus sich die erhöhten
   Bedürfnisse ergeben.
2. Die Summe des Zuschlags von 50 Prozent, die der
   Stadt aus der Schlacht- und Mahlsteuer zufliessen,
   nebst der Anzahl der im städtischen Schlachthause
   geschlachteten. Ochsen. Je mehr Fleisch nämlich
   eine Stadt verzehrt, desto mehr steigt im Allgemeinen auch der Wohlstand derselben.
3. Die Summe der städtischen Einkommensteuer, welche
   mit der Zunahme der Bedürfnisse und des Wohlstandes gleichen Schritt halten muss resp. kann.

Jahr.	Budget-Summe in Thlr.	Ertrag der Schlacht- u. Mahlsteuer.	Geschlach-tete Ochsen.	Einkommensteuer. in Thlr.
1853	326048	74030	7675	97520
1854	376689	73310	7896	88911
1855	372838	72205	7304	104749
1856	397043	75620	7282	123758
1857	441096	83065	7748	156868
1858	467533	93453	8093	162362
1859	459903	91879	7903	150899
1860	468351	90149	7776	155009
1861	458985	92052	8196	159340
1862	469869	nicht zu bestimmen.		179623

Die vielerlei Beobachtungen, die man an einer solchen statistischen Tabelle machen kann, überlassen wir dem Leser selbst; wollen aber doch nicht verfehlen, ihm einige Beispiele anzudeuten.

Das Jahr 1857 war ein sehr heisses, erzeugte viel Wein, aber weniger Gemüse, und war desshalb die Bewohnerschaft der Stadt zu grösserem Fleischgenusse genöthigt. Daher die auffallende Steigerung am Schlacht- und Mahlsteuer-Ertrage gegen das Vorjahr um 7445 Thlr, und der geschlachteten Ochsen um 466 Stück. — Nach dreijährigem Sinken der Zahl in letztgenannten Rubriken von 1858 bis 1866, kömmt im Jahre 1861 eine plötzliche Erhöhung vor. In letzterem Jahre war nämlich in der nächsten Umgebung Kölns das grosse Manöver, und in der Stadt unmittelbar darauf das so stark besuchte deutsche Künstlerfest, verbunden mit der Eröffnungsfeier des neuen Museums. Dass solche Thatsachen einen grossen Einfluss auf allen Consum ausüben müssen, ist eine ganz natürliche Folge. Wenn von 1853 auf 1854 das Budget um circa 50,000 Thlr. steigt, dahingegen die Haupteinnahme in dem Ertrage der Schlacht- und Mahl- wie der Einkommensteuer sinkt, so muss irgend eine andere zufällige Einnahme die nöthige Balance herbeigeführt haben, und diese bildete im Jahre 1854 die Uebernahme eines Fonds der Schuldentilgungscasse, die damals eine veränderte Gestaltung erlitt.

Die grössern Fabrik-Etablissements, wie die bedeutendsten Geld- und sonstigen Institute, Aktien- und anonyme Gesellschaften u. s. w., denen Köln ganz besonders den raschen Aufschwung jüngster Zeit, und seine heutige mercantilische Wichtigkeit verdankt, werden wir dem Leser später in einzelnen Beispielen beschreiben. Die Zunahme der allgemeinen gewerblichen Thätigkeit Kölns aber ergiebt sich übersichtlicher aus beifolgender Tabelle, in welcher wir die Anzahl der

Gewerbetreibenden nach den bestehenden Klassen, nebst dem von jeder derselben gezahlten Steuerbetrage von dem Jahre 1830 gegen das Jahr 1860 zusammenstellen.

Klasse.	Gewerbe.	Anzahl in		Gewerbesteuer-Betrag von					
		1830	1860	1830			1860		
A.	Kaufleute.	470	964	14260	—	—	31452	15	—
B. a.	Krämer.	919	2378	7352	—	—	20557	10	—
B. b.	Marketender	44	10	88	—	—	21	10	—
C.	Wirthe.	469	522	5702	—	—	6597	15	—
D.	Bäcker.	186	205	1848	—	—	3529	15	—
E.	Fleischer.	151	178	1986	—	—	3538	5	—
F. *	Brauer.	142	113	968	—	—	1421	10	—
H.	Handwerker	723	1031	5784	—	—	8889	25	—
I.	Müller.	24	16	226	—	—	160	10	—
K. a.	Schiffer.	49	28	1092	—	—	521	13	4
K. b.	Fuhrleute.	50	75	157	—	—	342	10	—
L.	Hausirer.	257	117	3018	—	—	466	6	—
	Summa.	3484	5637	42481	—	—	77497	24	4

Köln hatte am Schlusse des Jahres 1861 bei einer Einwohnerzahl von 113,088 Seelen, wozu noch 6854 Militairpersonen zu zählen sind, 10,886 Gebäude, von denen wir bei der nun folgenden Rundreise mehrere der historisch wichtigen oder sonst interessanten spezieller beschreiben werden. Von diesen Gebäuden sind 39 zu gottesdienstlichen Zwecken bestimmt. 22 derselben sind Armen-, Kranken- und Versorgungshäuser. Oeffentliche Gebäude für Staats-, Gemeinde- und Militairzwecke gibt's 107. Die übrigen 10,718 dienen zum Privatgebrauch, und zwar 9037 als Wohnhäuser, 261

*) Unter der fehlenden Klasse G kamen früher die Brandweinbrenner vor, die jetzt nach Aufhebung der Maischsteuer nur als Wirthe gerechnet sind.

als Fabriken, und 1420 als Mühlen, Magazine, Ställe und Schuppen. Diese Gebäude liegen alle im Innern des Festungsringes, den man in drei Stunden Zeit ziemlich bequem umschreiten kann, da die ganze Stadtlänge vom Bayen bis zum Thürmchen den Strom entlang 4380 Schritte, stark eine halbe deutsche Meile beträgt, wohingegen der Umfang des Halbkreises nach der Landseite hin etwas über 7400 Schritte misst.

Köln hat gegenwärtig noch 19 Stadtthore, von denen neun in der Ringmauer nach der Landseite liegen, und die übrigen zehn dem Rheine zugewendet sind. Die ersteren heissen:

1. Das Severinthor mit der Landstrasse nach Bonn.
2. Das Pantaleonthor, früher nur für die Züge der Bonn-Kölner-Eisenbahn vom ehemaligen Bahnhofe aus geöffnet, seit Verlegung des Bahnhofes wieder geschlossen.
3. Das Weyerthor mit der alten Römerstrasse, die ihre Richtung auf Trier zu nimmt.
4. Das Schafenthor, seit langen Jahren geschlossen.
5. Das Hahnenthor mit der Aachener Chausée.
6. Das Ehrenthor mit der Venloer- (Luxemburger) Strasse.
7. Das Friesenthor, wie Nr. 4 geschlossen.
8. Das Gereonthor, welches zum Central-Güterbahnhofe führt.
9. Das Eigelsteinerthor mit der Landstrasse nach Neuss.

Seitdem die ehemalige Rheininsel, die Rheinau oder das Werthchen genannt, mit dem Ufer der Stadt in der Nähe des Bayenthurmes verbunden wurde, um durch diese Verbindung einen umfangreichen Hafen zu schaffen, fiel ein Theil der Stadtmauer nebst einigen Thoren vom Bayen nach Norden hin fort, indem sämmtliche Strassen in dieser Gegend offen nach dem Rheine zu münden. Thore an der Rheinseite sind deshalb nur folgende:

1. Das Bayenthor, neu erbaut neben dem stattlichen Thurme gleichen Namens.

2. Das Hafenthor bei Lyskirchen. Es hat zwei Durchgänge, und wurde ebenfalls neu, und zwar quer auf dem Werfte stehend, zum Abschlusse des Hafens erbaut.

3. Das Filzengrabenthor, welches erst nach Vollendung der Hafenbauten eröffnet wurde.

4. Das alte Rheingassenthor, sehr niedrig, und zunächst bei Ueberschemmungen vom Wasser erreicht.

5. Das Friedrich-Wilhelmthor mit dem Aufgange zur Schiffbrücke.

6. Das Mühlengassenthor, den Haupteingang zum Freihafen bildend.

7. Das Domthor, neu erbaut als Ausgang der Bischofgartengasse.

8. Das Trankgassenthor mit zwei Thorwölbungen; zwischen diesem und dem vorigen läuft die Rampe der festen Rheinbrücke aus.

9. Das Schlachthausthor in der Nähe der Kirche St. Cunibert.

10. Das Thürmchensthor an der nördlichsten Spitze der Stadt.

Zur Berücksichtigung für den Fremden und zur leichtern Orientirung im Innern der Stadt theilen wir noch mit, dass die Namen sämmtlicher Strassen Kölns, die nach dem Rheine zu, also von Westen nach Osten führen, auf den Ecken mit rother, dahingegen die Namen derer, die mit dem Rheine parallel, also von Süden nach Norden laufen, mit schwarzer Schrift verzeichnet sind. Die Nummern der Häuser beginnen in jeder Strasse von unten auf. In allen mit dem Rheine parallel laufenden Strassen ist die niedrigste Nummer am nördlichen Anfange und die höchste am südlichen Ende, und zwar links 1, 3, 5 u. s. w. und rechts 2, 4, 6 u. f. — Die Nummern in den übrigen Strassen

laufen rechts nach der Land- und links nach der Fluss-
seite von der Hauptstrassenlinie ab, die zwischen dem
Severin- und dem Eigelsteinerthore liegt, (Siehe Seite
35, Zeile 21 von Oben.) und haben an dem dieser
Hauptrichtung zu gekehrten Anfange, also die östlichen
rechts, die westlichen links, die niedrigsten, und an dem
davon ablaufenden Ende die höchsten Ziffern, und zwar
so, dass wieder links die ungraden und rechts die
graden Nummern erscheinen.

D.

Rundreise durch Köln.

Wer die zahlreichen Merkwürdigkeiten Kölns
möglichst rasch hintereinander auffinden, und
nicht eben gar zu flüchtig beschauen will,
würde wohl zwei Tage Zeit dafür zu opfern
bereit sein müssen. Wir geben zu diesem Zwecke dem
Fremden einen Weg dazu an, den er auf beigegebenem
Plane als rothen Faden verzeichnet finden wird. Dieser
Weg, vom Dome, dem Mittelpunkte aller Sehenswürdigkeiten, ausgehend, führt nicht nur durch alle Hauptstrassen der Stadt, sondern auch an allen Kirchen,
Gebäuden, Plätzen, überhaupt an Allem vorbei, was
irgend wie dem Auge des Beschauers interessant erscheinen dürfte. In dem wir so alles an eine Linie

schliessen, liegt es in dem Willen jedes Besuchers, ab-
zubrechen und fortzusetzen, wo und wann es ihm beliebt,
oder sich selbst das ihm als das Wichtigste erscheinende
auszuwählen, und auf abgekürztem Wege zu erreichen.
Die mehr oder weniger ausführlichen Beschreibungen
der einzelnen Punkte werden dann hiernach in derselben
Reihenfolge hintereinander gegeben, und können so
dem Besucher an Ort und Stelle zur Erklärung oder
sonst zu beliebiger Zeit zur unterhaltenden Lektüre
dienen.

Fremdenführer,

oder

Angabe eines Weges zu allen Sehenswürdigkeiten der Stadt.

er Dom. Besichtigung des äussern Baues von
den vordern Thürmen bis zum Südportal; Besuch der Steinmetzhütten und des Ateliers
vom Dombildhauer Mohr. Rundgang um den
Chor bis zum Nordportale und wieder bis zu den vordern Thürmen. Besichtigung des Innern, der einzelnen
Capellen, des Dreikönigenchörchens und der Schatzkammer. Besteigung der Gallerie; Rundgang auf derselben im Innern und besonders im Aeussern; Besteigen des
Thurmes auf dem Kreuzschiffe. In der Nähe des Domes
wäre noch in Augenschein zu nehmen dem Südportale
gegenüber das erzbischöfliche Diözesan-Museum (Eintritt
an Wochentagen 5, an Sonn- und Festtagen $2^1/_2$ Sgr.)
und dem Nortportale gegenüber der Central-Bahnhof.
Strasse: Paulus-Wache. Besuch der Kirche St. Andreas.
Comödienstrasse: Das neue Theater. Diesem etwas mehr

westlich gegenüber das Justizgebäude, der Apellhof genannt (S. Seite 53.), sowie das Zeughaus. An dieses
reiht sich weiter die Zeughauswache und dieser beinahe
westlich gegenüber das Gebäude der königl. Regierung.
(S. Seite 46.) Dann zurück zur Strasse: Kattenbug.
Am Eingange derselben die Provinzial-Hebammen-Lehr-
anstalt. Dann zur Strasse: Unter Sachsenhausen. In
derselben findet man die prachtvollen Gebäulichkeiten
der kölner Hagelversicherung und der Feuerversiche-
rungsgesellschaft Colonia, sowie des Abr. Schaaffhausen'-
schen Bankvereins. Von hier zurück durch das Würfelthor zur Gereonsstrasse. Rechts auf derselben das
erzbischöfliche Palais, und vor diesem die Mariensäule.
Auf der untern rechten Ecke der Gereonsstrasse die
Localitäten der vier Friedensgerichte (S. Seite 54.)
Wen es interessiren sollte, biege rechts um die Ecke,
so gelangt er bald zu dem grossen neuen Arresthause
am Klingelpütz, dessen Grundriss nebst kurzer Beschreibung Seite 49 und 50 zu finden ist. Von da
wieder zurück zur Gereonskirche. Besichtigung derselben im Innern und Aeussern und Besuch der so
merkwürdigen unterirdischen Krypta. Strasse: Stein-
feldergasse: am Ende derselbe der alte Römerthurm.
Dann die Apern- und Apostelnstrasse hinunter; auf
letzterer der Gemüsemarkt. Besichtigung der Apostelnkirche, Eingang rechts vom Apostelnkloster. Dem Eingange schief gegenüber das Gesellschaftslokal der kölner
Freimaurer-Loge; neben diesem das neue katholische
Gymnasium (S. Seite 76) und etwas weiter die Wohnung des Stadt-Commandanten und die Bureau's der
königl. Commandantur. Strasse: Mauritiussteinweg: Die
neue gothische Mauritiuskirche (S. Seite 43.), und daneben das Alexianerkloster nebst Capelle. Etwas zurück rechts durch die Bobgasse und links durch die
Thieboldsgasse bis zur Spinnmühlengasse. In derselben das neue Munizipal-Gefängniss (S. Seite 58) und

daneben das neue Pockenhaus. Dann zurück zur Thieboldsgasse und durch deren Verlängerung zum Neumarkte. Auf dem Neumarkte links im Hause Nr. 37
die sehenswerthe Privatsammmlung des Herrn Ant. Jos.
Essingh. Gegenüber, Ecke der Richmodstrasse das Haus des
Patriziers Mengis von der Aducht und seiner Gemahlin
Richmodis. Die in der dritten Etage zum Fenster
hinausschauenden Pferde beziehen sich auf die Sage,
die wir bei der Beschreibung der Apostelnkirche später
mittheilen werden. Die Wachtparade auf dem Neumarkte
beginnt gewöhnlich gegen 12 Uhr, und ist die Militair-
musik bei derselben durch ihre Vollkommenheit der Zeit
werth, sie zu hören. In der Nähe des Neumarktes
könnte der Fremde noch das Dickopf'sche Etablissement
„zum Geistensterz" mit seinem weitbekannten Cometen-
saale, und in der dabei gelegenen Wolfsstrasse das
ebenfalls berühmte Diorama besuchen. Von da durch
die Richmodstrasse zum Neumarkt zurück, in dessen
linker östlichen Ecke man die Mündung der Schildergasse findet. Vor dem Eingange in dieselbe liegt das
Militair-Casino, und an demselben Nr. 122 die königl.
Straf- und Besserungsanstalt für weibliche Gefangene.
In der Schildergasse zwischen den Häusern · Nr. 86 u.
84 geht links die Kreuzgasse hinein und findet man
gleich rechts im Anfange derselben das stattliche Gebäude für die neue Realschule. (S. Seite 77.) Etwas
östlicher in der Schildergasse erscheint links die grosse
Badeanstalt von C. Sieger, Nr. 72, und gegenüber die
Antoniterkirche, (S. Seite 66.) seit 1802 dem evangelischen
Gottesdienste überwiesen. Bald neben dieser befindet sich
das im Jahre 1848 so berühmt gewordene Deutsche
Kaffehaus von Franz Stollwerk, welches mit seinen noch
heute bestehenden schönen Restaurationssälen ein Theater
verbindet, das früher von Stollwerck dirigirt, jetzt als
Vaudeville-Theater mit den übrigen Theatern unter der
Leitung des Herrn L'Aronge vereinigt ist. Von hier

gehe man zurück bis zur Antonsgasse, welche zwischen
den Häusern Nr. 67 u. 69 liegt. Links in derselben
steht das neue Armenhaus nebst Kleinkinderbewahran-
stalt der evangelischen Brüdergemeinde und rechts Kloster
und Kapelle der Elisabetherinnen. (S. Seite 64.) Beim
Austritt aus der Antonsgasse sieht man links vor sich
das neue Gebäude der Elementarschule für die Pfarre
St. Peter, (s. Seite 80) rechts neben der Ecke die
königl. Bank (s. Seite 47) und dieser gegenüber den
kolossalen Bau der Armenverwaltung und des Bürgerhospitals. (S. Seite 41) Der ganze Raum, worauf diese
beiden, in drei Flügeln vereinigten Gebäude sich befinden, umfasst 8 Morgen, 123 Ruthen, 80 Fuss. Das
Verwaltungsgebäude nimmt davon an bebauter Fläche
circa 90 [] Ruthen, das Hospital aber 293 [] Ruthen,
88 [] Fuss ein. In dem Verwaltungsgebäude (Flügel an
der Cäcilienstrasse) befinden sich ausser den Bureaus:
die Armen-Apotheke, die Impfanstalt, die Bäckerei, die
Kochanstalt, die Arbeitsanstalt, das Leih- oder Pfand-
haus, und die städtische Sparkasse. Das Hospitalge-
bäude, nach dem Plane des Stadtbaumeisters a. D,.
J. P. Weyer erbaut, ist im Stande, 820 Patienten
aufzunehmen. Ausser den notorisch armen Kranken, die
gratis aufgenommen und verpflegt werden müssen, kommen drei Klassen zahlender Patienten vor. In der ersten
Klasse wird von Jedem pro Tag 50 Sgr., in der zweiten von Kölnern 30, von Auswärtigen 36 Sgr., und
zwar in dieser wie in der vorigen Klasse mit Ausschluss
der Medicamente, bezahlt. Die dritte Klasse, einschliess-
der Medicamente, kostet für Kölner täglich 15, für
Auswärtige 20 Sgr. Handwerkergesellen und Dienstboten
zahlen nur 10 Sgr. pro Tag, und sind ausserdem Verträge mit Gesellschaften für deren Arbeiterpersonal zu
8 Sgr. pro Tag und Person vereinbart worden. Die
Bewohnerschaft des Hospitals besteht im Augenblicke

(Augustinerinnen zur Krankenpflege) und 40 Dienstleute; die übrigen sind Kranke, Irren, Invaliden und vertheilen sich nach den Klassen wie folgt:

a. Kranken:

1.	Arme Kranken . . .	225
2.	Kranke Pensionäre I. Klasse .	2
3.	„ „ II. „ .	9
4.	„ „ III. „ .	95

b. Irren:

1.	Arme Irren . . .	21
2.	Irren mit Invalidenkost . .	39
3.	Irre Pensionäre I. Klasse . .	1
4.	„ „ II. „ . .	1
5.	„ „ III. „ . .	7

c. Invaliden:

1.	Arbeitsunfähige Invaliden . .	250
2.	Arbeitende Invaliden . .	23
3.	Stiftungs-Portionisten . .	14
4.	Pensionär-Invaliden II. Klasse .	2
5.	„ III. „ .	10

Gleich hinter dem Bürgerhospitale liegen die beiden Kirchen St. Cäcilien und St. Peter, letztere besonders wegen des berühmten Rubens'schen Bildes: die Kreuzigung Petri, zum Besuche zu empfehlen. Ganz in der Nähe liegt die durch Säle und Gartenanlagen so einladende Restauration und Weinwirthschaft von Klütsch, (wo an jedem Samstag Abend die Philharmonische Gesellschaft musicirt.) Beim Eintritte in die Sternengasse nimmt man den Weg nach Osten, und findet vor dem Ausgange aus derselben links Nro. 10 das Geburtshaus Pet. Paul Rubens, welches eine Zeit lang die Wohnung der unglücklichen Königin Maria von Medicis war. Rechts um die Ecke der Sternengasse gelangt man die

Strasse: Hochpforte hinunter zum Waidmarkt, wo das
ehemalige Thor, die Hochpforte (s. Seite 7) die Grenze
der Römerstadt bildete. Nach rechts führt die Strasse:
Blaubach. Das Haus Nro. 45, 47 und 49 war die
Wohnung des J. H. Richartz, des grossmüthigen Erbauers des kölner Museums. Eine am 7. August 1862
in der Mitte des Giebels eingesetzte Marmortafel verewigt das Andenken dieses Ehrenmannes. Am Ende der
Blaubach, kommt man in die Waisenhausgasse und
erkennt an der Ueberschrift über einem Thore links sofort
das kölner Waisenhaus. Die Verlängerung der Waisenhausgasse bildet die Theophanienstrasse (s. Seite
16). Sie führt hinter der St. Pantaleons-Kirche, auf
deren Thurm sich früher ein optischer Telegraph befand, zum ehemaligen Bonn-Kölner Bahnhofe hin. Links
im rechten Winkel von diesem ab führt die Strasse:
vor den sieben Burgen bis zur Schnurgassenkirche;
ein kleiner Abstecher links führt in der Schnurgasse
zum neuen Militair-Arresthause und in der vorigen
Richtung weiter an der Carthaus, dem jetzigen Militair-
Lazareth und dem Artillerie-Laboratorium vorbei gelangt man zur Kirche St. Severin. Rechts sieht man
in einiger Entfernung das Severinsthor, eines der ältesten
und schönsten der Stadt.

Nach Besichtigung der Severinskirche und ihres berühmten Kreuzganges geht man direckt dem Rheine zu,
und findet dort das Bollwerk der Stadt nach Süden,
den herrlichen Bayenthurm. In nördlicher Richtung dem
Rheine entlang fallen zunächst die Gebäulichkeiten der
kölner Baumwollspinnerei ins Auge, und führt der angenehme Spaziergang über den Hafen an der Königshalle
(Sommertheater und Tanzlokal) und der Gasfabrik vorbei, über die Brücke der Hafenmündung bis zur Lys-
kirchen-Kirche, deren Haupteingang in der Stadt uns
ein zierliches Portälchen zeigt.

Man gelangt zu dieser Kirche durch das neue Filzengrabenthor, und nach Besichtigung derselben auf den Filzengraben zur neuen evangelischen Kirche. (S. Seite 68.) An dieser vorbei liegt rechts der Malzbüchel, an dem die dunkle Rheingasse mündet und an deren Eingang unter Nro. 8 das interessante Tempelhaus liegt, welches die kölner Börse, die Sitzungssäle der Handelskammer, und einen Saal für den Gottesdienst der anglikanischen Gemeinde enthält.

Von hier zurück geht man in die Mathias- und von
dieser rechts in die Georgsstrasse zur St. Jacobs Kirche, die
mit ihrem kolossalen Thurme die Ecke vom Waidmarkte
bildet. Hinter der Kirche liegt das königl. Proviant-
Amt und dem gegenüber hinter dem Wachthause die
königl. Garnisonbäckerei, an welche sich die Provinzial-
Gewerbeschule und das Friedrich-Wilhelms-Gymnasium
schliesst. Auf dem Waidmarkte selbst wird täglich ein
bedeutender Gemüsemarkt gehalten. Nun ist man wieder
an der Hochpforte angelangt und macht diesen Weg
bis zur Sternengasse zum zweitenmale, biegt aber dieser
gegenüber rechts in die Stephansstrasse, und sieht dann,
auf dem St. Marienplätzchen angekommen, die Kirche
St. Maria im Capitol vor sich liegen. Der geeignetste
Eingang, des schönen Umganges wegen, befindet sich
in der Casinostrasse. Nach der Besichtigung hier wieder
ausgetreten, führt uns die letztgenannte Strasse gegen
die Ecke des Casino's hin. Dasselbe liegt frei vor dem
Augustinerplatze, und hat ausser sonstigen prachtvollen
Räumen einen schönen Saal, den man vielfach zu Con-
certen und Bällen benutzt. Gleich hinter dem Casino
befindet sich das neue grosse Klostergebäude der Väter
der Gesellschaft Jesu, mit der von der Sandbahn her
den Tag über stets geöffneten Kapelle. Nun geht man
direkt auf den Gürzenich zu und Niemand wandere an
ihm vorbei, ohne den weltberühmten Saal in seiner
jetzigen Gestalt besehen zu haben. Karten zum Aufgange
sind in der untern Restauration von Keller zu haben.
Tritt man aus dem Gürzenich wieder heraus, so sieht
man rechts den alleinstehenden Thurm der Kirche von
klein St. Martin, in welchem die Glocken der St. Marien-
Kirche sich befinden. Links gewendet gelangt man
durch die Strasse: vor St. Martin, quer über die Strasse:
oben Marspforten durch die Judengasse zum Rathhausplatze. Viel giebts hier zu sehen, was wir später genauer berichten, und für den Architekten ist derselbe

mit den rund umherliegenden Gebäulichkeiten von ganz
besonderer Wichtigkeit. Am Ende der, der Judengasse
gegenüberliegenden Bürgerstrasse biegt man rechts um
die Ecke und gelangt zum Altenmarkte, einem der
grössten Plätze der Stadt. Alle Häuser um denselben
sind Läden und entwickelt sich auf dem Platze selbst
durch den täglichen Verkauf von Gemüse, Obst, Fleisch
u. s. w. ein ganz bedeutender Verkehr. Unter den vielen merkwürdigen Häusern zeichnet sich besonders die
Apotheke Nro. 48 aus. Durch einen Bogen am Hause
Nro. 38 gelangt man in die St. Martins Kirche hinein.
Nach der südwestlichen Ecke des Altenmarktes später
weggehend, gelangt man die Strasse: oben Marspforten hinan und fällt jedem wohl das kolossale Gebäude
Nro. 17, 19, 21, 21A und 21B, das Wohn- und Geschäftslokal des ältesten und ächtesten Johann Maria
Farina auf. Die Fortsetzung von oben Marspforten,
nachdem man die Hochstrasse überschritten, bildet die
Brückenstrasse, in deren Mitte rechts die neue Glaspas-
sage liegt; links an der etwas vorspringenden Biegung
liegt der inhaltsreiche Weinkeller von P. A. Mumm und
daneben einer der berühmtesten rheinischen Gasthöfe,
das Hôtel Disch, vis-a-vis der Hauptpfarrkirche St.
Columba. Von der Brückenstrasse treten wir in die
gegenüberliegende Glockengasse. In dieser wären zu
sehen: Nro. 3, die permanente Industrie-Ausstellung,
nebenan die Gewächshäuser und die Privatsammlung des
Herrn Ph. Engels; Nro. 7, die neue Synagoge; Nro. 13,
auf dem innern Hofe links das Conservatorium für
Musik oder die rheinische Musikschule; Nro. 30, rechts
das königl. Polizei-Präsidium und Passbureau, und
Nro. 25, die umfangreichen Gebäulickeiten der Ober-
Post-Direction. (S. Seite 47.) Am Ende der Glockengasse rechts umbiegend gelangt man durch den kürzeren
Theil der Hämergasse in die Breitstrasse, in welcher
links hinunter liegend unter Nro. 76 und 78 die

Expedition der kölnischen Zeitung und unter Nro, 98
die Provinzial-Steuer-Direction zu nennen wäre Doch
wir gehen rechts die Breitstrasse hinauf und sehen an
deren Ende auf einmal die Minoritenkirche und das
neue Museum vor unsern Augen. Der Eintritt in's Museum kostet an Wochentagen 7 $\frac{1}{2}$ Sgr., an Sonn- und
Feiertagen ist derselbe frei. Vom Austritte aus dem
Museum nach der Ecke links findet man die Privat-
Kunstsammlungen der Herren P. Michels und M. Neven,
gelangt aber nach rechts an dem Taubstummen-Institute
vorbei nach dem Wallrafsplatze, wo man auf der Ecke
von diesem und der Strasse: unter Fettenhennen, die
Bureau's der kölnischen Lebensversicherung: Concordia
sieht. In der letztgenannten Strasse fällt wohl jedem
das neue gothische Haus von Pet. Gust. Schæben (Fa-
brikant von kölnischem Wasser und Melissengeist, sowie
Eigenthümer der Firma: Maria Clementine Martin, Klo-
sterfrau,) auf Der Plan dieses Hauses wurde vom
frühern Mitarbeiter Zwirners am Dome, dem jetzigen
Professor an der Wiener Bau-Academie, Herrn Schmidt
entworfen. Köln sah in den letzten Jahren mehrere
gothische Wohnhäuser entstehen; von allen aber zeichnet
sich dieses durch seinen herrlichen Styl, seine leichten
und eleganten Formen so vortheilhaft aus, dass wir
uns nicht versagen können, es von seiner, dem Dome
zugewandten Seite im Bilde zu geben.

In der Strasse unter Fettenhennen, ehe man die
Trankgasse überschreitet, zeigt eine Tafel in der Giebelwand des letzten Hauses rechts die Stelle an, wo
das ehemalige nördlichste Stadtthor, die Pfaffenpforte,
stand. (S. Seite 7.) Nach dem Uebertritte über die
Trankgasse findet man in der Marzellenstrasse links vor
einem freien Platze das Gebäude des katholischen
Gymnasiums an Marzellen, (s. S. 74) und diesem gegenüber die Jesuiten-Kirche, Pfarrkirche Maria Himmelfahrt
genannt, an welcher sich dicht nebenan das katholische
Priester-Seminar reiht. (S. Seite 63.) Am Ausgange der
Marzellenstrasse zeigt sich links die Ursulakirche, welche
die Gebeine der eilf Tausend Jungfrauen birgt. Am
Anfange der Strasse Eigelstein, das Eisenbahngeleise
überschreitend, wandeln wir dem Eigelsteinthore zu,
biegen aber bald rechts in die Machabäerstrasse, in
deren Mitte die Klosterkirche der Ursulerinnen steht,

mit welcher noch jetzt ein Nonnenkloster nebst Erzieh-
ungs-Institut und Pensionat vereinigt ist. An den, dem
Rheine zuführenden Ende der Machabäerstrasse steht
rechts das Schlachthaus und tritt gleich links die schöne
Kirche St. Cunibert hervor. Dieser gegenüber steht das
neue Marienhospital für unheilbare Kranken der unbemit-
telten Klasse, die in das Bürgerhospital principiel
nicht aufgenommen werden können. Das Gebäude wurde
errichtet zum Andenken an das neue Dogma der unbefleckten Empfängniss der heil. Jungfrau Maria, ist aber
zugleich ein sprechendes Denkmal für den edeln und
grossmüthigen Sinn der Kölner, wo es sich um wahre
Nächstenliebe und Wohlthätigkeit handelt, indem es
mit seiner vollständigen Einrichtung nur aus freiwilligen
Beiträgen entstand. — Der hierselbst liegende grosse
Viehmarkt ist nur an Montagen bevölkert und wandern
wir deshalb dem Ufer des Rheines zu. Wir überschreiten die Brücke des Sicherheitshafens (s. Seite 32) und
stehen am Eingange des Sommer- oder Victoria-Theaters.
Rechts dem Ufer entlang passiren wir mehrere schön
angelegte Villa's der kölner Aristokratie, wenden aber,
bei der letzten derselben angekommen, die Schritte links in die
Frohngasse hinein, und an deren anderem Ende den Weg
nach rechts verfolgend, erreichen wir den Eingang zum
zoologischen Garten. Die zierliche Anlage desselben
fesselt jeden Besucher; und ist derselbe der anziehendste Ver-
gnügungsort des kölner Publikums geworden. Er hat sich
seit seinem kurzen Bestehen so rasch und zwar in so prächtigen Exemplaren seiner Bewohner vermehrt, dass er
bald den bekanntesten in andern Städten würdig an die
Seite treten kann. Der Eintritt kostet an Wochentagen
10, an Sonn- und Feiertagen 5 Sg. à Person. Nachdem
wir den zoologischen Garten verlassen haben, machen
wir den langen Weg am Rheine und am Stationsgebäude
der rheinischen Eisenbahn vorbei und suchen den Aufgang zur festen Rheinbrücke. Dieses Riesenwerk neuerer

Baukunst führt uns in das gegenüberliegende Deutz,
dessen auffallendste Gebäulichkeiten die am Rhein liegenden Gasthöfe sind. Um aber das anmuthige Städtchen,
dass ausser den schönen Sonntagen jedes Jahr durch
seine Kirmess nnd sein Schützenfest eine so enorme
Anziehungskraft auf jeden Kölner übt, nicht ganz un-
illustrirt zu verlassen, geben wir dem Leser das Bildchen der nach Zwirner's Plane neu erbauten evangelischen Kirche mit.

Ueber die Schiffbrücke hinüber, die an Sommerabenden einen der besuchtesten Spaziergänge bildet, treten wir in die breite Friedrich-Wilhelm-Strasse hinein und sehen, auf dem Heumarkte angekommen, links das grosse neue Hôtel Victoria von J. Clement, vor uns das **Kaffe**haus zur Börse und rechts die Hauptwache stehen, womit unser Wegweiser sich als beendigt erklärt.

Will nun der Fremde irgend einen auf dieser Rundreise genannten Gegenstand näher beschrieben sehen, so schlage er nur den Namen desselben in dem, am Schlusse beigegebenen alphabetisch geordneten Register auf, in welchem ihm die Seitenzahl sagen wird, wo die Beschreibung zu finden ist.

E.

Beschreibung der Sehenswürdig-
keiten Kölns.

Der Dom.

Gross und gewaltig in seinen Dimensionen und seinen Massen, dabei so leicht und schlank in seinen Linien, so vielfach und doch so einheitlich in seinen Formen und Verzierungen, tritt uns der kölner Dom als ein Meisterwerk unter allen gothischen Baudenkmälern der Welt entgegen. Die edle Harmonie, die das ganze Werk im Innern und Aeussern durchweht, ist in keinem der übrigen berühmten Dome in so hoher Vollkommenheit wie an ihm zu erkennen, und selbst das Auge des Laien fühlt sich unbewust erquickt an den entsprechenden Verhältnissen in Weiten und Höhen, in Schlankheit und Kraft aller Theile des gesammten Ganzen. Und liegt hierin nicht der sprechendste Beweis der Reinheit des Styles, der diesem Prachtbaue, bis in seine kleinsten Einzelnheiten zu Grunde liegt? Möchte nur dieses Riesenwerk, eines der kühnsten und edelsten, die jemals dem ·menschlichen Geiste entsprungen, möglichst rasch seiner Vollendung entgegen gehen und unsere Generation, wozu die sichere Hoffnung nicht fehlt, es noch erleben, dass die beiden Thürme ihre Endblumen im blauen Aether entfalten,

und das Auge des Beschauers sich staunend empor
richten muss, um sie in schwindelnder Höhe noch eben
zu erkennen.

Der erste Dom, den Köln besass, wurde im Jahre
814 vom Erzbischofe Hildebold an der Stelle des jetzigen gegründet. Er erreichte zwar seine Vollendung im
Jahre 873, erhielt aber in der Folge durch Vergrösserungen
und Veränderungen eine immer weniger einheitliche Gestalt,
und ging am Anfange des 13. Jahrhunderts seinem
gänzlichen Verfalle entgegen. Da fasste Erzbischof
Engelbert (s. Seite 19 — 21.) den Entschluss, an der
Stelle des alten einen neuen Dom zu erbauen, der jenen
an Grösse und Pracht überträfe, und dem so reichen
und mächtigen Köln und seiner weit berühmten Erzdiözese zum Stolze und zur höchsten Zierde gereiche.
Leider wurde die Ausführung durch seinen am 7. Nov.
1225 erfolgten grausamen Tod (s. Seite 20) vereitelt,
und hätte sich mancher Nachfolger vielleicht noch lange
mit dem alten Dome begnügt, wenn nicht ein im Jahre
1248 ausgebrochener Brand denselben fast vollständig
in Schutt und Asche verwandelte. Glücklicher Weise
sass aber damals auf dem erzbischöflichen Stuhle ein
Kirchenfürst, der nicht nur Sinn für alles Grosse und
Erhabene, sondern auch selbst und in seinem reichen
Capitel die Mittel zur Ausführung eines grossartigen
Baues besass. Dieser Mann war Conrad von Hochstaden, (s. Seite 21) unter dem am 15. August 1248 die
Grundsteinlegung zum jetzigen Dome in feierlichster
Weise erfolgte. Leider aber steht der Name des Mannes nicht einstimmig fest, der den Plan dieses Wunder-
baues erdacht und entworfen, indem, und zwar von den
Meisten, ein Werkmeister unter dem Namen Meister
Gerhard, bald mit dem Beinamen von Rile, bald mit
dem von Kettwig näher bezeichnet, von einigen hingegen der berühmte Gelehrte Albertus Magnus, welcher
gerade im Jahre 1248 der kölner Schule vorgesetzt,

im Jahre 1254 zum Provinzial des Dominikaner-Ordens in Deutschland und 1260 zum Bischofe von Regensburg ernannt worden war, als Erfinder des Planes bezeichnet wird. Beide Männer zieren, in der zweiten und dritten Nische neben einander stehend, die Ostseite unseres Museums. Da aber Meister Gerhard, dessen Statue am 29. August 1862 an ihre Stelle kam, als Erfinder des Domplanes die meisten Gewährsmänner für sich zählt, hat ihm auch der Bildhauer Mohr den Grundriss des Domes in die Linke gegeben.

Der Bau wurde nach der Fertigstellung des Planes zwar sofort begonnen, schritt aber so langsam weiter, dass erst nach Verlauf von 74 Jahren, nämlich am 22. November 1322, unter dem Erzbischofe Heinrich von Virneberg der hohe Chor vollendet, feierlichst geweiht, und dem Gottesdienste übergeben werden konnte.

Es war ein Glück für den heutigen Dom, dass wenigstens der Chor vollendet da stand; denn bei dem Verfall der Bedeutsamkeit und des Reichthums der Stadt, bei der Verflachung im Volke und der Demoralisation in den höhern Ständen wäre man schwerlich auf den Gedanken gekommen, ein solches Riesenwerk zu beginnen. Doch der herrliche Chor weckte in den Bessern der Zeit fortwährend Vollendungsgedanken, und in jeder Periode geschah doch noch etwas, den Tempel dem zwar weitliegenden Ziele entgegenzuführen. Im Jahre 1347 begann der Bau der Thurmfaçade und der äussern Mauer des Langschiffes vom Chore bis dahin; 1437 hing man die Glocken in dem so weit fertigen südlichen Haupthurme auf, und steht noch heute auf demselben der Krahnen, mit dem damals die Bausteine aufgezogen worden waren, also über 400 Jahre lang, in Unthätigkeit da.

Um 1508 setzte man zwar die berühmten, alten Glasfenster ein, doch geschah für den Ausbau von da ab nicht nur nichts weiter, sondern ging der unfertige

Tempel allmählig dem Verfalle wieder entgegen, und
wurde sogar 1796 und 97 von den Franzosen als Fourage-Magazin benutzt. Erst das 19. Jahrhundert erzeugte
wieder Männer, welche die Grossartigkeit des Werkes
erfassten und ihre eigene Begeisterung für dasselbe auch
in's Volk zu tragen verstanden. Der Staat schoss zunächst bedeutende Summen für die Erneuerung der Dä-
cher und die nöthigsten Reparaturen vor, und König
Friedrich Wilhelm III. von Preussen bewilligte 1830
jährlich 10,000 Thlr. zur Verwendung, wenn die durch
den Erzbischof Ferdinand August, Grafen Spiegel ein-
geführte Cathedralsteuer eine gleiche Höhe erreichte.
Ein besonderer Bauleiter wurde vom Staate auf Anregung
Schinkel's in der Person des Bauinspektors Ahlert an-
gestellt, dem nach seinem am 10. Mai 1833 eingetre-
tenen Tode der am 22. September 1861 ebenfalls ver-
storbene Regierungs- und Geheime Baurath Ernst
Zwirner folgte. Der jetzige Dombaumeister, Herr Land-
baumeister Voigtel, ist ein langjähriger Genosse Zwirners
am grossen Werke, und ihm ist, so dürfen wir hoffen, die
Vollendung des Prachtbaues beschieden.

Trotzdem von 1824 bis 1841 eine Summe von
327,278 Thaler verwandt worden war, konnte doch für
den Weiterbau nur sehr wenig geschehen. Erst als sich
im Jahre 1842 der Central-Dombauverein bildete, als über
diesen unser kunstsinnige, für das Werk so hoch be-
geisterte König Friedrich Wilhelm IV. das Protectorat
übernahm, und Höchstderselbe am 14. Mai desselben
Jahres in feierlichster Weise den Grundstein zum Fort-
baue legte, da wurde Stadt und Land für die Vollendung enthusiasmirt. Eine grosse Zahl kleinerer Vereine
bildete sich in immer grösserem Kreise; um aber diesen
Enthusiasmus über das ganze Vaterland zu verbreiten,
kam man auf den patriotischen Gedanken, den Dom zu
Köln als das Symbol der zukünftigen deutschen Einheit
zu vollenden, um dadurch die Mittel zum Zwecke leichter

und reichlicher fliessend zu erhalten. Diese Idee, so zündend anfangs in vielen Gauen des gesammten Vaterlandes, hielt leider so lange nicht durch, als dass etwas Erhebliches durch ihren Erfolg erreicht worden wäre; nur Bayern, mit München an der Spitze, hat sich mit seiner Theilnahme am kölner Dome, wenn auch hauptsächlich durch seinen kunstsinnigen König Ludwig angefacht, in seinen Beiträgen bis heute sehr grossartig bewährt.

Am 14. August 1848, nachdem das Langschiff mit einem Nothdache versehen, die Seitenschiffe eingewölbt, das südliche mit den vom König Ludwig von Bayern geschenkten prachtvollen Glasfenstern geschmückt, und die innern Bretterwände fortgeschafft worden waren, fand in Gegenwart des deutschen Reichsverwesers, Erzherzog Johann von Oestreich, vieler Deputirten der frankfurter National-Versammlung u. s. w., durch König Friedrich Wilhelm IV. von Preussen die sechste Säcularfeier der Grundsteinlegung Statt.

Die Fortschritte des Weiterbaues fielen von diesem Zeitpunkte an immer überraschender in die Augen, und ging das grosse Werk, mit Ausnahme der beiden Thürme, mit gewaltigen Schritten seiner Vollendung entgegen. Die beiden Giebel des Nord- und Südportals, die bei 220 Fuss Höhe alle Steinbauten Kölns überragen, wurden mit den kollossalen Endblumen geschmückt, die noch fehlenden Umfassungsmauern wurden sämmtlich aufgeführt, die Strebepfeiler alle vollendet, die das Nothdach des Mittelschiffes weit überragende Kreuzgallerie mit ihren Fialen und Wimpergen fertig gestellt und der nördliche Thurm auf eine solche Höhe geführt, dass er dem ganzen Baue bei der noch auszuführenden Wölbung und definitiven Bedachung des Langschiffes die nöthige Stütze, den erforderlichen Widerstand gewähren konnte. Das Dach, aus Eisen konstruirt und mit Blei bedeckt, steht seitdem vollendet da, der Kirche ihre vollständige

8

Form verleihend, und über dem Kreuzschiffe erhebt sich
der eiserne Mittelthurm, die 195 Fuss hohe First noch
um 150 Fuss Höhe überragend. Mit den Einwölbungen
des Lang- und Querschiffes geht es rüstig weiter, und
unterliegt es nach dem Versprechen des Leiters keinem
Zweifel mehr, dass wir im September 1863 das ganze
Werk, ohne die Thürme, vollendet erblicken.   Der Eindruck, den uns dann nach dem Wegfall der Wand
zwischen dem Langschiffe und Chor das ganze Innere
mit dem Walde seiner zahlreichen Säulenbündel vom
vordern Eintritte aus gewähren wird, muss ein ganz
ausserordentlich ergreifender sein.

Von der Bildung des Central-Dombauvereins im Jahre
1842 ab wurden bis zum Schlusse des Jahres 1861
2,019,804 Thlr. 3 Pf., also seit 1824, 2,377,082 Thlr.
21 Sgr. 3 Pf. verbaut, und würde noch die Summe von
circa 3,000,000 Thlr. zur Vollendung, einschliesslich
der Thürme, erforderlich sein. Möchte nur die Eintracht
sich nicht zersplittern und die Ausdauer nicht erlah-
men, damit das noch lebende Geschlecht den erhabensten
Tempel des Herrn unter den Segnungen des Friedens
in seiner Vollendung erblickt.

Ehe der Fremde den Dom besteigt oder im Innern besieht, unterlasse er es nicht, ihn vorab ganz zu umwandern, um die verschiedenen Eindrücke, die der Bau durch sein Aeusseres macht, in sich aufzunehmen. Hier verweisen wir zunächst auf den Portalgiebel des südlich vortretenden Kreuzschiffes, der 130 Fuss breit und 220 Fuss hoch in der reichsten Ornamentik prangt. Von den drei Eingangsthüren dieses Giebels, von denen bei der Grundsteinlegung im Jahre 1842 König Friedrich Wilhelm IV. von Preussen mit Recht und voller Begeisterung verkündigte: „Hier werden sich die schönsten Thore der Welt erheben!" hat die Mittelhalle 9 grössere und 58 kleinere, jede der Seitenhallen 8 grössere und 30 kleinere Baldachinchen, die in ihrer äusserst kunstvollen Bearbeitung das laute Lob der Dom-Steinmetzhütte verkünden. Im Bogenfelde der Mittelhalle sehen wir das nach Schwanthaler von Christian Mohr gefertigte Relief, in 72 Figuren die Hauptmomente der Leidensgeschichte Jesu versinnlichend, welches eine der ausgezeichnetsten Arbeiten am Dome genannt zu werden verdient. Die übrigen, ebenfalls von Mohr angefertigten Figuren sind sämmtlich aus dem neuen Testamente gewählt. Die fünf 6 Fuss hohen Figuren im Dreiecke (Wimperge) über der Mittelhalle stellen Christus (mitten) und die vier Evangelisten vor. Das grosse, über dem Triforium sich erhebende Fenster misst 25 Fuss in der Breite und 52 in der Höhe; über diesem spitzt sich der kolossale Wimperg zu, in reicher gothischer Gliederung das Lamm Gottes mit dem Buche und den sieben Siegeln umschliessend. Die Endblume dieses Dreiecks hat unten sechs Fuss Durchmesser und 13 Fuss in der Höhe.

Nach dem hier genossenen Anblicke trete man in die Steinmetzhütte, und bewundere zunächst die Kunstfertigkeit der Dombauwerkgesellen an den fertigen Theilen, die dort gewöhnlich in reicher Auswahl vorhanden sind; dann umschreite man den Chor bis zur Mitte und schaue, am geeignetsten von der Rampe der festen Brücke, in das gewaltige Strebewerk hinein, das von allen Seiten her, das Langschiff des hohen Chores zu stützen und zu tragen, in den kühnsten Bogen sich gegeneinander wölbt. Welcher Bau der Welt wäre wohl im Stande, einen grossartigeren Eindruck wie diesen zu hinterlassen? Je mehr wir uns nun von hier aus dem Nordportale zuwenden, gewahren wir bei gleicher Construction und den nämlichen Dimensionen im Ganzen eine allmähliche Vereinfachung der Ornamentik und eine stete Abnahme der im Süden so reichen Gliederungen und üppigen Laubverzierungen der einzelnen Theile. So tritt uns denn auch das Nordportal, wenn auch in all seinen Verhältnissen dem entgegengesetzten gleich, viel massenhafter und imposanter wie das letzere entgegen.

Zwischen den beiden Thürmen wieder angelangt, treten wir endlich in das Heiligthum hinein, um auch dessen innere Theile, von links unten beginnend, der Reihe nach zu beschauen. Werfen wir zunächst den Blick auf die alten Glassfenster in der nördlichen Wand des Langschiffes hin. Das erste vom nördlichen Hauptthurme aus so wie das fünfte am Kreuzschiffe sind Halbfenster, wohingegen das zweite, dritte und vierte in ganzer Füllung von Glas erscheinen. Das erste Halbfenster stellt uns Christus am Oelberge, seine Verspottung, Geisselung, Krönung, Kreuzigung und Auferstehung vor, und enthält ausserdem die Bildnisse des h. Laurentius und der h. Maria, und darunter knieend die der Stifter nebst deren Wappen.

Das zweite Fenster, oben links Scenen aus dem Leben des h. Petrus enthaltend, zeigt hauptsächlich zur Rechten den vom Erzvater Jacob ausgehenden Stammbaum Christi; ausserdem unten einen vor dem Apostelfürsten knieenden Erzbischof, und diesem gegenüber den h. Sebastian, umgeben von Familienwappen, die die betreffenden Namen tragen. Es documentirt dieses Fenster sein Alter durch die Jahreszahl 1509.

Im dritten Fenster erblickt man oben eine Anbetung der Hirten, und darunter die vier kölnischen Schutzpatrone, die h.h. Georg, Reinhold, Gereon und Mauritius; unter diesen links den Gründer der Römercolonie, Marcus Agrippa und ihm gegenüber Marsilius, den Helden der nach ihm benannten Holzfahrt.

Das vierte Fenster ist vom Churfürsten und Erzbischofe von Köln, Hermann, Landgraf von Hessen, gestiftet, und zeigt in der rechten Ecke unten die Inschrift: Ann. dm. 1508 XX. Novembris. Von oben her sehen wir zunächst links den Besuch der Königin von Saba bei Salomo, nur eines der vier Feldern einnehmend; daneben die Anbetung der h. drei Könige, und unter dieser den Apostel Petrus als Papst nebst einem knieenden Erzbischofe und der h. Maria, dann die hessischen Patrone: die h. Elisabeth und den' h. Christophorus, unter welchen mehrere Familienwappen hervorragender Geschlechter damaliger Zeit erscheinen.

Das fünfte, ein Halbfenster, enthält ausser der im obern Theile angebrachten Krönung der h. Maria die Bildnisse des h. Johannes, (des Evangelisten) des h. Petrus, (wiederum als Papst) der h. Maria Magdalena und des h. Georg; ausserdem zwei weibliche und einen männlichen Stifter, letzterer in goldner Rüstung gekleidet.

Gleich hinter diesem Halbfenster tritt das Kreuzschiff links bis zum Nord- und rechts bis zum Südportal quer über durch, und ist der hohe Chor vom Langschiffe durch eine Interimsmauer geschieden, an deren vorderen Seite wir die beiden Altäre der h. Anna und Barbara sehen. Hinter dieser Zwischenwand im Innern des Chores befindet sich die grosse Orgel. Dieselbe wurde im Jahre 1572 an dieser Stelle erbaut, erhielt aber ihre jetzige Einrichtung und das vom Bildhauer Christian

Stephan nach Zwirners Plan errichtete, dem Style des Baues angepasste Gehäuse im Jahre 1842. Dieses Orgelwerk hat drei Claviaturen von $4\frac{1}{2}$ Octaven und ein freies Pedal von 2 Octaven; es enthält 42 klingende Stimmen und 4 Nebenzüge; und macht das ganze unter der kunstgeübten Hand des Domorganisten und königl. Musik-Direktors, Herrn Franz Weber, eine Wirkung, die bei der herrlichen Akustik des Domes den Zuhörer zur grössten Bewunderung erregt. Jeden Sonn- und Festtag findet auf dem Orgelraume eine musikalische Messaufführung statt, bei welcher die Leistungen der kölner Dom-Capelle sich schon seit einer langen Reihe von Jahren einen weitbekannten Ruf erwarben. Mit dem im Jahre 1863 eintretenden Wegfalle der Interimsmauer werden die vorgenannten Altäre nebst der Orgel beseitigt, und geht das Gerücht, als sollte auch die musikalische Messe ihre totale Verbannung erleben. Ein solcher Fanatismus wird aber die Zustimmung des hochgebildeten Kirchenfürsten der kölner Erzdiözese wohl schwerlich erhalten, da eben die Musik als diejenige Kunst, die am angenehmsten und eindringlichsten zum Gemüthe eines jeden Menschen spricht, durchaus in den Cultus der Kirche gehört. Man mag sie vor unkirchlicher Ausartung bewahren, ihr aber nimmermehr die Stelle rauben, die ihr neben allen andern Künsten in dem Tempel des Allerhöchsten gebührt.

Wir treten nunmehr durch das Eisengitter in den Rundgang hinein, der um den hohen Chor herführt, und gelangen gleich links vor dem Kreuzaltar in die grosse Sakristei. In fünf reichgeschnitzten Schränken, die an der linken Seitenwand nebeneinander stehen, wurden früher die kostbaren Paramente der Kirche aufbewahrt, die in so reichlicher Zahl noch immer im Dome vorhanden sind, wie sie vielleicht wenige andern Kirchen der Welt besitzen. Um dem Leser einen Begriff von ihrem enormen Werthe zu verschaffen, theilen wir nur mit, dass sich e i n e Kapelle, ein Geschenk des Churfürsten und Erzbischofs Clemens August hier befindet, die an Arbeits- und Stickerlohn 62,000 Thlr. gekostet hat. Dieselbe wurde zuerst in Frankfurt im Jahre 1742. bei der Kaiserkrönung Karl's VII. benutzt. Sie besteht aus 22 Gewändern und wird ihrer schweren Goldstickereien wegen (der Chormantel allein wiegt 80 Pfund) nur zuweilen beim Christfeste oder am Dreikönigentage gebraucht. Alle diese kostbaren Paramente befinden sich jetzt in der neuen Sakristei am Nordportale, und werden dem Fremden nur selten gezeigt. Die fünf geschnitzten Schränke enthalten nur noch die Kirchengewänder, welche an Sonn- und Wochentagen gewöhnlich beim Gottesdienste getragen werden. Dem Eingange gegenüber sieht man die mehr als lebensgrosse Marmorbüste des Erzbischofs Clemens August von Droste-Vischering, der durch seinen felsenfesten Charakter, wie durch seine, in Folge von Collisionen mit der Staatsbehörde in Betreff der hermesianischen Lehre, der gemischten Ehen u. s. w. erfolgten Gefangennehmung eine kirchliche Berühmtheit erlangte. Diese Büste wurde von einem römischen Bildhauer auf Bestellung des zur Erinnerung an diesen Erzbischof entstandenen Clemens-Vereines gefertigt. Ueber derselben an der dem Eingange gegenüber liegenden Wand erblickt man eine Reihe kleiner Reliquienbehälter unter Glas, welche Gebeine der h. Ursula und ihrer Gesellschaft enthalten, und über diesen an der linken Seitenwand eine grosse Anzahl Portraits von Pfarrern, die an der nun eingegangenen Pfarre St. Laurentius als solche gewirkt. Die Sakristei ist durch eine Bretterwand vom Eingange an in zwei Hälften getheilt. Tritt man durch den mittlern Eingang in die rechte Hälfte hinein, so fällt das Auge zunächst auf das aus der nördlichen Wand hervortretende Sacramentarium, welches in seinen schmuckreichen und schlanken gothischen Formen für eins der schönsten Steinhauerwerke am ganzen Dome gilt. Die in dieser Hälfte an den Wänden umher-

stehenden sehr gewöhnlichen Schränke enthalten eine Anzahl mehr oder weniger kostbarer Kelche, Weihrauchfässer,
Pollen u. s. w., die man beim täglichen Gottesdienste
gebraucht. In die linke Hälfte der Sakristei zurück-
gekehrt, treten wir durch einen Eingang in der nördlichen Wand in einen Nebenraum hinter derselben, in
dessen rechter Wand man die mit Eisen verschlossene
Eingangsthüre zu der weltberühmten Schatzkammer gewahrt. In letztere eingetreten wird das Auge mit
Gewalt anf den äusserst interessanten Reliquienschrein
des heiligen Erzbischofs Engelbertus (s. Seite 19 — 21)
gezogen. Dieser Schrein wurde in den Jahren 1633 —
35 von einem Kölner, Conrad Duisburg, gefertigt. Er
besteht aus massivem, grösstentheils vergoldetem Silber
und hat 149 Pfund Gewicht. Die langen Seitenflächen
sind mit vier gegossenen Tableau's geschmückt, die
Scenen aus dem Leben des berühmten Heiligen versinnlichen, und wovon das erste am Fussende links am
untern Rande den Namen des obengenannten Verferti-
gers nebst der Jahreszahl trägt. Auf einer Kehlrundung
die im länglichen Viereck den Deckel umzieht, stellen
acht länglich-runde Tableau's mehrere durch diesen Heiligen gewirkte Wunder vor. Die vorhin genannten
Tableau's einschliessend sehen wir an jeder Langseite
des Schreines fünf sehr zierliche Statuen von folgenden
zehn h. Bischöfen der Stadt: den h. Anno, Heribert, Gero,
Bruno, Hildebold, Hildiger, Agilolph, Cunibert, Evergislus
und Severin. Die Vorderseite stellt Christus zwischen
dem Apostel Petrus und dem ersten kölner Bischofe
Maternus (s. Seite 5) vor, wohingegen die hintere Seite
eine Opferung der h. drei Könige enthält. An den
Ecken befinden sich die vier Evangelisten mit ihren
Attributen und oben auf dem Deckel ruht der h.
Engelbertus selbst, zwischen zwei Engeln zu Kopf und
Füssen, wovon der eine einen Lorberkranz, der andere
die Siegespalme ihm entgegen streckt.

Eine grosse Anzahl von Schätzen enthält der in der rechten Mauer sich befindende steinerne Wandschrank, und zwar:

1. Ein werthvolles Altarkreuz. Das innere oder eigentliche Kreuz ist sehr alt. Der ganze untere Theil und die Ansätze an den drei Kreuzarmen sind genommen und zusammengesetzt aus einzelnen Theilen des Kastens, der die Gebeine der h. drei Könige einschliesst.

2. Eine werthvolle grosse Monstranz, Geschenk des jetzigen Papstes Pius IX. Sie ist 15 Pfund schwer, besteht aus vergoldetem Silber und ist ausserdem mit mehreren kostbaren Edelsteinen besetzt.

3. Ein grosses Crucifix aus schwarzem Ebenholz mit silberner Randeinfassung, dessen grösster Kunstwerth ein aus Elfenbein geschnitzter Christus bildet. Dasselbe ist ein Geschenk des zuletzt verstorbenen Dompfarrers Johann Heinrich Filz.

4. Eine antike Monstranz in schönster gothischer Form, ein Geschenk der in Rom gestorbenen kunstsinnigen Kölnerin, Frau Merkens-Schaaffhausen.

5. Ein durch Azur- und sonstige edele Steine reich verziertes Altarkreuz von vergoldetem Silber, 3 $\frac{1}{2}$ Fuss hoch. In dem Fusse desselben sieht man die Grablegung Christi, und auf demselben die Statuen der h. Jungfrau Maria und des h. Johannes, so wie an den Ecken die vier Evangelisten. An der linken Seite befindet sich ein grosser und besonders werthvoller Amethyst.

6. Die silbervergoldete grosse Büste des h. Gregorius von Spoleto. Sie hat ein Silbergewicht von 14 Pfund 5 Loth und trägt auf der Brust einen Ring mit einem kostbaren Steine.

7. Eilf grössere und kleinere Reliquienbehälter von edeln Metallen, theilweise mit Steinen verziert und

von verschiedener Form. **Zwei** derselben enthalten
Partikel des h. **Kreuzes.**

8. Eine silberne vergoldete, in Augsburg verfertigte
Monstranz mit sehr vielen Edelsteinen, besonders
Rubinen geschmückt, deren Gewicht 8 Pfund 18
Loth beträgt. Die Luna ist ganz von Diamanten
gebildet, und hängt an derselben ein von einer
Freifrau von Fürstenberg geschenktes, dicht mit
Diamanten besetztes Kreuz. Den grössten Schatz
aber an dieser Monstranz bildet ein Halsschmuck,
der als Behang an derselben angebracht ist. Dieser
besteht aus den werthvollsten Turkissen, Amethy-
sten und Saphiren und stammt noch von dem vom
Erzbischof Gero dem Dome geschenkten, aber längst
veschwundenen 80 Pfund schweren silbernen Madonnenbilde her.

9. Eine von demselben Madonnenbilde herrührende
goldene Blume mit schöner Emaillearbeit und mit
vielen Edelsteinen besetzt. Sie wurde 1658 von
einem bayerischen Prinzen, dem Erzbischofe Maximilian Heinrich, an jene Madonna geschenkt.

10. Zwei schöne silberne Rauchfässer, beide 8 Pfund 19
Loth an Gewicht haltend, dem Dome vom Erzbischofe Ferdinand August verehrt.

11. Das Jurisdictionsschwert, oder Schwert der Gerechtigkeit; ein Zeichen der weltlichen Macht der kölner
Erzbischöfe, welches denselben bei feierlichen Auf-
zügen vorhergetragen wurde. Es ist 7 Pfund 1 Loth
schwer und 4 $\frac{1}{2}$ Fuss lang und ist besonders die
Scheide aus kunstreicher Filigränarbeit gemacht.

12. Die silberne Kelle und der Hammer, welche beide
König Friedrich Wilhelm IV. am 14. Mai 1842
bei der Grundsteinlegung zum Vollendungsbau ge-
brauchte.

Das wäre der Hauptinhalt dieses steinernen Wandschrankes. Vor demselben auf einem Tische liegend, zeigt man uns noch zehn Elfenbein-Schnitzwerke, jedes 6 Zoll hoch und 4 $\frac{1}{2}$ Zoll breit, mit Bildern aus der Leidensgeschichte, die ein frommer Priester, Melchior Paulus in einem Zeitraume von 30 Jahren (1703-33) mit wirklicher Kunstfertigkeit geschnitzt. Je genauer man diese Bilder besieht, desto mehr muss man über die Ausdauer und Geschicklichkeit des frommsinnigen Künstlers erstaunen. — An der nördlichen Wand der Schatzkammer sehen wir noch unter Glas und Rahmen einen Grund und Aufriss des Domes und an der entgegengesetzten ein 5 Fuss hohes Crucifix, dessen Christusfigur von einem Domvicar, Namens Hardy, (berühmt durch zahlreiche und sehr gesuchte Charakterfiguren, die er aus farbigem Wachs modellirte) stammt. An die vorgenannte Wand lehnt sich noch ein merkwürdiger, 6 Fuss langer Bischofsstab, der durch Arbeit und Form ein sicherlich hohes Alter verräth. Das obere Ende des Schaftes, der ehemals schön ciselirt und augenscheinlich mit reicher Emaillirung verziert gewesen ist, bildet eine Krystallkugel, von der ein Dreizack ausläuft, welcher eine Anbetung der h. drei Könige trägt.

Dem vorhin erwähnten steinernen Wandschranke gegenüber befinden sich in einem ziemlich unansehnlichen hölzernen Repositorium noch einige Gegenstände des Domschatzes, die einen ganz bedeutenden materiellen Werth repräsentiren. Es ist dies zunächst die grosse Monstranz. Sie ist 1 $\frac{1}{2}$ Fuss hoch, und wiegt, aus gediegenem Golde gearbeitet, 10 Pfund und 4 Loth. Sie ist über und über mit den kostbarsten, fast unzähligen und dabei auffallend grossen Edelsteinen besetzt, und ausserdem mit der schönsten Emaille verziert. Der 4 $\frac{1}{2}$ Zoll im Durchmesser haltende Cylinder in der Mitte (die Luna), der die h. Hostie fasst, ist aus dem reinsten Bergkrystall geschliffen, und daher als ein Kunstwerk höchst seltener Art zu bezeichnen. Diese Monstranz wird im Dome nur an den höchsten Festtagen benutzt, und jedes Jahr nur einmal in der grossen Frohnleichnams-Prozession umhergetragen. Der Werth derselben ist unschätzbar, und war das Capitel während der reichsstädtischen Zeit so sehr um dieselbe besorgt, das sich jedesmal, wenn sie bei der Gottestracht in der Prozession erschien, der ganze Magistrat vorher für dieselbe verbürgen musste.

In demselben Repositorium befindet sich ein Pax tecum, auch Osculum pacis genannt, welches 1 Pfund an gediegenem Golde wiegt, 5 Zoll in der Höhe und 4 in der Breite misst. Sehr schöne architektonische Verzierungen umgeben ein Schmelzgemälde nach Albrecht Dürer: Christus am Kreuze zwischen der h. Jungfrau Maria und dem h. Johannes; um dieses Bildchen bemerken wir ausser 10 Perlen, wovon jede im Durchschnitt einen Werth von 300 Thlrn. erreicht, 5 Rubinen, viele Diamanten und Smaragden und besonders einen herrlichen Saphir von mindestens 1000 Thlr. an Werth. Ein ebenso kostbares Seitenstück zu diesem Theile des Schatzes bildet ein erzbischöfliches Brustkreuz nebst einem Brillantringe, beide vom Könige Friedrich Wilhelm III. im Jahre 1826 dem erzbischöflichen Stuhle verehrt. Das Hauptmaterial des Kreuzes ist Silber mit gesckmackvoller Randvergoldung versehen, und ist dasselbe, so wie der Ring, mit einer grossen Zahl Diamanten und Smaragden besetzt, die diesem Schmucke, der noch immer vom Erzbischofe beim Pontifical-Amte getragen wird, einen Werth von 60,000 Frcs. verleihen.

In dieser Schatzkammer befanden sich früher noch zwei Merkwürdigkeiten, die aber jetzt den Augen oder vielmehr den profanen Händen der Besucher entzogen worden sind. Es waren dies 1. zwei Ringe aus der Kette, mit welcher der Apostel Petrus im Kerker gefesselt war, als ihn ein Engel aus demselben erlöste,

und 2. ein Stab mit Elfenbeinknopf, welch letztern de,-
selbe Apostel auf einem ähnlichen Stabe in den letzten
Zeiten seines Lebens getragen haben soll. Einige neuere,
wenn auch noch so werthvolle Bischofsstäbe in horizon-
talen Etuis, sowie Krone und Scepter zum Schmucke
der h. Jungfrau Maria und des Jesuskindes sind sonst zu wenig
wichtig, als dass man die Mühe beanspruchen sollte,
nach Besichtigung all dieser Reichthümer sich dieselben
noch vorlegen zu lassen.

Aus der Schatzkammer durch die Sakristei in den
Chor zurücktretend, sehen wir der Ausgangsthür gegenüber das Denkmal des Erzbischofs Engelbert III. (†1368)
noch zu seinen Lebzeiten für ihn selbst errichtet.
Der Sarkophag ist an den Langseiten je mit neun, an
den Querseiten je mit drei theils männlichen, theils
weiblichen Heiligenfiguren in gothischer Bogenfassung
verziert. Der Heilige selbst liegt, Stab und Mytra
tragend, auf dem Deckel des Monuments. Wenden wir
von diesem das Auge nach links, so sehen wir an der
vortretenden Querwand einen durch die Gestalt des ge-
kreuzigten Heilandes höchst auffallenden alterthümlichen
Kreuzaltar, der zugleich den Abschluss des ersten der
nun folgenden sieben Chörchen bildet, die wir jetzt der
Reihe nach besuchen wollen.

Zunächst hinter dem Kreuzaltare treten wir in die
Engelbertuskapelle. Dem Altare (auf welchem der h.
Hubertus mit dem Hirsche steht) gegenüber wie im Boden sehen wir Gedenktafeln die an hervorragende Persönlichkeiten des kölner Capitels erinnern. An der nordwestlichen Wand aber tritt uns das im Renaissanzestyl
gefertigte Epithaphium des Erzbischofs, Grafen Anton
von Schauenberg, († 1558) aus schwarzem Marmor und
Alabaster errichtet, am auffallendsten vor das Auge.
Namentlich weisen wir auf die im obern Theile angebrachte und kunstvoll ausgeführte Auferstehung des
Heilandes hin.

Das folgende Chörchen wird die Maternuskapelle genannt. In der Mitte derselben steht das Denkmal des
Erzbischofs Philipp von Heinsberg, (S. Seite 23.) Er
war der Erbauer der alten Stadtmauern mit ihren Zinnen, Thürmen und Thoren, worauf die eigenthümliche
Form des Monumentes ganz sprechend verweist. Interessant in dieser Kapelle ist der vergoldete Altar.
Er stellt in mehreren Gruppen und in einer ausserordentlich grossen Anzahl von geschnitzten Personen
und sogar Pferden die ganze Leidensgeschichte des Heilandes dar, tritt aber dabei plastisch so breit hervor,
dass er den ganzen Altartisch füllt, und auf diesem
daher keine Messe gelesen werden kann. An der dem
Altare gegenüberliegenden Wand sehen wir in Rahmen
unter Glas Grundriss und Ansicht des nordwestlichen
Domthurmes, die beide in Paris im Jahre 1810 aufgefunden wurden.

Gehen wir nun weiter zur Johanniskapelle. Hier ruht
der Gründer des Domes, der allein schon durch diese
Gründung für Köln unsterblich gewordene Erzbischof,
Conrad von Hochstaden. (S. Seite 21.) Auf einem 4
Fuss hohen Sockel, der an jeder Langseite neun, an
jeder Querseite drei gothische Nischen zeigt, die ausser
der leeren Nordseite, mit den zierlichsten Statuen gefüllt, ruht auf einer $8\frac{1}{2}$ Fuss langen und $3\frac{1}{2}$ Fuss
breiten schwarzen Marmorplatte, die nur einfach des
grossen Mannes Namen trägt, in liegender Stellung das
aus Erz gegossene Bildniss dieses berühmten Erzbischofs.
Zur Zeit der französischen Fremdherrschaft ward die
prächtige Statue auf die roheste Weise der Füsse, der
rechten Hand, des bischöflichen Stabes und mehrerer
Verzierungen beraubt, aber durch den Inspektor der
königlichen Erzgiesserei in München, Herrn Miller, im
Jahre 1847 auf das kunstvollste wieder hergestellt.
Die beiden äussern der neun Figuren auf der südlichen
Langseite des Sarkophags stellen Schildhalter dar; der

zur Linken trägt das Wappen der Grafen von Hochstaden, der zur Rechten das des Erzstiftes Köln. Die
sieben Zwischenfiguren sind von links nach rechts 1.
der Cardinal Pietro Capoccio, der den Bischof im Namen des Papstes mit der Krönung des Kaisers Wilhelm
beauftragte; 2. der Bischof Heinrich von Lüttich, der
aus dem schroffsten Gegner der entschiedenste Anhänger
Conrads wurde. 3. Der Graf Dietrich von Cleve: 4.
Kaiser Wilhelm von Holland selbst, den Conrad (ad 1.)
gekrönt; 5. Der Herzog Heinrich von Brabant; 6.
der Graf Adolph VII. von Berg; 7. Der Dominikaner-
mönch Albertus Magnus, als Vertreter der Wissenschaft
aus damaliger Zeit. Die Figuren am Kopfende beziehen sich auf die Erbauung des Domes: in der Mitte
Conrad, dem Ueberreicher des Dom-Models nach rechts
den Segen spendend; zur Linken Meister Gerhard von
Rile, als Erfinder des Planes. (S. Seite 110 u. 111.)
Drei Phantasie-Figuren zieren das Fussende des Sarkophags, und sind diese sämmtlichen Statuen vom Bildhauer Christian Mohr entworfen und ausgeführt. Möchte
nur das Hochwürdige Domkapitel sich bald veranlasst
fühlen, den genialen Künstler zur Ausführung der schon
bestimmten Statuen für die nördliche Langseite mit den
erforderlichen Mitteln zu versehen, damit das Denkmal des unsterblichen Gründers des Domes endlich in
seiner vollen Zierde dasteht. Der Altar dieser Capelle
stellt, in 24 kleineren Gemälden auf zwölf Feldern
des Mittelstücks und ebenso vielen in beiden Seiten-
theilen, die Hauptscenen aus dem Leben des Heilandes
dar. Die Glasfenster dieser Capelle sind im untern
Theile alt, und vom Glasmaler Peter Grass restaurirt;
der obere neuere Theil wurde von Ludwig Schmidt
ausgeführt. In einem geschnitzten Eichenrahmen sehen
wir noch in dieser Capelle die Originalaufrisse der beiden Thürme. Dieselben wurden 1814, als man zu
Ehren der heimkehrenden Freiwilligen einen Triumpf-

bogen malen wollte, auf dem Speicher eines Gasthofes
in Darmstadt, wo sie zum Bohnentrocknen dienten,
wieder aufgefunden. Bei Vertheilung des Domarchives
an die verschiedenen Fürsten, denen 1803 die kur-
kölnischen Lande zugefallen waren, hatte man dieselben
vergessen, und waren sie zufällig auf diesen Speicher
gerathen.

Nun gelangten wir zum Mittelpunkte der sieben Chörchen und zum wichtigsten von allen: zur Dreikönigen-
Kapelle. Betrachten wir uns dieselbe zunächst von Aussen.
Vor derselben bemerken wir im Boden mehrere mit
Inschriften versehene Platten, welche Gräber von Dom-
herren und Erzbischöfen bedecken. Zumeist verweisen
wir auf eine in der Mitte vor der Kapelle liegende Schie-
ferplatte hin. Sie war früher mit einer Metalltafel
überdeckt, die eine ausführliche Inschrift trug. Unter
derselben ruhen die Eingeweide der unglücklichen, französischen Königinn Maria von Medicis, deren Gebeine
nach dem Tode Richelieus eine Ruhestätte in der Gruft
von St. Denis gefunden haben.

Das Mausoleum der h. drei Könige ist vom Erzbischofe Max Heinrich von Bayern in einem mit der
ernsten Gothik des Domes im Widerspruch stehenden
Rococostyle erbaut. Der Vordergiebel ist grösstentheils
aus schwarzblauem und rothgrauem Marmor gemacht.
Zu beiden Seiten steht eine flache und eine halbrunde
jonische Säule, zwischen denen ein von einer Hand
offen gehaltenes Opferbecken angebracht ist. Die Mitte
bildet ein auf hellerem Marmoruntersatz bunt verschlun-
genes Kupfergitter, drei Königskronen als Symbol des
hochwichtigen Inhaltes umschliessend. Ueber diesem Gitter sehen wir in halb erhabener Steinhauerarbeit die Anbetung des Jesuskindes durch die Weisen aus dem Morgenlande, zwischen den Ritterstatuen des h. Felix und
Nabor, und über diesen zwei weibliche Figuren mit
den äussern Händen das Wappen des Erzstiftes fassend,

9

und die innern gegeneinander ausgestreckt, um das Wappen des vorhin genannten Erbauers zu halten. Ueber dem Ganzen prangt in beinahe unschöner Form der Stern, der einst den frommen Weisen den Weg nach Bethlehem gezeigt. Treten wir durch die zur Rechten des Mausoleums gewöhnlich offenstehende Thür, so bemerken wir gleich links an der innern Wand der Kapelle eine grosse Gedenktafel, welche die Namen von vier bayerischen Prinzen trägt, die sämmtlich auf dem kölner Erzbischofsstuhle sassen, nämlich: Ernst, Ferdinand, Maximilian Heinrich, (der im Jahre 1688 die Capelle erbaut) und Clemens August. Dieser Tafel quer gegenüber wurde in der entgegengesetzten Wand für den Erzbischof Ernst noch eine besondere Gedenktafel angebracht. Die Rückseite des Mausoleums enthält in der Mitte ein kunstvolles Marmor-Hautrelief; die feierliche Ueberbringung der h. Reliquien nach Köln, in welchem gleich hinter dem Schreine Erzbischof Reinold in vollem Ornate erscheint. Im Hintergrunde der Capelle befindet sich ein kleiner Altar, der als Hauptbild eine aus Marmor gehauene Anbetung der h. drei Könige umfasst.

Im Innern des Mausoleums zeigt man als grösste Merkwürdigkeit des Domes den berühmten Schrein, der die von Mailand nach Köln überbrachten Gebeine der h. drei Könige enthält. Dieser Reliquienkasten, auf einem $4^1/_2$ Fuss hohen Sockel stehend, ist $4^1/_2$ Fuss hoch, $5^1/_2$ Fuss lang und 3 Fuss breit. Er besteht aus einem Unter- und Obertheile, die wir der Reihe nach etwas näher betrachten wollen. Die vordere, dem Chore zugewandte Seite ist in drei Abtheilungen getheilt. In der mittleren derselben sitzt auf einem Thronsessel die h. Jungfrau mit dem Jesuskinde; im linken Theile erscheinen die h. drei Könige, welchen der im Jahre 1198 in Köln gewählte Kaiser Otto beigegeben ist; den rechten füllt die Taufe Christi, bei welcher ein Engel erscheint.

Ueber diesen drei Abtheilungen ist eine mit mehreren Edelsteinen besetzte Schutzplatte angebracht. Bei deren Wegnahme erblickt man hinter einem silbervergoldeten Gitter, auf welchem die Namen Caspar, Melchior, Balthasar in Rubinen prangen, die Schädel der h. drei Könige, welche vergoldete Kronen tragen. Im obern Theile der äussern Vorderfläche sitzt Gott als Richter zwischen zwei Engeln. Ausserdem füllen die Bildnisse der Erzengel Gabriel und Raphael nebst einem zwei Zoll grossen Topas die Spitze dieses vordern Giebels aus. Die rechte Seitenwand enthält in sechs Bogennischen die Bildnisse der Propheten Moses, Jonas, David, Daniel, Amos und Abdias. Auf der schräg ansteigenden Fläche über diesen Propheten sehen wir folgende Gegenstände von B. Beckenkamp in Farben auf Kupfer gemalt: 1. Die den Hirten vor Bethlehem verkündigte Geburt des Messias; 2. die Erscheinung des Sternes, der die Weisen zum Heilande führte; 3. die h. drei Könige vor Herodes; 4. ihre Ankunft im Stalle zu Bethlehem; 5. dieselben auf der Rückkehr, den Völkern die Geburt des Gottessohnes verkündend; 6. die Kaiserinn Helena mit dem Kreuze, wie sie die Gebeine der h. drei Könige entdeckt; 7. die Ueberbringung dieser h. Gebeine nach Köln; 8. eine Darstellung der üblichen Verehrung der h. Gebeine durch die nach Aachen zur Krönung ziehenden Kaiser. In den sechs Bogenfeldern des obern Aufsatzes stehen die Apostel Paulus, Johannes, Philippus, Thomas, Judas Thaddäus und Matthäus. Die hintere Giebelwand ist in Styl und Technik ganz von der vordern verschieden. Sehr schön besonders sind hier die mit reicher Filigränarbeit geschmückten Zierleisten, die die untern beiden Abtheilungen wie die obern drei Bogen umfassen. Die eine dieser beiden untern Abtheilungen ist durch eine Darstellung der Geisselung Christi ausgefüllt, über welcher drei Engelbüsten angebracht sind. Die andere, ebenfalls mit drei solcher Engelkörper verziert, wovon einer die

9 *

Sonne, der andere den Mond, die beide bei Christi Tod verfinstert wurden, trägt, enthält den sterbenden Christus am Kreuze zwischen den Statuen der h. Jungfrau und des h. Johannes. Die beiden Abtheilungen sind getrennt durch die Figur des Propheten Jeremias, über welcher das Bildniss des Erzbischofs Reinold erscheint, dem ebenfalls zwei Engelköpfe zur Seite gegeben sind. Der Obertheil zerfällt in drei Bogen, wovon der mittlere das Bild des Erlösers enthält, dem die Bildnisse des h. Felix und Nabor in ganzer Rüstung zur Seite stehen. Ueber diesen befinden sich drei weibliche Büsten in runder Einfassung, von denen zwei der neueren Zeit entstammen.

Die linke Seitenwand enthält unten als Gegenstück zur rechten in ebenfalls sechs Feldern die Propheten Ezechiel, Jeremias, Rahum, Salomon, Joel und Aaron, und auf der schrägen Bedachung in acht auch auf Kupfer gemalten Bildern folgende Darstellungen aus der h. Schrift: 1. der Besuch des Herrn in Begleitung zweier Engel bei Abraham, ihm die Geburt eines Sohnes verkündend; 2. Moses vor dem Herrn, der ihm im brennenden Dornbusche erscheint; 3. Moses vor Pharao, ihm den Willen Jehova's verkündend; 4. die priesterlichen Aufwiegler Core, Dathan und Abiron, wie die Erde sie sammt ihren Zelten verschlingt; 5. die Mauern von Jericho, auf den Schall der Posaunen niederstürzend; 6. die von den Feinden Israels zurückgesandte Bundeslade in Obed-Edoms Haus; 7. der König David, tanzend im Zuge, in dem man die Bundeslade nach seiner Wohnung führt; 8. die Königinn von Saba, am Throne des Königs Salomon erscheinend. Ueber diesen alttestamentalischen Darstellungen sind von der Linken zur Rechten folgende sechs weitere Apostelfiguren angebracht: Bartholomäus, Matthäus, Jakobus minor, Andreas, Jakobus major und Petrus. Die oberste Verdachung besteht beiderseits aus fünf Abtheilungen, die durch vergoldete

Engel getrennt, sämmtlich Gruppen vergoldeter Sterne
enthalten. Ein zierlich durchbrochener Messingkamm,
zwischen den in abgemessenen Entfernungen vier Kugeln,
mit Schmelzarbeit und Laubkronen geschmückt, erscheinen, bildet die First dieses weltberühmten Schreines.

Vor dem Jahre 1820, wo in der Nacht vom 18. auf
den 19. Oktober sich freche Räuberhand an diesem Re-
liquienschreine vergriff, zählte man an demselben 1540
der kostbarsten und prachtvollsten Edelsteine. Hat auch
der Totalwerth durch diese Beraubung um circa 100
Stück eine Verminderung erlitten, so ist er trotz all dem
in seinem heutigen Bestande noch immer ein unermess-
licher zu nennen.

In dem Chorgewölbe senkrecht über der Dreikönigenkapelle erwähnt eine Inschrift des am 17. Okt. 1434
erfolgten Einsturzes einer Fialenspitze der Chorgallerie.
Dieselbe schlug an dieser Stelle durch Dach und Gewölbe durch, und wurde am selbem Tage 1834 ihre
Erneuerung vollendet. An dem Eisengitter des Chores,
gegenüber der Dreikönigenkapelle verweisen wir noch auf
das aus mehreren Figuren bestehende Denkmal des Erzbischofs Theodor von Mörs († 1463); die Mittelgruppe
bildet die h. Jungfrau mit dem Kinde Jesu zwischen
zwei Engelfiguren, die (rechts) das Wappen des Erzstiftes und (links) des Bischofs tragen, rechts daneben erscheinen die h. drei Könige und links der Apostel Petrus
und ein knieender Erzbischof.

Die Gebeine der h. drei Könige wurden am 23. Juli
1164 durch den Erzbischof Reinold von Dassel von
Mailand nach Köln gebracht, und im alten Dome beigesetzt. (s. S. 17.)

Im Jahre 1337 wurden sie nach der jetzigen Stelle
im neuen Dome gebracht, und war der Sarkophag so
lange mit einem blossen Eisengitter umgeben, bis der
Erzbischof Maximilian Heinrich von Bayern in der zweiten Hälfte des 17. Jahrhunderts die jetzige Kapelle er-

richten liess. In der französischen Revolution (1794) wurden die meisten Domschätze, sowie auch diese h. Gebeine, nach Frankfurt a. M. gebracht. Von dort am 4. Januar 1804 wieder zurück geholt, wurden sie in dem bis 1808 neu zusammengesetzten Schreine am Dreikönigentage letzt genannten Jahres zur Verehrung wieder ausgestellt. Nach der vorhin erwähnten Beraubung wurde der Schrein in seiner jetztigen Form 1822 vollendet, und nahm am 6. Juni genannten Jahres seine heutige Stelle ein.

Auf unserm Rundgange weiter ziehend, gelangen wir nunmehr zur Agneskapelle. In der Mitte steht der Sarkophag der h. Irmgardis, Gräfinu von Zütphen; († 1100) derselbe hat an jeder Langseite 7, an jeder Querseite 2 gothische Spitzbogennischen, in welchen aber leider alle Bildwerke fehlen. In den drei Glasfenstern dieser Kapelle sehen wir paarweise folgende Figuren von kölner Heiligen: den h. Anno und den h. Severinus; die h. Agnes und den h. Cunibert; den h. Gereon und den h. Mauritius. Diese Bildwerke und ihre farbenreiche Umfassung stammen aus dem 14. Jahrhundert, und wurden jüngst durch P. Grass restaurirt. Der obere mosaikartig gehaltene Theil ist das Werk seines kölner Collegen Ludwig Schmidt.

Doch als Hauptsache enthält diese Kapelle ein Wunderwerk, wie die Erde vielleicht nicht manche aufzuweisen vermag: es ist dieses das weltberühmte Dombild, die Anbetung der h.h. drei Könige. Das ganze ist ein Flügelgemälde, in dessen mittleren Theile wir die h. Jungfrau mit dem Jesuskinde auf dem Schoosse erblicken. Davor erscheinen die drei morgenländische Könige, dem göttlichen Kinde ihre mysteriösen Gaben, Gold, Weihrauch und Myrrhen überbringend. Ihr zahlreiches und stattliches Gefolge bildet zu beiden Seiten den Hintergrund des mittleren Hauptbildes. Auf dem rechten Flügel ist die Hauptfigur der h. Gereon mit der Kreuzfahne in der Hand, und von mehreren seiner tapfern Krieger umgeben. Der linke Flügel zeigt das liebliche Bild der h. Ursula in einem Kreise zarter Jungfrauen, hinter denen man noch die Figur eines Bischofes und eines Papstes gewahrt. Gruppirung, Colorit, und besonders der in jeder Figur so herrlich ausgesprochene Charakter erheben dieses Bild zu einem Wunderwerke der Malerei und zu einem den Glanzpunkt der kölner Schule verkündenden Denkmale jener Zeit. — Auf der Rückseite der Flügel erscheint der h. Erzengel Gabriel der allerseligsten Jungfrau, ihr die Botschaft der Erwählung zur Mutter des Welterlösers verkündend.

Lange forschte man vergebens nach dem Meister dieses Werkes. Wallraf wollte die Autorschaft einem Philipp Kalf übertragen, weil er diesen Namen auf dem Säbel des links auf dem Mittelbilde stehenden, weissgekleideten Standartenträgers gelesen haben will; doch eine später aufgefundene Notiz von Albrecht Dürer während seines Aufenthaltes in Köln (1520—21), die da heisst: „item hab zwei Weisspfennig von der Tafel aufzusperren geben, die Meister Steffen zu Köln gemacht." so wie andere zuverlässige Dokumente stellten es in jüngster Zeit unzweifelhaft fest, dass der Maler dieses Bildes Stephan Lothener geheissen, der um die Zeit von 1430—40 mehrere grosse Bilder in Köln gemalt. Das Bild war zunächst für die kölner Senatskapelle bestimmt. Nach Aufhebung des Senats gerieth es von da in den Rathhausthurm; Im Jahre 1806 kam es wieder ans Tageslicht, um, nachdem man es von Schmutz und Staub gesäubert, in einem der Rathhaussäle ausgestellt zu werden. Im Jahre 1810 wurde es von der städtischen Verwaltung ohne ausdrücklichen und gesetzeskräftigen Vorbehalt dem Dom - Capitel übergeben, und nimmt es seit dem Dreikönigentage selbigen Jahres seine jetzige Stelle ein. Vor der Vollendung des neuen Museums reklamirte die Stadt vom Capitel das Bild zurück;

die Auslieferung wurde aber mit der Entgegnung verweigert, die Stadt habe dasselbe dem Capitel geschenkt. Da die beiderseitigen Beweisstücke fehlten, ging die Stadt den gerichtlichen Instanzengang durch, und wurde durch endgültiges Urtheil das Eigenthumsrecht, hauptsächlich auf Grund der Verjährung, dem Dom-Capitel zuerkannt.

In dem folgenden Chörchen, die Michaeliskapelle genannt, finden wir das Grabdenkmal des Erzbischofs Walram von Jülich, der 1349 starb. Dasselbe war früher mit sehenswerthen Marmorverzierungen umgeben, ist aber in diesem Augenblicke seines schönen Bilderschmuckes leider gänzlich beraubt. Die drei Fenster dieser Kapelle sind mit Glasmalereien von P. Grass ausgefüllt. Unter den reich ornamentirten gothischen Baldachinchen erscheinen sechs Heiligenfiguren, und zwar im mittleren, (vom hiesigen Clemens-Vereine ausgeführten,) die h. Ursula und der h. Clemens, in dem zur Linken die h. Catharina und der h. Bruno, sowie die h. Barbara und der h. Pantaleon im Fenster nach rechts. Der Altaraufsatz dieser Kapelle bildet ein merkwürdiges Schnitzwerk, in der mittleren Abtheilung die Hauptmomente aus dem Leben und Leiden Christi darstellend. Er erinnert zunächst an den Altar in der Maternuskapelle, unterscheidet sich jedoch von diesem dadurch, dass dort die Figuren nur vergoldet, hier aber vergoldet und etwas colorirt erscheinen. Unter dem mittleren Theile des Altaraufsatzes sehen wir in sehr charakteristischer Auffassung das Haupt Jesu in der Mitte, und die Köpfe der zwölf Apostel, sechs und sechs zu beiden Seiten. Die beiden Flügel, die den mittleren Theil des Altares verdecken können, sind auf der Vorderseite mit Martyrscenen aus dem Leben des h. Georgus bemalt. An der rechten Seite des Altares, frei auf dem Boden stehend, weisen wir noch auf ein durch zwei Flügel verdeckbares Schnitzwerk hin, dessen Gegenstand den Kampf des h. Georgus mit dem Drachen enthält.

Das siebente und letzte Chörchen in unserer Reihenfolge wird die St. Stephanskapelle genannt. Auf dem Altartische finden wir hier unter einer horizontal vortretenden, etwas gothisch verzierten Bedachung Christus am Kreuze und die lebensgrossen Standbilder der h. Jungfrau Maria und des h. Johannes zu beiden Seiten. Die Flügel dieses Altares sind mit vier Heiligenfiguren auf Goldgrund bemalt, und zwar in der obern Hälfte mit dem Bilde des h. Johannes des Täufers links und des Apostels Jacobus rechts; darunter ist der h. Laurentius unter ersterem, und der h. Stephanus unter letzterem angebracht. Der in dieser Kapelle befindliche Sarkophag enthält die sterblichen Ueberreste des im Jahre 979 verschiedenen Erzbischofs Gero. Die obere Deckelfläche bildet eine aus orientalischem Marmor bunt zusammengesetzte musivische Platte, auf welcher die Marmorstatue des kaiserlichen Generals von Hochkirchen ruht. Kopf und Oberkörper der sonst fast liegenden Statue sind halb erhoben, und ist der Kopf ganz bequem auf die Linke gestützt, wohingegen die Rechte einen kräftigen Stab umfängt. In der südwestlichen Ecke sehen wir noch das im Renaissance-Style aus Marmor ausgeführte Denkmal des Erzbischofs Adolph von Schauenburg († 1556), welches dem seines Nachfolgers Anton von Schauenburg in der gegenüberliegenden Engelbertuskapelle ganz vollkommen entspricht.

- Der nach der Stephanskapelle nun folgende (bis zu dem den Chor querüber abschliessenden Eisengitter reichende) Raum wird zum Pfarrgottesdienste des Dompfarrbezirks ausschliesslich benutzt. Der neue gothische Altar dieser Kapelle wurde, nach Zwirners Zeichnung von den Dombausteinmetzen auf Rechnung des Domcapitels ausgeführt, von diesem der Kirche votirt. Er umschliesst ein prachtvolles Bild, die Himmelfahrt der h. Jungfrau Maria darstellend. Dasselbe wurde vom düsseldorfer Kunstverein im Jahre 1840 dem in Rom lebenden berühmten deutschen Maler Fr. Overbeck bestellt, und im Jahre 1855 demselben mit 7000 Thlr., wovon circa $^2/_3$ der genannte Verein und das fehlende der Summe das Capitel übernahm, bezahlt. Die Hauptfigur des frühern Altares bildete das Marienbild, welches wir jetzt in bunter Färbung und Vergoldung neben dem Altare an der südlichen Wand erblicken. Dasselbe wurde vom Erzbischof Reinold mit den Gebeinen der h. drei Könige aus Mailand gebracht, und von den Gläubigen als wunderthätiges Madonnenbild verehrt. Das Grabmal zur Linken des Altars ist dem Andenken des Erzbischofs Friedrich von Saarwerden († 1414) geweiht, der damals für diese Kapelle eine tägliche musikalische Messe gestiftet hat. Der geschmackvoll gearbeitete Sarkophag theilt sich an jeder Langseite in 9, an jeder Querseite in 4 gothische Bogennischen, welche theils mit Wappen tragenden Engelsfiguren, theils mit Bildnissen von Aposteln oder Bischöfen der kölnischen Kirche ausgefüllt worden sind. Die Südwand dieser Kapelle ist durch zwei ganze und ein halbes Fenster durchbrochen. Das erste ganze Fenster wurde aus den von der Stadt Köln der Dombaukasse zurückerstatteten Krahnen und Hafengefällen von ausgeladenen Dombausteinen, das andere aus einer Stiftung des in Halberstadt verstorbenen Domherrn Grafen Spiegel zum Desenberg errichtet. Das Halbfenster wurde aus den Beiträgen der akademischen Dombau-Vereinen von Bonn und Münster bezahlt. Der untere Theil dieser Fenster ist mit Figuren, die von reicher gothischer Ornamentirung umgeben, nach Zeichnungen des Conservators Ramboux im Atelier von P. Grass gebrannt worden sind, geschmückt. Sie stellen, zwischen zierlicher Gliederung und unter reichen Baldachinchen gruppirt, das Leben der h. Maria von ihrer Verkündigung und Geburt bis zur Krönung und Verherrlichung dar. Der obere mosaikartig gehalten Theil wurde von dem schon mehrfach genannten kölner

Künstler Ludwig Schmidt ausgeführt. Am zweiten durch-
laufenden Pfeiler dieser Fensterwand bemerken wir noch
das dreiseitige marmorne Denkmal der Familien von
Plettenberg-Herting, von Geyr und von Bequerer. Gleich
daneben folgt in der Wand die Erinnerungstafel des
Weihbischofs Werner von Veyder, und das marmorne
Denkmal der Familie von Franken-Sierstorpff, die alle
aus dem Hauptchore in den Jahren 1841 — 42 hierhin
versetzt worden sind. Am Gitter des Chores angelangt,
erblicken wir noch ein grösseres Denkmal in der Ecke
an der Fensterwand, und ein anderes freistehendes diesem gegenüber nach dem Innern des Chores zu. Das
erstere wurde zum Andenken an den Ueberbringer der
h. drei Könige, Reinold von Dassel errichtet. Das ver-
schwundene erzene Bildniss dieses Erzbischofs wurde
durch die jetzt auf dem Sarkophage ruhende Marmorstatue des Erzbischofs Wilhelm von Gennep ersetzt,
dessen Gebeine im hohen Chore ruhen. Das gegenüber-
stehende Grabmal wurde dem Grafen Gottfried von Arns-
berg gewidmet und fällt besonders durch das des Grafen Statue einschliessende Eisengitter auf, mit dem es
folgende und zwar eigenthümliche Bewandtniss hat.
Als nämlich dieser Graf, der letzte seines Stammes, seine
Besitzungen dem Kurstaate Köln geschenkt, waren seine
Unterthanen über die ihnen aufgedrungene neue geistliche Herrschaft dermassen erbost, dass sie durch Verstüm-
melung der Statue ihre Rache an dem verstorbenen
Gebieter auszuüben versuchten, was ihnen auch bis dahin
gelang, wo Erzbischof Cuno von Falkenstein dieselbe
mit dem noch jetzt vorhandenen dichten Eisengitter
umgab.

Auf das an dem letzten Pfeiler an dem Eisengitter
angebrachte aus Stein gehauene Standbild des h. Christophorus, der das Jesuskind auf seinen Schultern trägt,
besonders aufmerksam zu machen, ist wohl insofern
überflüssig, als dasselbe durch seine kolossalen Grössen-

verhältnisse jedem Besucher des Domes sofort in die Augen fällt.

Ehe wir durch das Quergitter in das Langschiff treten, besichtigen wir zunächst den Hauptchor in seinem Innern. Wir gelangen in denselben durch die Thüre des Chorgitters, die links von dem zuletzt beschriebenen Marienaltare liegt. Um diesen herrlichsten Theil der Kirche dem Beschauer übersichtlicher vorzuführen, weisen wir zunächst auf die denselben umfassenden Säulen hin. Mit den beiden hinter dem Hochaltare in der Mitte stehenden zählen wir bis unter die Orgel, wo das Langschiff beginnt, deren zu jeder Seite 8, die wir von den erstgenannten beginnend mit der fortlaufenden Ordnungszahl bezeichnen wollen. Ausserdem theilen wir den Chor in folgende drei Theile ein: 1. Theil, der Raum hinter und vor dem Hochaltar bis zu dem niedrigen Gitterabschluss, der beiderseits zwischen der 4. und 5. Säule beginnt; 2. Theil, der Raum von hier bis zum 6. Säulenpaare, durch einen zweiten Abschluss von Eisen begrenzt; 3. Theil, der fernere Raum bis unter die Orgel, wo das mittlere Langschiff beginnt. Im ersten Raume steht rundum frei der Hochaltar. Derselbe bildet eine rund gewölbte Bronzkuppel auf sieben Marmorsäulen ruhend, vor der ein viereckiger Altartisch steht. Zu beiden Seiten erblicken wir zwei sitzende Marmorfiguren, und zwar rechts Maria mit dem Jesuskinde, letzteres ein vergoldetes Kreuz in der Hand, und links den Apostel Petrus, die Schlüssel des Himmelreichs zeigend. Die Vorderfläche des Altartisches enthält zwölf zierliche Apostelfiguren, zwischen denen sich in der Mitte die Krönung Marias durch den Heiland befindet.

Dass dieser Altar zum Style des Domes nicht passt, ist dem Beschauer so klar, wie es von jedem gehofft werden darf, dass er einstens durch einen würdigern ersetzt werden wird. Zwischen der dritten und vierten Säule sehen wir rechts den Thronsitz des Erzbischofs, der mit dem 13. August 1862, dem Jubiläumstage der 25jährigen Bischofswürde des Cardinals Johannes von Geissel, eine neue Vergoldung und bunte Stickereien erhielt. Dem Thronhimmel gegenüber ist der Sitz für den das Hochamt celebrirenden Priester. An der vierten Säule sind rechts wie links marmorne, schief gegen den Chor gerichtete Seitenaltäre angebracht. Auf dem zur Linken steht der h. Antonius der Einsiedler, und der h. Martyrer Patroclus auf der entsprechenden Stelle gegenüber.

Am Anfange des zweiten Chorraumes führt zwischen der vierten und fünften Säule zu beiden Seiten eine verschliessbare Gitterthüre in das Innere des Chores hinein. Gleich neben diesen Gitterthüren beginnen rechts und links die geschnitzten Chorstühle die in doppelter Reihe hintereinander bis unter die Orgel reichen. Zwischen der fünften und sechsten Säule sind an jeder Seite neun dieser Chorstühle in der hintern und neun in der vordern Reihe, wovon die neun hintern beiderseits, die ihren Aufgang vorne nach dem Altare zu haben, zur Benutzung für die Mitglieder des Domcapitels dienen. Die vorderen sind für die Vicarien und Cantoren bestimmt. *) An der fünften Säule, wo diese Chorstühle beginnen, ist ausserdem links das Standbild der h. Maria mit dem Jesuskinde, und rechts das des h. Petrus zu sehen.

Der dritte Theil des Chores, zwei Bogenspannungen Tiefe enthaltend, ist beim Gottesdienste im Chore dem Besuche der Laien geöffnet. In jeder der beiden Bogenspannungen befinden sich dieselben Chorstühle zu beiden Seiten, nur dass die vordere Reihe jedesmal acht statt neun Sitze enthält, da der mittlere Raum derselben als Eingang für die hintern dient. Die nächsten Chorstühle zwischen den 7. und 8. Säulen, acht Sitze in der hintern und fünf in der vordern Reihe enthaltend, treten rundlich

* Die vor denselben stehenden zwei Chorpulte sind als Holzschnitzwerke besichtigenswerth.

von beiden Seiten in den Chor hinein vor. Die sämmtlichen 96 Chorstühle, und besonders die Ein- und Auf-
gänge derselben, werden von allen Besuchern ihres
kunstvollen Schnitzwerkes wegen bewundert, und weisen
wir noch besonders auf die phantasiereich erfundenen
Figuren unter den aufschlagbaren Sitzbrettern hin. Am
Anfange des 3. Chortheiles liegt in dem Fussboden eine
grosse Kupferplatte, in welcher man das eingravirte
Bild des Erzbischofs Ferdinand August, Grafen Spiegel
zum Desenberg und Canstein erblicken. Er war nach
der erzbischöflich-churfürstlichen Zeit der erste Erzbischof, der wieder den kölnischen Stuhl bestieg, welcher
unter der französischen Gewaltherrschaft eine Zeit lang
nach Aachen verlegt worden war. Graf Spiegel, im Jahre
1764 am 25. Dezember auf Schloss Canstein geboren,
wurde am 11. Juni 1825 im Dome geweiht und inthronisirt. Nach seinem Tode (2. August 1835) wurden
seine Gebeine an dieser Stelle beigesetzt.

Die beiderseitigen Chorwände zwischen der 5. und
6. sowie der 6. und 7. Säule sind mit kunstvollen
Stickereien belegt, die aber gewöhnlich durch einen
Vorhang verdeckt gehalten sind. Die Stickereien führen
im untern Theile unter gothischen Baldachinen einschliesslich der heil. Maria, des h. Josephs, der h. Anna, der
hh. drei Könige und der Apostel eine Reihe von 84
Heiligen grösstentheils aus der kölnischen Kirche vor,
und enthalten als Hauptsache im obern Theile die Versinnlichung des ganzen nicäischen Glaubensbekenntnisses,
wovon sieben Felder eine jede der vier Bogenspannungen
füllen, Diese Wandstickereien wurden nach Zeichnungen
des Conservators des kölnischen Museums, Joh. Ant.
Ramboux, von einem Vereine kölner Damen mit der
kunstvollsten Geschicklichkeit und der lobenswerthesten
Ausdauer angefertigt, und müssen wir es dankbar anerkennen, dass durch deren Schenkung der Dom um eine
sehr beachtenswerthe Zierde bereichert worden ist. An

den 14 freien Säulen des Chores sind ebenso viele in
Stein gehauene, reich bemalte und vergoldete Figuren
angebracht, und zwar von der ersten nach rechts Jesus
und die hh. Apostel Petrus, Andreas, Bartholomäus, Simon,
Mathias, und Judas Thaddäus; von der ersten nach links
folgen der h. Maria die Apostel Johannes, Jakobus major,
Paulus, Philippus, Jakobus minor und Thomas. Ueber
diesen Figuren wölben sich reich verzierte Baldachinchen, die alle 14 musicirende Engelfiguren tragen. Da
wo die schmalen Gewölbe hoch über dem Altare zusammen treffen, gewahren wir das Bild des Erlösers, so wie
zwischen dem 5. und 6 Pfeiler eine Luke, von der herunter die Einsicht in den Chor, der ausserordentlichen
Höhe wegen, einen grossartigen Anblick gewährt. Die
Interimsmauer hinter der Orgel ist noch mit den kolossalen Bildnissen der Apostel Petrus und Paulus, und
über denselben mit dem Bilde des Heilandes bemalt.

Indem wir den Chor durch den anfangs gewählten
Eingang verlassen, gelangen wir aus der vorhin besich-
tigten Marienkapelle durch das den Chor abgrenzende
Quergitter in das Langschiff hinein. Ehe wir aber das
Querschiff überschreiten, wollen wir vorher das in demselben befindliche Görresfenster besehen. Joseph von
Görres war einer der Ersten, die in Deutschland für
den Vollendungsbau des kölner Domes begeistert waren
und andere zu begeistern verstanden. Seinem Andenken
wurde daher von seinen Freunden dieses Fenster geweiht.
Der obere Theil, in den schönsten gothischen Gestal-
tungen prachtvoll emporsteigend, zeigt rechts Maria mit
dem Jesuskinde und den vor ihr knieenden jugendlichen
Görres, in der Tracht der münchener philosophischen
Fakultät; sein Namenspatron, der h. Joseph, steht schüt-
zend hinter ihm. Den untern Theil des Fensters füllen
die in Zeichnung und namentlich in ihrer in jüngster
Zeit wohl unübertroffenen Farbenpracht die Bildnisse
Karls des Grossen zur Rechten, und des h. Bonifacius

zur Linken. Die Inschrift des Fensters heist: Josepho
Goerres nato Confluent. d. 25. m. Jan. 1776. denato
Manachii 29. Jan. 1848, catholicæ veritatis in Ger-
mania defensori generoso, amici ejus 1855. Von hier
aus das Langschiff dem Haupteingange zu hinunter wandelnd, erwartet uns ein seltener Kunstgenuss in der
Besichtigung der vom Könige Ludwig von Bayern dem
Dome geschenkten neuern Glasfenster. Der chronologische
Zusammenhang der Darstellungen kehrt sich zwar auf
dem von uns verfolgten Wege um; jedoch wird es nur
dieser einfachen Bemerkung bedürfen, um den Beschauer
auf diesen Zusammenhang der in diesen zwei halben
(erstes und letztes) und drei ganzen Fenstern entwickelten biblischen Ideen aufmerksam zu machen. Im
ersten Halbfenster erblicken wir unten von links nach
rechts den h. Bischof Maternus, den h. Bischof Silvester,
den h. Bischof Apollinaris und den h. Märtyrer Gregorius von Spoleto. Das Hauptbild über diesen Figuren
stellt die Steinigung des h. Stephanus, des ersten Blutzeugen, vor. Der Heilige, in knieender Stellung, ist
nach vorne mit dem Haupte zur Erde niedergesunken,
während drei Männer, denen rechts im Hintergrunde
der Knabe Paulus die Kleider verwahrt, ihn durch Stein-
würfe zu tödten beschäftigt sind. Ueber diesem Bilde
befinden sich in Medaillons paarweise (von links beginnend) die hh. Engelbertus und Bruno, und Papst Severin nebst dem h. Hermann Joseph. Die obern beiden
grössern Bilder stellen den h. Stephanus als Diakon
(links) und seine Verurtheilung vor. Die vier darüber
angebrachten kölnischen Jungfrauen sind, von links nach
rechts, die h. Catharina, die h. Cordula, die h. Columba
und die h. Clara, über welchen wir noch in Medaillons
die h. Cäcilia nebst der h. Agnes erblicken. Unten in
der Ecke rechts ist, wie auch in den übrigen Fenstern,
der Name des königlichen Geschenkgebers der Erinnerung der Nachwelt mit den Worten übergeben: Ludovicus
I. Bavaria Rex Donator 1848.

Im nächsten Fenster enthalten die untern vier gothischen Nischen die Kirchenväter: Augustinus (links)
Hieronymus, Gregorius und Ambrosius. In dem darüber
befindlichen Hauptbilde sitzt die h. Maria in der Mitte;
zu ihrer Linken sehen wir Johannes nebst Paulus, sowie
den h. Petrus rechts; im Hintergrunde links sind die
drei Marien, und die oben nicht genannten Apostel zu
beiden Seiten gruppirt. Ueber diese sämmtlichen ersten
Glieder der Christuskirche ergiesst sich der h. Geist,
der in der obersten Rose über dem erstandenen Heilande
in Gestalt einer Taube erscheint, in feurigen Flammen.
In grauem Farbentone sehen wir über dem Hauptbilde
die vier christlichen Cardinaltugenden: Mässigkeit (links),
Weisheit, Klugheit und Gerechtigkeit in entsprechenden
Figuren dargestellt.

Die Hauptgruppe des dritten Fensters stellt das durch
Christi Tod vollbrachte Erlösungswerk vor. Jesu Leich-
nam ruht im Schoose der heiligsten Jungfrau; zu seinen
Füssen sehen wir die h. Magdalena und daneben die
Mutter Jakobi, sowie an seinem Haupte den h. Petrus
stehen. Rechts steht Joseph von Arimathea, und hinter
ihm Johannes und Nikodemus. Unter dem Hauptbilde,
ebenfalls in vier gothischen Bogennischen, stehen von
links nach rechts die hh. Evangelisten: Mathäus, Marcus,
Lucas und Johannes mit ihren Symbolen. In den beiden
Säulennischen über dem Mittelbilde sind in Grau zwei
Erscheinungen des erstandenen Heilandes dargestellt, und
zwar rechts wie er dem Thomas, und links wie er der
Magdalena erscheint. Ueber dem gothischen Bogen, der
das Mittelbild überspannt, ist das letzte Abendmahl, und
in der obern Rose der Kelch des neuen Bundes angebracht.

Im vierten Fenster erscheinen unten in vier Bogennischen die vier grossen Propheten Isaias, Jeremias,
Ezechiel und Daniel (rechts), und über denselben das
herrliche Bild, die Anbetung des göttlichen Kindes durch
die h. drei Könige und die Hirten von Bethlehem. Die

10

Figur rechts neben dem Sitze der h. Jungfrau stellt den Pflegvater Joseph vor. Die landschaftliche Perspektive hinter dem Bilde bietet, besonders durch die hohle Hand gesehen, eine wunderliebliche Fernsicht dar.

Ueber dem Hauptbilde wölben sich sechs paarweise zusammenstehende kleine Baldachinchen heraus, die in grauem Farbentone folgende von links ab nebeneinanderstehende Figuren enthalten; Abraham, Noe, David, Salomon, Jakob und Isaak. Im obern Theile sehen wir zur Linken als Sinnbild der Erbsünde das erste Menschenpaar, in der Mitte die Botschaft Gabriels an Maria, und zur Rechten die unbefleckt empfangene Jungfrau Maria. Ueber dem Ganzen strahlt aus der obersten Rose der Stern, der die Weisen zum Heilande führte.

Das letzte, ein Halbfenster zunächst beim Thurme, enthält über dem Namen des Donators und dem bayerischen Wappen zu unterst Karl den Grossen rechts, und Friedrich Barbarossa links; das Bild über ersterem ist das des Kaisers Constantin und über letzterem das seiner kaiserlichen Mutter Helena. Das mittlere Hauptbild stellt in ernster und würdevoller Auffassung den Vorläufer des Heilandes, den h. Johannes, als Prediger in der Wüste vor. Die vier Medaillons über demselben sind mit den Brustbildern der kölnischen Bischöfe, Evergislus (links), Cunibert, Agilolph und Heribert gefüllt. Dann folgt nach oben rechts die Verkündigung des Johannes, mit der ein Engel den Zacharias im Tempel erschreckte, und links die Geburt des verkündigten Kindes. Oben sind ausserdem noch sechs Heiligenfiguren zur Ausfüllung des Halbbogens angebracht.

Diese fünf Fenster, eine der schönsten Zierden des Domes bildend, wurden auf Befehl des königlichen Donators von der Münchener Glasmalerei-Anstalt angefertigt. Der Plan der ganzen Darstellung, die Hauptmomente der christlichen Kirchengeschichte und die mit derselben am wesentlichsten zusammenhängenden Persönlichkeiten in sinnigster Weise umfassend und aneinander reihend, ging von dem Professor H. von Hess in München aus. Die Cartons wurden von den münchener Malern J. Fischer und J. Hellweger entworfen und von namhaften Künstlern ausgeführt. Der Inspektor der münchener Glasmalerei-Anstalt, Herr M. Ainmiller, leitete die Brennung des Glases und wurde dabei von den bedeutendsten Kräften der Anstalt unterstützt. Die sämmtlichen Fenster wurden von 1844 — 48 vollendet, und durch den Glasermeister J. Ziegler von München unter Ainmillers Leitung hier eingesetzt.

Der ganze innere Bau des Domes ruht ausser den Wänden auf 56 freistehenden Säulenbündeln, wovon die des Mittelschiffes 106, die der Seitenschiffe 42 1/2 Fuss Höhe haben. Die ganze innere lichte Länge beträgt 433 (äussere 466) Fuss, von welcher Zahl das Langschiff 256, und der Chor 177 Fuss erhält. Von einer zur andern Seitenwand misst das Schiff 144 Fuss in der Breite. Davon kommen 42 Fuss auf das Mittelschiff, 28 auf jedes der innern und 23 auf jedes der äussern Seitenschiffe. Vom Boden bis zur höchsten Gewölbespitze ergeben sich 143 Fuss Höhe im Mittel-, 63 Fuss in jedem innern, so wie 61 Fuss in jedem äussern Seitenschiffe. Das Querschiff geht mit 238 Fuss Länge im Lichten u. 274 Fuss im Aeussern v. Norden nach Süden durch.

Wenn auch der Besucher des Domes, sei er Laie oder Fachkenner, von der Besichtigung des äussern Baues, so wie durch Betrachtung des Innern und der einzelnen Sehenswürdigkeiten schon zur grössten Bewunderung des erhabenen Werkes geführt werden muss, so wird sein Staunen doch erst dann den höchsten Höhepunkt erreichen, wenn er den Dom von Aussen besteigt. Dort oben auf den Gallerien muss man umhergewandert sein, um die unbeschreibliche Grossartigkeit dieses Baues zu erfassen, die sich hier in den imposantesten und unvergesslichsten Eindrücken vor dem staunenden Auge entfaltet. Die zum Besteigen des Domes gewöhnlich dienende Wendeltreppe liegt in dem östlichen Eckpfeiler des Südportals. Sie ist ziemlich bequem und durchgehends hinreichend vom Tageslichte erhellt. Nachdem man die ersten 101 Stufen derselben erstiegen hat, tritt man in den $2\frac{1}{2}$ Fuss breiten und circa 20 Fuss hohen Gang, der aber nur die Länge der Portalbreite hat. Von dieser Höhe steigt man weitere 36 Stufen hinauf, und gelangt zu der 3 Fuss breiten äussern Gallerie, die eine kräftige aber zierlich durchbrochene hausteinerne Brüstung schützt. Auf dieser den ganzen Dom zu umwandeln, ist wohl das lohnendste, wozu man rathen kann. Erstlich sieht man hier in das gewaltige Strebewerk, in die Pfeilermassen und Bogenwölbungen direkt hinein, wobei einem die von unten so zierlich vorkommenden Blättergestalten, Wasserspeier und sonstige architektonischen Verzierungen ganz besonders aber die von den Pfeilerspitzen umwölbten Steinfiguren in ihrer wirklich kolossalen Grösse erscheinen; zweitens gewührt uns von hier aus das Panorama der Stadt, des von unzähligen Schiffen belebten Rheines mit seiner festen Brücke, so wie der herrlichen Landschaft rings umher ein Bild, wie es sonst von keinem Höhepunkte Kölns grossartiger genossen werden kann. Der Höhe dieser Gallerie entspricht eine andere die uns im Innern ebenfalls um die ganze Kirche herführt. Will der Besucher dieselbe auch nicht in ihrer ganzen Ausdehnung betreten, so unterlasse er es doch nicht, von ihr herab einige Blicke in das Innere des Chores zu werfen, und besonders die über dieser Gallerie befindlichen alten, und in derselben schon theilweise eingesetzten neuen Glasfenster im Innern des Chores zu bewundern. Dann steigen wir an unserer bekannten Wendeltreppe weitere 98 Stiegen hinan, um endlich auf die oberste Chorgallerie zu kommen, die am Fusse des Daches in einer Länge von 1600 Fuss ebenfalls ringsum den ganzen Bau umschliesst. Wie von dieser Höhe das Pano-

rama ein ganz anders, so ist auch der Anblick des Baues
von dem von der vorigen Gallerie aus genossenen bedeutend verschieden, indem man ihn hier viel klarer
überschaut, und er uns mehr in der Form seines Grund-
risses erscheint. Werfen wir von dieser Gallerie einen
Blick nach oben, so gewahren wir den beinahe auf der
ganzen First der Kirche vollendeten, theilweise vergol-
deten Kamm, der trotz seiner 4¼ Fuss betragenden
Höhe von unten natürlich äusserst niedrig erscheint. Eine
ähnliche Täuschung gewährt das auf der östlichen Spitze
der Chorfirst angebrachte Kreuz, von dem man von
unten gewiss nicht glauben sollte, dass es, bei seinem
Gewichte von 1388 Pfd., 26 Fuss und 9 Zoll Höhe
besitzt. Durch eine der beiden auf dieser Gallerie gegenüberliegenden Thüren am Chore trete man noch unter
das Dach des Chores auf den Speicher desselben hinein.
In dem Chorgewölbe, das man dann überschreitet, befindet sich beinahe über dem Hochaltare eine umschlossene
Luke, deren Klappen gewöhnlich geöffnet sind. Der
Blick, den man durch dieselbe in einer Höhe von circa
150 Fuss in das Innere des Chores hinunter wirft, wird
für Jeden, wenn auch fast Schwindel erregend, jedoch
von unvergesslichem Eindrucke sein. Nun wäre noch
der über dem Kreuzgewölbe sich erhebende neue Mittelthurm zu besteigen. Mit dem Beginn des Daches fängt
auch das schief gegeneinander strebende massive Eisen-
werk an, auf welchem derselbe kühn, den goldenen
Morgenstern auf seiner beinahe 350 Fuss hohen Spitze
tragend, über die First des Daches hinaus sich erhebt.
Auf drei breiten und bequemen, beiderseits mit starkem
Geländer versehenen Holztreppen, wovon die erste 41,
die zweite 23 und nach einer Biegung noch 16, und
dann eine letzte weitere 14 Tritte zählt, *) gelangen
wir auf einen Boden desselben, von dem aus durch die

* Von unten auf bis hierhin wurden also in Summa 329
Treppenstufen erstiegen.

acht grossen, offenen Fensterbogen man eine wunder-
volle Fernsicht geniesst. Wenn aber auch die Rund-
schau, die hier zu übersehen dem Auge Gelegenheit
geboten ist, eine so seltene wie höchst interessante genannt werden darf, so hält sie noch lange keinen Vergleich mit derjenigen aus, die uns einstens das fertige
Paar der vordern Hauptthürme in einer Höhe von mehr
als 500 Fuss gewähren wird. Wenn der Besucher des
Mittelthurmes wieder auf die obere Chorgallerie zurück
gekommen ist, so kann er sich eine Vorstellung von
der Höhe der einstigen Hauptthürme dadurch verschaffen,
wenn er sich von dem Kreuze auf der Ostspitze des Chor-
daches aus eine schiefe Linie bis zu dem goldenen Sterne
auf dem Mittelthurme denkt. Führt er nun in Gedanken
diese Linie in derselben Steigung bis über einen der
Hauptthürme fort, so hat er in dieser Linie den
Punkt, wo einstens die Endblume desselben erscheinen wird. Wer, der diesen Punkt gefunden, staunt nicht
über die Kühnheit des menschlichen Geistes, der das
rohe Material der Tiefe der Erde und Berge entreisst,
um es, kunstvoll geformt und zusammengefügt, in solcher
Höhe aufzuthürmen! Weit in's Land hinaus werden von
dort aus einstens die Glocken, *) die jetzt in dem nur
180 Fuss hohen südwestlichen Thurmstumpfe hangen,
ihren Klang entsenden, um die Stimmen ihrer Kinder
in den Thürmen der rings umher liegenden Flecken und
Dörfer wach zu halten, damit die Gläubigen der ganzen
Diözese, zu häufigem Gebete und wahrer Gottesvereh-
rung zusammen berufen, stets in innigster Verbindung
mit der gemeinsamen Mutterkirche, der erhabenen Metropole der heiligen Stadt verbleiben.

---

* deren schwerste, nebenbei bemerkt, ein Gewicht von 25,000
Pfund besitzt.

Koften der Befichtigung des Domes.

Das Umherwandeln zur Besichtigung des Innern der Kirche ist während des Gottesdienstes, (an Wochentagen von Morgens 9 bis 10 Uhr, und Nachmittags von 3 bis 3 $\frac{1}{2}$ Uhr) nicht erlaubt.

1. Eine Karte zur Besichtigung des ganzen Innern, der Schatzkammer, der Dreikönigen - Kapelle, des Dombildes, für 1 bis 5 Personen gültig, kostet 1 Thlr. und 15 Sgr.

2. Eine Karte zur Besichtignng des Chores und des Dombildes, ebenfalls für die obige Anzahl von Personen geltend, kostet 15 Sgr.

3. Eine Karte zur Besteigung des Domes und Besichtigung der Bauhütten und aller äussern Theile, mit Ausnahme der im Bau begriffenen uud der Gerüste, *) kostet für eine gleiche Personenzahl ebenfalls 15 Sgr.

Die Karten werden bei dem in der Nähe des Einganges vom Dome anwesenden Schweizer gelöst. Die ad. 1 und 2 werden im Chore dem Sakristanpriester, oder in dessen Abwesenheit dem Küster übergeben, der dann sofort die Vorzeigung übernimmt. Die ad. 3 gibt man an der Südseite in der Bauhütte ab, wo man ebenfalls einen besondern Führer erhält.

Das erzbifchöfliche Diözefan - Museum.

Vom Dome herunter gekommen, weisen wir zunächst auf das dem Südportale gegenüberliegende erzbischöfliche Diözesan-Museum hin. — Jm Jahre 1852, als Köln schon längst seinen (profanen) Kunstverein besass, bildete sich auch ein „Verein für christliche Kunst,“ der im Jahre 1852 auf dem Gürzenich seine erste Ausstel-

---

* Personen vom Fach erhalten hierzu besondere Gratiskarten auf dem Bureau des Dombaumeisters.

lung eröffnete. Von 1854 bis 58 fanden die jährlichen Ausstellungen dieses Vereins in einem dazu gemiethcten Saale des Dom-Hôtels Statt, und kam man im letztgenannten Jahre auf den Gedanken, ein eigenes permanentes Lokal zu diesem Zwecke zu acquiriren. Da nun eben die in dem jetzigen Museum früher bestandene Zucker-Raffinerie zum Verkaufe kam, übernahm der Verein die Gebäulichkeiten vom Eigenthümer, dem jetzigen Rentner Horst, für 17,000 Thaler, und richtete mit bedeutenden Kosten die Raffinerie so wie die daneben liegende Thomas-Kapelle zum jetzigen Zwecke ein. Der Kauf wurde am 21. Dezember 1858 (Thomas Tag) geschlossen, und fand die Eröffnung des neuen Mnscums am 14. Mai 1860 bei Anwesenheit der zur Provinzial-Synode in Köln versammelten Kirchenfürsten in feierlichster Weise Statt.

Dieses Museum steht auf einem historisch wichtigen Boden. Vor mehr als 700 Jahren erhob sich hier der von den kölnischen Erzbischöfen und kaiserlichen Reichskanzlern bewohnte Pallast, und das Hauptgebäude des Museums, damals „der Saal" genannt, diente zur Ausübung der durch den erzbischöflichen Offizialaten gehandhabten geistlichen Gerichtsbarkeit. Die daneben liegende Kapelle zum h. Thomas war erzbischöfliche Hauskapelle und stammen die innern Bautheile derselben wahrscheinlich noch aus der Mitte des 15. Jahrhunderts her. Zur Zeit der französischen Regierung wurden in diese Räumlichkeiten der Sitz des weltlichen Gerichtes, so wie die Geschäfts - Bureaus des Unterpräfekten verlegt. Als aber Köln an Preussen fiel, dienten sie, als Departements - Archiv, so lange zur Aufbewahrung aller Urkunden und Briefschaften der aufgehobenen Stifter und Klöster, bis man diese Schriftstücke im Provinzial - Archiv in Düsseldorf hinterlegte. Das Offizialatsgebäude wie die Kapelle wurden demnach öffentlich versteigert, gelangten so in den Privatbesitz des Zuckerfabrikanten Horst, und wurden endlich durch den Ankauf von Seiten des christlichen Kunstvereins abermals dem öffentlichen Gebrauche übergeben. Aus dem christlichen Kunstvereine bildete sich, „das Erzbischöfliche Diözesan - Museum für mittelalterliche Kunstwerke" welches unter dem Protektorate Sr. Eminenz, des Cardinal - Erzbischofs Johannes von Geissel nachstehende Zwecke verfolgt:

a) Kunstwerke, Modelle und Nachbildungen guter Kunstwerke, Entwürfe, sowie kunstlitterarische Werke anzuschaffen und zum Studium für Künstler und Handwerker nutzbar zu machen;

b) die ihm überwiesenen, dem Cultus (zeitweise oder für immer) nicht mehr dienenden Werke der Kunst und des Kunsthandwerks vor Verderben und Verschleppung zu bewahren;

c)   eine permanente Ausstellung alter und neuer Werke der Kunst und des Kunsthandwerks im mittelalter-lichen Style einzurichten;

d)   den lebenden Künstlern und Handwerkern Gelegen-heit zu geben, ihre im mittelalterlichen Style ausge-führten Arbeiten auszustellen.

Das erzbischöfliche Museum ist täglich von Morgens 9 Uhr bis Abends 7 (im Winter bis zur Dunkelheit) dem Besucher geöffnet. Der Eintrittspreis beträgt an Wochen-tagen 5, an Sonn - und Feiertagen $2^1/_2$ Sgr. Die Mit-glieder des Vereins haben bei 1 Thaler Beitrag freien Eintritt für sich, bei 2 Thaler auch für ihre gesammte Familie. Da die ausgestellten Sachen, von Kirchen und Privaten grösstentheils nur eine Zeit lang hierhin gesandt, zuweilen wechseln, so wollen wir nur die Kategorien bezeichnen, die hier durchgängig vertreten sind. In der untern Ka-pelle findet man hauptsächlich nur ältere Sachen' vor. Wir sehen hier Gemälde aus der alten Schule auf Lei-nen, Pergament und Glas; Holzschnitzwerke in einzel-nen Figuren und kleinern wie grössern Gruppen; Gyps-abgüsse in Hautrelief und ganzen Statuen, unter andern die einzelnen Theile des Dreikönigenkastens, des Schreines vom h. Heribert in Deutz, wie des h. Maurinus in der Schnurgasse; ferner byzantinische und römische Elfen-beinschnitzwerke, sowie eben solche Metallkreuze und sonstige kleinere Kirchensachen; eine ziemliche Aus-wahl von Stoffen und Seidenstickereien aus dem 13., 14., 15. u. 16. Jahrhundert; mehrere Reliquienbe-hälter verschiedener Form, Heiligenstatuen, h. Gefässe, Kreuze u. s. w., alles aus älterer Zeit. Auf dem obern Saale, der über 1500 [ ] Fuss Fläche enthält und eine herrliche Aussicht auf das Südportal des Domes gewährt, sind nur neue Erzeugnisse der christlichen Kunst zu sehen, wie z. B. Oelgemälde lebender Meister, Marmor-bildwerke, Thon - und Bronze - Figuren, Photographien, grosse Schränke mit Kirchenparamenten von Düster in Köln und Casaretto in Crefeld, neuere Stickereien, worunter besonders die im Kloster vom armen Kinde Jesu zu Köln verfertigten ausgezeichnet zu nennen sind, und endlich eine ziemliche Auswahl von messingenen Kirchengeräthschaften, verfertigt von Bündgen und Welter Bleissem in Köln.

Das Erzbischöfliche Museum verlassend, gehen wir an den beiden vordern Thürmen des Domes vorbei nach „Unter Fettenhennen", und gelangen, nachdem wir die Trankgasse überschritten, zur

Kirche von St. Andreas.

Da, wo die Kirche von St. Andreas sich heute befindet, soll schon vom h. Maternus (s. Seite 5.) eine dem Apostel Mathäus gewidmete Kapelle erbaut gewe-

sen sein. Erzbischof Bruno (s. Seite 15), der das seiner
Zeit bei dieser Kirche bestehende Nonnenkloster nach
Königsdorf verlegte, verband mit derselben ein grosses
Collegiatstift, von wo ab auch der Kirche der Name
St. Andreas beigelegt worden ist. Sein Vorhaben,
diesem Heiligen eine ganz neue Basilica zu erbauen,
wurde nur insofern ausgeführt, als das Querschiff nach
der linken Seite und der Bau der sehenswerthen Sakristei
ihm zugeschrieben werden kann. Erzbischof Gero führte
später Bruno's Plan noch so viel weiter aus, dass die
ganze Kirche zum Gottesdienste benutzt, und 984 von ihm
eingeweiht werden konnte. Ein späterer Nachfolger,
Erzbischof Johann von Mörs, hat im Anfange des
15. Jahrhunderts den jetzigen hohen Chor erbaut.
Der Chor rechts, der den als Schnitzwerk wirklich
bewundrungswürdigen Machabäeraltar enthält, scheint

aus einer noch etwas spätern Zeit zu stammen. Wenn auch die jetzige Kirche in ihrer heutigen Gestalt und ihren einzelnen Theilen den verschiedensten Bau-Perioden angehört, so macht sie doch sowohl im Innern wie äusserlich auf jeden kunstsinnigen Beschauer einen erhabenen Eindruck, der freilich ohne die unmittelbare Nähe des Domes ein noch grossartiger sein würde. Sehenswürdigkeiten in dieser Kirche sind: 1. Der schöne Kreuzgang in byzantinischem Style, leider durch Anbauten und die Durchführung einer neuen Strasse nur noch theilweise vorhanden; 2. in der ersten Seitenkapelle vom Eingange rechts ein neuer aus Holz geschnitzter gothischer Altar, auf welchem der vergoldete Reliquienkasten steht, der die Gebeine des berühmten Gelehrten Albertus Magnus enthält. Der Kasten ist ein Geschenk des Stadtbaumeisters a. D. J. P. Weyer, und wurde der Altar auf Rechnung des Rentners H. Schallenberg erbaut. Links neben dem Altare wird unter Glas eine alterthümlich geformte Kasel verwahrt, die Albertus Magnus zu Lebzeiten getragen; 3. im Kreuzschiffe rechts der grosse Machabäer-Altar, von Molitor sehr kunstreich aus Holz geschnitzt. In seiner Mitte sehen wir einen aus Messing getriebenen Schrein, welcher Reliquien dieser glaubenstreuen, alttestamentalischen Martyrer enthält; 4. Der im nördlichen Kreuzschiffe dem vorigen gegenüberliegende Mater-dolorosa-Altar; 5. die vor dem Hochaltare zu beiden Seiten stehenden geschnitzten Chorstühle, die als Kunstwerke denen im Dome nicht viel nachstehen sollen; 6. das Sakramenthäuschen links vom Hochaltare; 7. das von Fouckerath gemalte Altarbild, die Kreuzigung des h. Andreas darstellend; 8. einige in der Kirche zerstreut hängenden Gemälde, unter welchen wir besonders auf eines von Barth. de Bruyn verweisen. — Nach Aufhebung des Stiftes wurde St. Andreas zur Pfarrkirche erhoben. Später ging sie als solche durch Armuth wieder ein, wurde aber durch Vermächtnisse des Pfarrers Werner Riegel unter diesem von Neuem zur Pfarrkirche bestimmt. Mit dieser Kirche kam der gelehrte Albertus Magnus zu oft in Verkehr, als dass wir es unterlassen dürften, einige Notizen über ihn an dieser Stelle beizufügen. Albertus Magnus, (auch Teutonicus genannt) Graf von Bollstädt, wurde 1193 zu Lauingen in Schwaben geboren. Nachdem er in Padua studirt, wurde er Bruder des Dominikaner-Ordens, und trat sodann als Lehrer der Philosophie und Theologie an den geistlichen Schulen zu Hildesheim, Regensburg und Köln mit dem grössten Erfolge auf. In Paris wurden ihm in Folge seines dortigen öffentlichen Lehramtes die akademischen Würden ertheilt, von wo aus zugleich durch seine Epoche machenden Schriften sein litterarischer Ruhm begann. Im Jahre 1248 trat er an die Spitze der Gelehrtenschule in Köln, und wurde 1254 zum Provinzial seines Ordens in Deutschland ernannt. Die bischöfliche Würde, die ihm Papst Alexander IV. 1260 mit der Diözese Regensburg verliehen, legte er 1262 wieder ab, um in seinem geliebten Köln der Wissenschaft zu leben. Er besass wohl unzweifelhaft die vielseitigste Bildung unter den Gelehrten seines Jahrhunderts, und kam sogar durch seine in der damaligen Zeit unerklärbaren Kenntnisse in der Physik, Chemie und Mechanik in den Verdacht der Zauberei. Er brachte die aristotelische Philosophie als begabtester Vertreter derselben nicht nur zum höchsten Ansehen bei den Männern der Wissenschaft, sondern erstrebte es auch, ihr auf dem theologischen Gebiete die tief eingreifendste Anwendung zu verschaffen. Er starb zu Köln im Jahre 1280. Seine Gebeine ruhen in dem eben genannten Sarkophage, und seine Statue, von Werres aus Stein gehauen und am 9. August 1862 aufgestellt, ziert als zweite in der Reihenfolge die Ostseite unseres neuen Museums.

Das Stadttheater.

An der Stelle des jetzigen Stadttheaters hat bis zum
Jahre 1828 ein Schauspielhaus gestanden, welches damals den Bedürfnissen Kölns und seiner Grösse besonders
in räumlicher Hinsicht durchaus nicht mehr entsprach.
Eine kleine Zahl von Aktionären unternahmen es desshalb, ein neues Theater aus eignen Mitteln zu erbauen,
und wurde durch den Abbruch des alten gleich nach
Ostern 1828 mit der Ausführung dieses Planes begonnen. Trotz der störendsten Terrainhindernisse, die sich
ganz besonders dem schwierigen Baue in der Erde ent-
gegenstemmten, wurde doch das Unternehmen mit einer
solchen Energie gefördet, dass schon am 19. Januar
1829, also nach Verlauf von kaum 9 Monaten die erste
Vorstellung in dem neuen Theater erfolgte. So hatte
nun das Haus zur Erheiterung und Belehrung des Publikums, unter verschiedenen Direktoren frucht- und un-
fruchtbare Perioden erlebend, eben 30 volle Jahre bestanden, als ein furchtbarer Brand, wie Köln keinen
zweiten gesehen, dasselbe ausser den Umfassungsmauern
am 22. Juli 1859 vor Mitternacht in einen feuerqual-
menden Schutthaufen verwandelte.

Kaum war der Brand gelöscht, als sich die angesehensten Bürger der Stadt unter dem Vorsitze des Oberbürgermeisters Stupp versammelten, um dessen Antrag: „Köln
muss ein seiner würdiges Theater haben!" zum Be-
schlusse zu erheben, und mit der Ausführung desselben
sobald als möglich zu beginnen. Nach sehr vielen und
langen Debatten, die zwischen den Vertretern des südlichen und nördlichen Stadttheiles und den Vertreten
selbst den lebhaftesten Partheikampf erzeugten, wurde
endlich der Heumarkt durch Majorität des Gemeinderaths
zum Bauplatze des neuen Theaters bestimmt. Dass aber
der Bau bis heute nicht zur Ausführung kam und wahr-

scheinlich auch gar nicht dahin gelangen wird, ver-
schulden Hindernisse, die einestheils die Staatsregierung
durch eventuell verlangte Strassenerbreitung in den
Weg gelegt, anderntheils die zurückhaltende Furcht
vor dem übergrossen Kostenpunkte von Seiten der Stadt,
hauptsächlich aber die Rührigkeit der Aktionäre des
abgebrannten Theaters, die nach erlangter Bau-Con-
cession sofort den Wiederaufbau eines neuen, allen
nicht zu unbescheidenen Anforderungen entsprechenden
Schauspielhauses auf der alten Stelle begannen. So ist
denn leider das Aktienunternehmen einem würdigen
Stadttheater zuvorgekommen, und wurde das neue
Haus am 1. Oktober 1862 mit Göthe's Egmont eröffnet.

Das Zeughaus.

Das Zeughaus liegt gleich nordwestlich vom königl.
Appellationsgerichtshofe, über welch letzteren man Nähe-
res unter „Gerichtswesen" (Seite 51, 52 u. 53) findet.
Von den alten Kölnern wird das Zeughaus fast immer
noch K o r n h a u s genannt, weil es früher längere Zeit hindurch als Getreidemagazin benutzt worden ist. Bis
zur französischen Revolution enthielt es eine merkwürdige
Sammlung von Alterthümern, die leider von den unbe-
rufenen Feinden unseres Vaterlandes, den Franzosen zerstört, geraubt und verschleudert worden sind. Eine
aegyptische Mumie in uraltem, aegyptischem, mit Eisen
beschlagenem Kasten, sowie die Rüstungen des Bischofs
Bernhard von Galen und des schwedischen Generals
Bandis schenkten sie dem damaligen Kunstsammler Ba-
ron Hübsch, der alles dieses mit nach Darmstadt schleppte,
wo die Mumie, die er später dem grossherzoglichen
Museum vermachte, noch heute ihren unrechtmässigen
Platz einnimmt. Die genannten Rüstungen wurden bald
nachher vom Senate zurück verlangt, und stehen noch
heute im hiesigen Museum zur Schau. Hätte man nur

den leider verloren gegangenen Helm und die gewaltigen Waffen des kaiserlichen Generals Johann von Werth *) (s. Seite 31) zurück erlangt; sie hätten für Köln ein noch grösseres Interesse. Ein altdeutscher Streitwagen, rundum mit Sensen und Spiessen versehen, eine 13 Fuss lange, im Jahre 1400 in Köln gegossene Feldschlange, ein römischer Sarg mit Basreliefs und Inschriften verziert, sowie noch viele Alterthümer ähnlicher Art, wurden zertrümmert, verkauft und verschleppt.

Das kölner Zeughaus zeigt in seinen Fundamenten noch deutlich römisches Gemäuer, wie es auch im ganzen Untertheile des westlich davon nach der Apernstrasse zu gelegenen Römerthurmes in der sogenannten Structura reticulata, aus buntfarbigen Ziegeln zusammen gesetzt, noch heute zu erkennen ist. Das Zeughaus entspricht in der Gegenwart wieder vollkommen seiner Benennung, in dem es den ganz bedeutenden Vorrath sowohl grober Geschütze wie sonstiger Schuss-, Stech- und Hiebwaffen des Platzes Köln in sich birgt. Im Jahre 1848 wurde es von letzteren durch Equipirung der Bürgerwehr fast gänzlich geleert, doch unbefleckt von Feindes- und Bruderblut gelangten sie bald wieder in ihr heimisches Asyl. Dass das über dem Haupteingangsthore (dem Kattenbug gegenüber) angebrachte grosse Wappenschild nicht als Umfassung des jetzt in der Mitte befindlichen preussischen Adlers gemacht worden ist, wird auch der Nichtalterthumsforscher wohl auf den ersten Blick erkennen.

Abraham Schaaffhausen'scher Bankverein.

Das Bankhaus A. Schaaffhausen war von jeher eines der grössten und solidesten Geld-Institute des preussichen Staates. Als aber durch das ereignissvolle Jahr 1848

---

*) Den Helm konnte man kaum von der Erde heben, und mass sein Schwert 8½ Fuss.

alle industriellen Unternehmungen und financiellen Specu-
lationen erlahmten und mehr oder weniger sogar ins
Stocken geriethen, wurde auch dieses, das grösste Vertrauen geniessende Haus genöthigt, eine Suspension
seiner Zahlungen, wenn auch nur für kurze Zeit, zu
verkünden. Da traten nach Abfertigung der kleinern die
grösseren Creditoren des Hauses als A. Schaaffhausen'scher
Bankverein zusammen. Es wurde ein vollständiges Inventar des vorhandenen Aktiv - Vermögens aufgestellt,
das neue Gesellschafts - Statut unterm 28. Aug. 1848
Allerhöchsten Ortes sanctionirt, und übernahm sogar
der Staat die Garantie für die Verzinsung und Amor-
tisation der neuen Aktien unter Litt. A. Seitdem hat
sich das Geschäft unter der so thatkräftigen wie umsichtigen Leitung seiner Direktion eines erneuerten Ver-
trauens und eines so lebenskräftigen Aufschwunges zu
erfreuen, wie es bei ähnlichen Geld - Instituten des
ganzen Continentes kaum in gleichem Verhältnisse gefunden werden kann. Der Umsatz des Jahres 1861 ergab bis zum 31. Dezember auf Wechsel - Conto, Cassa-
und div. Conti die Summe von 70 Millionen, woraus
ein Reingewinn von 183,458 Thlr.. 34 Cts. erzielt
worden ist. Ausser den Tantiémen der Direktoren und
den vertragsmässigen $4^0/_0$ Zinsen konnte den Aktien-
Inhabern noch eine Super - Dividende von $2^1/_2^0/_0$ (im
Ganzen also $6^1/_2$) vertheilt, dem Dombaufonds 1000
Thlr. geschenkt, und 6757 Thlr. 9 Cts. dem Reserve-
Conto zugeschrieben werden. — Die mit jedem Jahre
sich glänzender gestaltende finanzielle Blüthe dieses Hauses erlaubte es dem Verwaltungsrathe, das Immobilar
in so fern zu verändern, als durch den Verkauf einzelner Inventarstücke ein Kapital flüssig gemacht wurde,
um ein neues Geschäftslokal zu erbauen, welches inner-
lich wie äusserlich der Grossartigkeit des Betriebs entspricht, und unter den vielen stattlichen Privatbauten
der letzten Zeit der Stadt Köln zur grösten Zierde gereicht.

Der Plan des Gebäudes welches schon in kurzer Zeit bezogen werden wird, rührt von dem bei dem Baue unserer stehenden Brücke schon mit thätig gewesenen jungen Architekten, Herm. Pflaume her. Mit der Ausführung wurde der Maurermeister Heinrich Esser betraut.

Die Mariensäule.

Schon seit dem 12. Jahrhundert wurde es in vielen Theilen der katholischen Welt für Glaubenssache gehalten, dass Maria, die Mutter der entsündigten Menschheit, gleich Eva, der ersten Menschenmutter, ohne alle Sünden empfangen worden sei. Diesen immer allgemeiner gewordenen Glaubenssatz zum unumstösslichen Dogma zu erheben, verkündete Papst Pius IX. als Stellvertreter Christi, umgeben von 200 Cardinälen, Patriarchen, Erzbischöfen und Bischöfen aus allen Ländern der Welt, am 8. December 1854 in der Basilica

11*

des Vaticans zu Rom folgenden Erlass: „Zu Ehren der
„allerheiligsten und ungetheilten Dreifaltigkeit, zur Ver-
„herrlichung und Zierde der jungfräulichen Gottesge-
„bärerinn, zur Erhöhung des katholischen Glaubens und
„Vermehrung der christlichen Religion, aus Vollmacht
„unseres Herrn Jesu Christi, der h.h. Apostel Petrus und
„Paulus und unserer eigenen, erklären wir, sprechen wir
„aus und bestimmen wir, dass die Lehre, welche festhält dass
„die allerseligste Jungfrau Maria im ersten Augenblicke ihrer
„Empfängniss durch eine besondere Gnade und Bevorzugung
„des allmächtigen Gottes, in Hinblick auf die Verdienste
„Jesu Christi, des Erlösers des menschlichen Geschlech-
„tes, von j e g l i c h e r M a k e l d e r E r b s c h u l d
„b e w a h r t u n d f r e i g e b l i e b e n, von Gott geof-
„fenbaret sei, und deswegen von allen Gläubigen fest
„und standhaft geglaubt werden muss." Dieses neue
Dogma liess der Erzbischof von Köln, Cardinal Johannes von Geissel, am 1. Mai 1855 nach dem Evangelium
des Pontifical-Amtes im Dome feierlichst verkünden, und
zog bald darauf zur öffentlichen Bekennung desselben
am Pfingstmontage selbigen Jahres eine, aus sämmtlichen
Pfarren gebildete Prozession durch die Stadt, wie Köln
noch nie eine grössere sah.   Gleich darauf bildete sich
der aus Geistlichen und Laien bestehende „M a r i e n -
V e r e i n" um zur ewigen Erinnerung dieser Feier und
der zum Dogma erhobenen neuen Lehre von der unbefleckten Empfängniss Mariä ein öffentliches Denkmal,
eine Mariensäule zu errichten. Der dazu als Aufstellungs-
ort gewählte Altenmarkt wurde in der Gemeinderaths-
Sitzung vom 9. August 1855 verworfen, und darnach
der Raum zwischen den Bäumen auf der breiten Gereonstrasse, grade vor dem erzbischöflichen Palais gewählt.

Die Mariensäule wurde vom Architekten Vincenz Statz
entworfen und ausgeführt. Den Grundstein bildet ein
Steinblock aus den Katakomben Rom's, den S. Heiligkeit,
Papst Pius IX., dem zu seiner Cardinals-Erhebnng in

Rom anwesenden Erzbischofe Johannes von Geissel zu diesem Zwecke verehrte, und fand gleich nach des letztern Rückkehr die feierliche Grundsteinlegung Statt.

´ Auf einer drei Tritte hohen achteckigen Fläche erhebt sich ein von Grund aus zwölfseitiger glatter Sockel der sich in der zweiten Abtheilung in seinen Haupt

Flächen fast viereckig gestaltet, und in diesem Theile nach
Osten ein Tabernakel, gegenüber das Wappen des Papstes,
und an den beiden andern Seiten das erzbischöfliche
und stadtkölnische Wappen enthält. Die dritte Abtheilung, die sich in ihrer leichten und reichen Gliederung
zu vier zierlichen Baldachinchen mit laubverzierten Fialen
entfaltet, umfasst in sitzender Stellung die vier grossen
Propheten des alten Bundes: Isaias, Jeremias, Ezechiel
und Daniel, Bänder zwischen den Händen haltend, worauf bezügliche Weissagungen stehen. Aus der Mitte
des Ganzen entwickelt sich die Säule, auf welcher hoch
erhaben die Statue der unbefleckten Gottesmutter steht.
Das viereckige Eisengitter wurde von einem Vereine
kölner Schlossermeister übernommen, und das Denkmal
selbst aus freiwilligen Beiträgen erbaut.

Das erzbischöfliche Palais.

Zwischen dem jetzigen erzbischöflichen Palaste, welches Gut in alter Zeit den Namen zum Salzrump
trug, und der weiter nach Gereon hin liegenden Be-
sitzung: zum Schellen - Convent genannt, wurde
im 15. Jahrhundert von Schwestern des Augustiner-
ordens das Kloster, Gross - Nazareth errichtet.
Schellen - Convent und Salzrump gehörte, der Familie
von dem Botschon, und wurde von dieser später an
das dazwischen liegende Kloster Gross - Nazareth vermacht. Der Schöffe Melchior Kerpen gewann aber durch
einen angestrengten Prozess das Gut zum Salzrump
wieder zurück, und wurde es dann von diesem an den
kölnischen Senator, Philipp von Gail, verkauft. Da es
aber gemäss Urkunde von 1571 seinem Verwandten,
dem Bürgermeister von Gail, erblich anheimfallen musste,
wurde dieser Kauf wieder aufgehoben und kam letzterer
so wie nach ihm Caspar von Gail in dessen Besitz.
Nachdem es von diesem an den kölnischen Bürger-

meister von Mülhem und später an dessen Sohn Balthasar gemäss natürlicher Erbfolge übergegangen, erlosch mit dem Tode des letzteren am 27. Dezember 1775 dieser Stamm, so dass es nun Eigenthum des Freiherrn Theodor von Zuidwyck ward. Dieser hat noch in dem jetzigen Gebäude gewohnt, und kehrte Kaiser Napoleon I. bei seiner Anwesenheit in Köln bei dieser Familie dort ein. Als mit dem Anfange des Jahres 1825 der seit 31 Jahren verwaiste erzbischöfliche Stuhl von Köln neuerdings errichtet und besetzt werden sollte, wurde das Gebäude nebst dem bedeutenden Garten vom Könige Friedrich Wilhelm III. für 40,000 Thlr. als erzbischöfliches Palais gekauft. Die letzte Besitzerinn, Wittwe Freifrau von Zuidwyck, geb. von Els, zog schon am 1. Febr. 1825 aus, und Ferdinand August, Graf Spiegel zum Desenberg und Canstein am 11. Juni als Erzbischof in dasselbe ein. Ausser ihm, der am 2. Juni 1835 starb, wurde dieser Palast bis heute noch von folgenden Erzbischöfen bewohnt: Clemens August, Freiherr von Droste-Vischering, inthronisirt am 29. Mai 1836, in Gefangenschaft abgeführt am 20. November 1837 und gestorben am 19. Dezember 1845. Nach seiner Gefangennehmung übernahm der jetzige Erzbischof Johannes von Geissel, unter dem Titel eines Erzbischofs von Ikonium in partibus fidelium am 4. März 1842 als Coadjutor mit dem Rechte der Nachfolge die Verwaltung der Diözese, und wurde er nach Clemens August's Tode am 11. Januar 1846 als wirklicher Erzbischof von Köln feierlichst inthronisirt, und im Jahre 1851 am 12. November zum Cardinal erhoben.

Die Kirche St. Gereon.

St. Gereon ist eine der grossartigsten und schönsten, in construktiver Hinsicht aber eine der sehenswürdigsten Kirchen am ganzen Rheine. Sie wurde nicht allein zu Ehren des Heiligen erbaut, dessen Namen sie trägt, sondern zugleich zur frommen Erinnerung an seinen Waffengeführten Gregorius, sowie an die jedem der beiden Krieger untergebene gottgetreue Schaar. Im Jahre 286 verlangte Kaiser Maximilian von allen Truppen seines ganzen Heeres bei Todesstrafe, dass sie dem Christenthume, im Falle sie sich dazu bekannten, entsagen, und wie früher den heidnischen Götzen dienen sollten. Alle gehorchten dem kaiserlichen Befehle; nur Gereon, der Anführer der thebaischen, und Gregor, der Anführer der maurischen Legion, so wie ihre, zusammen an 700 Köpfe zählende, Kriegerschaar blieben der einmal erkannten Lehre des Christenthums getreu, und besiegelten ihren Glauben sämmtlich durch ihr Blut, durch standhafte Ertragung eines grausamen Martyrthums. (S. Seite 6.) Die Leichen dieser gemordeten Glaubenshelden wurden an der Stelle der jetzigen Kirche verscharrt. Im folgenden Jahrhundert liess die Kaiserinn Helena die Gebeine dieser h. Martyrer sämmtlich aus der Erde nehmen, und zu ihrem glorreichen Andenken eine prachtvolle Kirche St. Gereon erbauen, in welcher dann die Reliquien dieser Heiligen in mehreren Särgen beigesetzt worden sind. Der herrliche Tempel der frommen Mutter Constantins (s. S. 6.) ging im Verlauf der Jahrhunderte dem allmähligen Verfalle entgegen, und wurde die jetzige Kirche im Jahre 1066 vom grossen Bischof Anno (s. S. 16 u. 17) erbaut, dessen irdische Ueberreste in der Abteikirche von Siegburg begraben worden sind.

Mit dieser Kirche wurde später ein reiches Stift verbunden, welches bis zur Aufhebung sämmtlicher Klöster im Jahre 1802 bestand. Dass der Erzbischof Hildebold in dieser Kirche begraben liegt, wurde schon früher Seite 14. erzählt.

Die Kirche St. Gereon besteht aus drei Haupttheilen wovon ein jeder als eine Kirche für sich bezeichnet werden kann. Diese Theile sind die eigentliche Pfarrkirche

die Ober - oder ehemalige Stiftskirche und die grosse
Krypta unter der letzteren. Die Pfarrkirche bildet ein
grosses Zehneck, über welchem sich eine kolossale
Kuppel erhebt. Das Dach dieser Kuppel, jetzt mit Zink
bedeckt, soll einer Sage gemäss früher mit dünnen Platten
von gediegenem Golde belegt gewesen sein. Von 10
grossen und äusserst werthvollen Granitsäulen, deren
eine an jedem Pfeiler im Innern sich befand, wurden 9
von Kaiser Karl dem Grossen nach Aachen gebracht, um
den von 796-804 im Bau begriffenen Münster zu schmücken.
Die einzige am Eingange gleich links noch vorhandene
zerbrach im Jahre 1794 unter den Händen der Franzosen, als sie eben zur Wanderung nach Paris sollte

abgebrochen werden. Dem Eingange gegenüber steht, rundum frei der Hochaltar, und befinden sich zu beiden Seiten in halbkreisförmigen Bogen vier kleine Seitenchörchen mit Altären versehen. Das ganze Innere dieser Kuppelkirche erhielt im vorigen Jahrhundert durch Gold - und Farbenstreifen wie durch Frescomalereien eine gar zu sehr überladene Verzierung, die grösstentheils auf Kosten der Stiftsherren von Eick und Krebs ausgeführt, im Verlaufe der Zeit aber verblichen und stellenweise fast unkenntlich geworden ist. Einige sehenswerthe Oelgemälde kommen als Altarbilder in den Seitenchörchen vor. Zunächst verweisen wir in der ersten Kapelle links auf das Altargemälde von Geldorp hin. Es zeigt im obern Theile die h. Dreifaltigkeit von Engelchören umgeben, unter welchen wir links den h. Gereon mit seiner Schaar, und rechts die h. Ursula mit ihren Jungfrauen erblicken. Darunter bemerken wir die h. Helena mit dem von ihr aufgefundenen Kreuze Christi, und das Modell der jetzigen Kirche zu ihren Füssen. Unter einigen Bischöfen tritt besonders der h. Anno, der Erbauer der heutigen Kirche, und ausser diesem fast am Rande links der von seiner Kleidung entblösste ' St. Sebastianus hervor. Der merkwürdigste Theil des Bildes möchte aber wohl die unter dem Ganzen sich ausdehnende Landschaft sein, die uns in damaliger Gestallt eine ziemliche Strecke des linken Rheinufers von Köln aus stromaufwärts zeigt. Ausser diesem würde noch als schönes Altarbild, die Verherrlichung Marias von Cornelius Schütt, in der ersten Capelle nach rechts zu bezeichnen sein. Aus dem dritten Chörchen dieser Seite führt eine Thüre in die an die Hauptkirche angebaute Taufkapelle hinein. Ein schönes Gewölbe, eine grosse Zahl aus ihrer früheren Uebertünchung wieder ziemlich deutlich hervortretender Fresco-Malereien sowie ein herrliches Taufbecken sind sehenswerthe Gegenstände dieser schönen Capelle. Aus dem nächstfolgenden Chörchen führt ein Eingang in die unterirdische Kirche, in die Krypta hinein. Sie bildet eine kreuzförmige, mit zwei Reihen freistehender Säulen versehene vollständige Kirche in der Erde. In den beiden obern Seitenchörchen ist der Boden dieser Krypta mit willkührlich durcheinander gelegten Stücken eines ehemals gewiss sehr schönen Mosaikbodens belegt, dessen vollständige Zusammensetzung und Ergänzung jetzt leider zu grosse Schwierigkeiten bereiten würde. Unter dem Fussboden dieser Gruft ruhen in mehreren Särgen die Gebeine der 698 glaubenstreuen Krieger, wovon 318 zur thebaischen Legion des h. Gereon, und 380 zur maurischen des h. Gregorius gehörten. Ueber dieser Krypta liegt der von den ehemaligen Stiftsherren zu ihrem Gottesdienste benutzte Kirchenraum. 20 Treppenstufen führen aus der Unterkirche zu dieser Oberkirche hinan. Ehe wir uns aber in derselben umsehen, werfen wir erst einen Blick in die gleich rechts vom Treppenaufgange liegende gothische Sakristei. Sie stammt aus dem 13. Jahrhundert und hat ausser dem schönen Gewölbe sehr gute gebrannte Glasgemälde aus ältester Zeit. In der Oberkirche bemerken wir zunächst an jeder der Langseiten drei grosse Gobelins, die in schöner Zeichnung wenn auch leider in etwas verbliechenen Farben die Hauptscenen aus dem Leben des aegyptischen Joseph enthalten. Das Altarbild ist ebenfalls von dem vorhingenannten Cornelius Schütt gemalt. Es stellt den Bischof Anno dar, den ein Engel erweckt, indem er ihn zugleich ermahnt, mit dem begonnenen Bau der Kirche fortzufahren.

Die Kirche St. Gereon war früher nach der Westseite hin mit einem ausgedehnten Kreuzgange versehen. Derselbe wurde 1823 abgebrochen, und sehen wir noch heute einzelne Säulen- und andere Theile in den stellenweise mit Marmorgedenktafeln ausgeschmückten Wänden der geräumigen Vorhalle eingesetzt.

Die Antiquitäten-Sammlung von Joh. Wahlen.

(Apernstrasse 21.)

Durch die Antiquitäten-Sammlung des Rentners Herrn Joh. Wahlen wird uns von Neuem der bekannte Erfahrungssatz bewiesen, dass eine grosse Stadt oft die sehenswerthesten Merkwürdigkeiten in sich birgt, von denen der eine und andere wohl etwas, der grösste Theil der eingesessenen Bürgerschaft aber gar nichts weiss. Um diese zahlreiche Sammlung von Antiquitäten nach Kategorien vorzuführen, machen wir zunächst aufmerksam auf die Schnitzsachen aus Elfenbein. In durchschnittlich sehr gut erhaltenen Exemplaren finden wir hier Pieçen aus dem 8. (ein Pfeilköcher sogar aus dem 6.) bis zum 16. Jahrhundert vor. Alle Darstellungsformen, wie Bas-, Demi- und Hautrelief, freistehende Einzelfiguren und Gruppen, dazu Trinkbecher, Hörner, Dolchgriffe und Scheiden, wird der Besucher aus allen Jahrhunderten, wenn auch eben nicht in streng chronologischer Reihenfolge, jedoch in reichlicher Anzahl dort vertreten finden.

Getriebene Sachen aus Silber, Messing und sonstigem Metall sind ebenfalls in reichlicher Anzahl und in den schönsten Gebilden vorhanden. Als das Beste dieser Gattung dürfen wir kühn 12 Apostelköpfe in Form von Medaillons so wie 12 grössere Tableaus bezeichnen, welche Scenen aus dem Leben Jesu und Mariä enthalten.

In der reichen Waffensammlung sind ebenfalls alle Länder und Formen des kriegerischen Mittelalters repräsentirt. Schwert und Dolch, Lanze und Spiess, Armbrust und Bogen, Harnisch und Panzerhemd, sowie eine Anzahl altdeutscher Radschlossgewehre, weisen unwiderstehlich die Gedanken des Beschauers in die tiefernste Zeit der Vergangenheit zurück.

Die Sammlung der Holzschnitzsachen ist nicht weniger an Anzahl wie an Kunstwerth reich. Ausser mehre·

ren byzantinischen und römischen Madonnenfiguren, einer Anzahl grösserer und kleinerer Gruppenbilder, einer Sammlung alter geschnitzter Möbel, fällt in dieser Gattung besonders ein Abendmahl ins Auge, welches bei sechs Fuss Länge aus einem einzigen Holzblock geschnitzt worden ist. Dass aber auch Mutter Natur zuweilen in das Handwerk der Künstler pfuscht, zeigen zwei Wurzelgebilde, denen Menschenhand einzig und allein Gesichter und Hände fabrizirt hat.

Unter diversen Gefässen bilden römische Schalen, Töpfe und Krüge eine weniger, dahingegen altdeutsche, geschliffene Gläser, wenn auch in geringerer Anzahl, eine bei Weitem mehr wichtigere und sehenswerthe Parthie. — Gebrannte Glasgemälde sind schwach, dahingegen alte Stoffmuster mit Seidenstickereien etwas reicher vertreten; noch reicher aber eine eigenthümliche Neigung des geehrten Besitzers, die er uns in einer originellen Sammlung von 106 Stück der verschiedenartigsten Schnupftabaksdosen bekundet. Haben wir uns endlich vor dem natürlichen und wohlerhaltenen Kopfe eines Beduinenhäuptlinges entsetzt, so zeigt uns zum Schlusse der kunstsinnige Sammler einen Androiden, der als automatischer Mönch die auffallendsten und zierlichsten Bewegungen macht.

Der ganze Inhalt des Kabinets wurde von dem Besitzer durch Kauf und Tausch erworben, und gehören die ersten Theile sogar seiner frühesten Kindheit an. Mit der zuvorkommendsten Freundlichkeit wird das Ganze allen Interesssenten gezeigt, nur müssen es eben diese nach der Besichtigung bedauern, dass über kurz oder lang die ganze Sammlung das Loos alles Irdischen theilt, in alle Welt zerstreut zu werden.

Die St. Apofteln - Kirche.

Durch ihre herrliche Bauart, wie durch ihre wunder-
schöne Lage an der nordwestlichen Seite des Neumarktes
gewährt die Apostelnkirche eine der interessantesten
Ansichten im Innern der Stadt.

Der Bau dieser Kirche und des bis 1802 damit verbundenen Stiftes wurde im Jahre 1801 unter dem Erzbischofe Heribert begonnen. Die Vollendung wurde aber
erst unter dem Nachfolger Heriberts, dem Erzbischofe
Peligrinus, (1020—1036,) erreicht dessen Grabmal auch
im Jahre 1643 in der Kirche aufgefunden worden ist.

Wohl keine Kirche der Stadt, ja selbst der weitesten Umgegend ist so häufig von der verheerenden Wirkung des Blitzes heimgesucht worden, wie die Kirche von St-Aposteln. Im Jahre 1099 und wiederum gerade 100 Jahre später brannte sie in Folge Einschlagens fast vollständig ab. Nachdem weiter am 3. Februar 1467, am 5. Juli 1588, am 11. Mai 1702, am 30 April 1741, am 19. März 1821, am 24. August 1858, und am Aschermittwoch, 9. März 1859 der Blitz wiederholt in dieselbe gefahren, und bald mehr bald weniger erheblichen Schaden an derselben angerichtet hatte, wurde endlich der hohe Thurm am 15. Oktober 1862 mit einem schützenden Blitzableiter versehen. Namentlich am 19. März 1821 fuhr der Blitz, den Drähten der Thurmuhr ins Innere folgend, so kräftig in die Kirche hinein, dass leider zwei Menschenleben ein Opfer dieses Schlages geworden sind. Die Kirche wurde zwar nicht entzündet, jedoch erlitten Gewölbe und Mauern, namentlich die im untern Querschiffe vor der Orgel befindlichen Holzgewölbe, durch die heftige Erschütterung solch bedeutenden Schaden, dass eine kostspielige Reparatur der ganzen Kirche nun um so dringender nothwendig erschien. Der damalige Pfarrer von St. Aposteln, Ehren-Domcapitular Joh. Jos. Emmerich Geistmann, verdient wirklich in den Annalen der Stadt für alles das verewigt zu werden, was er allein zur Erhaltung und Verschönerung dieser herrlichen Basilica gethan. Ihrem totalen Verfalle allmählig entgegen gehend, wäre es sehr nahe möglich geworden, dass der Staat, da der Pfarrgemeinde die nöthigen Mittel fehlten, die bauliche Instandsetzung selbst übernommen, dafür aber die Pfarre aufgelöst, und die Kirche als katholische Garnisonkirche erklärt haben würde. Da gelang es dem Pfarrer Geistmann durch den unermüdlichsten Eifer im Sammeln von Beiträgen und Geschenken, wie durch eine speculative Erfindung der verschiedenartigsten Mittel zur Erreichung des schönen Zweckes, nicht nur das nöthige Capital zu einer durchgreifenden Reparatur, sondern noch weit darüber hinausgehende Summen zu einer bedeutenden Verschönerung der Kirche im Innern herbei zu schaffen. Das Bild dieses Mannes wurde vor einigen Jahren im mittleren gebrannten Glasfenster des Chores, im Ornate eines Dom-Capitulars vor dem Erbauer der Kirche, dem Erzbischof Heribert knieond, zur ewigen Erinnerung an denselben eingesetzt.

Die St. Aposteln-Kirche macht nicht nur äusserlich, sondern auch im Innern durch ihre schönen Verhältnisse in der Construktion einen äusserst günstigen Eindruck, und ist namentlich die über dem Hochaltare sich wölbende, mit einer Gallerie und einer Laterne versehene kühne Kuppel wohl eine der bedeutendsten Zierden derselben. Zu den sonstigen Sehenswürdigkeiten dieser Kirche gehört zunächst ein Fastentuch, durch eine Sage berühmt, die wir sogleich am Schlusse erzählen. Von Oelgemälden nennen wir das Altarbild in der 14 Nothhelfer-Kapelle (von der Orgel rechts), die Kreuzigung Christi von Hülsmann; neben dieser Kapelle an der Orgelwand eine h. Gertrudis aus dem altenberger Dome; an der andern Seite der Orgel ein neueres, in seinem kühnen Farbentone sehr gelungenes Bild von Mengelberg, der h. Michael den Drachen bekämpfend; daneben ein als Fussfall bezeichnetes Bild, Christus am Oelberge, so wie weiter ein letztes Abendmahl und die Austreibung der Käufer und Verkäufer aus dem Tempel. Ferner sind die beiden Bilder der Seitenaltäre in den Chorrundungen rechts und links vom Hochaltare besehenswerth; das zur Rechten (von Hülsmann) stellt den Martyrtod der h. Catharina, und das zur Linken von Pottgeisser gemalt, die Himmelfahrt der h. Maria dar. Die obere Wölbung der östlichen Chorrundung hinter dem Hochaltare ist mit der frescoartig gemalten Versinnlichung des an die Apostel ertheilten göttlichen Befehles ausgefüllt: „Gehet hin in alle Welt, lehret alle Völker und taufet sie!" Die Orgel der Kirche ist eine der besten in Köln, die Kanzel schön geschnitzt, und der Hochaltar, ein grosses Tabernakel bildend, zu dessen beiden Seiten die Apostelfürsten Petrus und Paulus stehen, und über dem sich auf dem Buche mit den sieben Siegeln das Lamm Gottes befindet, steht frei unter der schönen, auf weissem Grunde mit goldenen Sternen besetzten Kuppel. Am interessantesten erscheint diese Kirche am Abend hoher Feste, weil man's versteht, durch unzählige Lichter und sonstige Verzierungen, ihr wirklich eine magische Pracht zu verleihen. Bei einer äussern Beleuchtung mit bengalischem Farbenlichte, die man z. B. bei Anwesenheit der Majestäten von Seiten der Stadt schon mehrmals veranstaltet hat, treten die herrlichen Formen dieses Prachtbaues nach dem freien Neumarkte hin gar wunderbar schön hervor.

An die Kirche von Aposteln knüpft sich eine merkwürdige kölner Sage, die wir zum Schlusse hier folgen lassen wollen. Im Jahre 1357 raffte die Pest in Köln so unzählige Opfer hinweg, dass es nicht möglich war, alle Leichen auf die gewöhnliche Weise zu beerdigen. In dieser Zeit wohnte auf dem Neumarkte, jetzige Ecke der Richmodstrasse, ein Herr Mengis von Aducht nebst seiner Gemahlin Richmodis von Lyskirchen. Letztere wurde ebenfalls von der Pest befallen, und nach ihrem Tode auf dem Kirchhofe bei St. Aposteln beerdigt. Die Todengräber hatten bemerkt, dass man die kostbarsten Ringe an den Fingern der Verstorbenen gelassen, und schmiedeten sofort den verwegenen Plan, dieselben in der Nacht zu rauben. Mit einer Laterne versehen, schlichen sie in der Dunkelheit zu dem Grabe hin, schafften leise die Erde weg, und öffneten ganz gemüthlich den Sarg. Welch furchtbarer Schrecken überfiel sie aber, als die lebendig Begrabene sich mit einem Seufzer erhob, und mit der Frage: „Wo bin ich?" aus dem Grabe stieg. In schleunigster Flucht rannten

sie von dannen, und Frau Richmodis, ihre schreckliche
Lage erkennend, nahm die zurückgelassene Laterne,
und eilte im Todtengewande durch die finstere, kalte
Nacht ihrer nahe gelegenen Wohnung zu. Auf ihr
Pochen daselbst erschien zwar die Dienerschaft, aber,
die Stimme ihrer todtgeglaubten Herrinn erkennend,
flohen sie eiligst zurück, sich vor Angst und Schrecken
in ihren Betten verbergend. Frau Richmodis liess aber
mit Pochen nicht nach, bis endlich ihr Ehegemahl selbst
erwachte, und der geängstigten Dienerschaft befahl, sofort zu sehen, wer da klopfe. Mit zitternden Gliedern
erklärten sie, dass der Geist ihrer Herrinn, deren Stimme
sie erkannt, den Einlass begehre, sie aber alle zu furcht-
sam seien, noch einmal zum Thore zurückzukehren. Der
erstaunte Gemahl trat darauf selbst zum geöffneten
Fenster hin, und sah wirklich die ins Leichengewand
Gehüllte, um Einlass flehend, vor seiner Wohnung stehen. Auf seine Frage, wer sie sei? vernahm er schluch-
zend die Antwort: „Wie! du erkennst deine Gattinn
nicht mehr?" Nicht im Stande, sich dieses Ereigniss
zu erklären, rief er in seinem Zweifel aus: „Es ist
soviel möglich, dass du meine Gattinn bist, als dass
sich meine Pferde aus dem Stalle reissen, und auf den
Söller des Hauses steigen." Kaum war aber dieses
Wort aus seinem Munde, als auch schon die Pferde
mit dem grössten Gepolter die Treppe hinauf stürmten.
Da flog er denn eiligst hinab, um der Halberstarrten
Einlass, und, vereint mit seiner Dienerschaft, alle nur
erdenkliche Pflege zu gewähren. Frau Richmodis hat
noch mehrere Jahre nach dieser Auferstehung gelebt,
und ihren Gemahl sogar mit drei blühenden Knaben
beschenkt. Die Apostelnkirche bewahrt noch ein Fastentuch, welches die Erstandene in den letzten Jahren ihres
Lebens gewebt, und worauf die Geschichte ihrer Er-
weckung ihre Darstellung gefunden. Herr Heuser, der
jetzige Besitzer des ehemaligen Hauses von Aducht,

lässt noch heute zwei Pferdeköpfe aus dem Fenster seines Speichers zur Erinnerung an diese Sage herunter schauen.

Die Kirche St. Mauritius.

Die nunmehr abgebrochene St. Mauritius - Kirche, sicherlich wohl die älteste der Stadt, ging im letzten Jahrzehend ihrem Einsturz mit einer solchen Raschheit und Sicherheit entgegen, dass man allen Ernstes auf Mittel sinnen musste, dieselbe, da eine Reparatur unmöglich erschien, durch eine ganz neue zu ersetzen. — Aber wie sollte es wohl möglich werden, in einer der ärmsten Pfarrgemeinden Kölns die enorme Summe Geldes zu erschwingen, die ein Neubau, und zwar, da die alte Kirche den Bedürfnissen der Bevölkerung bei Weitem nicht entsprach, der Neubau einer viel grössern Kirche erforderlich machte? Jedoch wo die Noth am grössten, ist häufig die Hülfe am nächsten. Ein schlichter Bürger, Namens Frank, den das Glück mit seinen Gütern in seinem Leben beschenkt, vermachte, trotzdem er mit der Pfarre wie der Kirche in gar keinen engern Beziehungen stand, zum Neubau freiwillig die Summe von 80,000 Thlrn. Nun war ein grossartiger Anfang gemacht, und muthig ging man ans Werk, weitere Summen zum grossen Zwecke zu beschaffen. Ein prachtvoller Plan in gothischem Style wurde vom Königl. Baumeister V. Statz entworfen und genehmigt, und am 12. Mai 1860 der erste Spatenstich gethan. Der Grundstein, aus der Todesangst-Grotte am Oelberg gebrochen, und vom Patriarchen Valerga hierhin gesandt, wurde am 15. Mai 1861 in feierlichster Prozession vom Cardinal-Erzbischof Johannes von Geissel gelegt und eingesegnet, und heute schon sehen wir den prachtvollen Bau mit Ausschluss des Thurmes in seiner ganzen äussern Gestalt vor unsern Augen da stehen. Die gänzliche Vollendung wird im Jahre 1864 erfolgen, wo die Kirche, eine der schönsten und grossartigsten der Stadt, dem Gottesdienste feierlichst übergeben werden wird.

Der Hauptchor der alten Kirche, eben so weit wie jetzt der neue an die Strasse Mauritiussteinweg reichend, sollte nach den Bestimmungen des Conservators der Baudenkmäler im preussischen Staate, Herrn Geh. Ober-Baurath Quast, reparirt und erhalten bleiben, weil er im ganzen Staate das älteste Kreuzgewölbe enthielt. Nach dieser Bestimmung hätte man zwar ein histori-sches Bauwerk gerettet, aber die neue Kirche dadurch verdeckt und kleiner gemacht, und würde dabei der Kostenpunkt bedeutend erhöht worden sein. Die Ge-meinde beklagte es darum denn auch nicht, als beim Abbruch des hintern Theiles der vordern vor dem Nachstürzen nicht bewahrt werden konnte. Zur gänz-lichen Niederlegung wurde die Genehmigung dann nach-träglich ertheilt, und kam so die neue Kirche auf ihre jetzige freie, und ringsum so freundliche Stelle zu stehen.

Der Heilige, dem diese Kirche geweiht, war ein ägyptischer Christ, und unter Kaiser Maximinian (gegen Ende des 3. Jahrhunderts) Anführer eines Theiles der durch Muth im Kriege wie Treue im Glauben berühmt gewordenen thebaischen Legion. Ein Theil dieser Legion stand unter dem h. Victor in Xanten, ein anderer unter dem h. Gereon (s. Seite 6 u. 168) in Köln, und der h. Mauritius mit seinen Gesellen zu Sitten in der Schweiz. Wie die beiden andern Führer einer christlichen Schaar, so erhielt auch der h. Mauritius den kaiserlichen Befehl, alle Bekenner der neuen Christusreligion, also seine eigenen Glaubensgenossen, zum Heidenthume gewaltsam zurück zu führen, oder auf die grausamste Weise zu morden. Führer und Volk widersetzten sich einmüthig dem tyrannischen Befehle, und selbst als der darob ergrimmte Kaiser jeden zehnten Mann hinzurichten be-

fahl, wurde die Standhaftigkeit der übrigen heldenmü-
thigen Krieger noch grösser als zuvor. Als ein zweites
Decimiren ebenso erfolglos blieb, wurde die ganze Legion bis auf den letzten Mann auf Befehl des zur
äussersten Wuth gereizten Kaisers dem Tode überliefert.
So erlitt der h. Mauritius im selben Jahre wie der h.
Gereon (286 n. Chr.) den Martyrtod, und wurde ihm
zu Ehren die damalige, und nun die jetzige neue Kirche
erbaut.

Die Kirchen St. Peter und St. Cäcilien.

Die beiden genannten Kirchen liegen, wie Aehnliches in dem heiligen Köln in jenen Tagen, wo es noch mehr als 200 Kirchen und Kapellen zählte, nicht selten vorkam, ganz dicht beieinander. In der ersten Zeit des Christenthums hatten nicht alle Kirchen das Recht zu taufen; die von St. Peter besass jedoch dasselbe von uralters her, woraus man schliessen will, dass sie wohl die Mutterkirche Kölns gewesen, weshalb ihr denn auch der Name des Vaters der Christenheit, des ersten Papstes und Apostelfürsten Petrus, beigelegt worden sei. Als der ehemaligen Kirche in den ersten Jahren des 16. Jahrhunderts der Einsturz drohte, wurde sie abgebrochen, im Jahre 1524 an derselben Stelle das Fundament der jetzigen gelegt, und auf diesem der Neubau in der heutigen Form so rasch als möglich seiner Vollendung entgegengeführt. Im 17. Jahrhundert wurde der hohe Thurm von einem Blitzstrahle getroffen, und schien das dadurch entstandene Feuer die ganze Kirche ergreifen, und sie leider in Schutt und Asche verwandeln zu wollen. In frommsinnigem Vertrauen, da physische Mittel ohnehin hier ganz nutzlos erschienen, ordnete sich plötzlich eine Prozession von Eingesessenen der Pfarre, die betend und singend die Brandstätte umzog. Als der Geistliche eben mit dem Sanctissimum der Menge den Segen ertheilte, schlug der brennende Thurm in die grossen Weingärten des daneben liegenden Cäcilien-Stiftes hinein, und die Kirche war wie durch ein Wunder von dem unvermeidlich erscheinenden Brande gerettet. Der abgebrannte Thurm wurde bald darauf wieder hergestellt, so dass die Kirche von da ab, neben ihrer Nachbarin, der Kirche St. Cäcilien, in ihrer jetzigen Gestalt erscheint.

Der Eingang zur St. Petri-Kirche ist Sternengasse Nr. 70, wo man zunächst in einen Umgang tritt, der rechts eine Steingruppe, die Kreuzigung auf dem Calva-

rienberge, und an der nach links in rechtem Winkel
umbiegenden Aussenwand die sogenannten sieben Fuss-
fälle, in Thon, enthält. Die Thüre der Kirche führt
aus diesem Umgange direkt gegen die sogenannte Taufkapelle hin. Der Altar in derselben stellt das Leiden
Christi in einem guten Holzschnitzwerke von P. Fischer
in Nürnberg dar. Die Flügel, welche das Schnitzwerk
verdecken, sind im Innern von Lucas von Leyden, und
der vordere Theil des Altarfusses ist von Alb. Dürer
bemalt. Der silbervergoldete Schrein, der 1802 aus
der St. Cäcilienkirche in diesen Altar versetzt worden
ist, enthält die Gebeine des h. Evergislus. Das Taufbecken dieser Kapelle ist noch dasselbe, aus welchem
P. P. Rubens das Sakrament der Taufe empfing. Sehr
gute alte Glasgemälde findet man hier, so wie in den
Fenstern der beiden von einer Gallerie überbauten Sei-

tenschiffen der Kirche, welche angeblich nach Cartons von Alb. Dürer um 1520 gebrannt worden sind. Ganz besonders aber verdienen die drei aus dem Jahre 1539 stammenden Glasfenster hinter dem Hochaltare unser Augenmerk. Sie stellen im Hauptbilde die Kreuztragung, Kreuzigung und Grablegung Christi vor, und sind sowohl in Zeichnung wie in Farbenton dem Besten, was die Glasmalerei jener Zeit erzeugt, an die Seite zu setzen. Die beiden Oelgemälde auf dem rechten und linken Seitenaltare, ersteres eine Himmelfahrt Maria, von Peter Thyss, letzteres Pauli Bekehrung von Cornelius Schütt darstellend, gehören beide der Rubens'schen Schule an.

Nun aber kommen wir an die grösste Merkwürdigkeit dieser Kirche, zugleich eine der Hauptzierden der ganzen Stadt. Es ist dies das berühmte Rubens'sche Bild, wie der Apostel Petrus, mit dem Kopfe nach unten gekehrt, gekreuziget wird. Dasselbe befindet sich in dem Hochaltare, kommt aber nur an wenigen Festtagen dem Publikum zu Gesicht, da eine nur ziemlich gute Kreuzigung Christi in den übrigen Zeiten stets vorgeschoben erscheint. P. P. Rubens hatte dieses Bild für die St. Petri-Kirche, in der er am 29. Juni 1577 die h. Taufe empfing, bestimmt, jedoch musste sich der Kirchenvorstand nach des Malers Tode noch lange bemühen, ehe er dasselbe von der Familie für den Preis von 1200 Thlr. erstand. — Kaum hatten die Franzosen im Jahre 1794 ihren Einzug in Köln gehalten, als ein damaliger Repräsentant der französischen Regierung, Namens Dubois, den unbezahlbaren Werth des Bildes erkennend, dasselbe ausnehmen, und am 10. October ans Museum nach Paris versandte, wo es bis zum Jahre 1815 die höchste Bewunderung aller Kenner und Beschauer erregte. Nie wäre es nach seiner Vaterstadt Köln zurückgekommen, hätten nicht die Aliirten den französischen Gewaltherrscher besiegt und entthront; aber nachdem dieses geschehen, gelang es endlich den energischen Bemühungen des Kölners Dr. Everhard von Groote, von den hohen Verbündeten bei ihrer Anwesenheit in Paris die Rückgabe dieses kostbaren Kleinodes für seine Vaterstadt zu erwirken, und traf es demnach am 1. August 1815 auf dem Rathhaussaale wieder ein. Die Kölner glaubten, den zweiten Jahrestag der Schlacht bei Leipzig, den 18. October, nicht passender feiern zu können, als durch Uebertragung dieses geraubten und wieder erlangten Schatzes an seine ehemalige Stelle. So kam es denn wieder in feierlicher Prozession in St. Petri Altar, und tönte nach seiner Einsetzung ein tausendstimmiges, von patriotischen Empfindungen gekräftigtes Te Deum durch die Hallen der Kirche.

Der Meister hat sich selbst in diesem Werke übertroffen. Die zweckmässigste Benutzung des Raumes, die Leichtigkeit und Klarheit in der Gruppirung, die Festigkeit und Bestimmtheit in der Zeichnung, die antike Auffassung und Behandlung des Stoffes, die plastische Verkörperung der Empfindungen und Gefühle in jeder handelnden und leidenden Person, die meisterhafteste und grossartigste Behandlung von Farbe und Licht durch die kühnsten Pinselstriche in der ihm eigenthümlich gewordenen Manier: dies Alles stempelt das Gemälde zu einem Meisterwerke, dass wohl von keinem Gebilde dieses Heroen der Kunst übertroffen worden ist. Leider kann man noch immer nicht davon abkommen, sogar in Kirchen solche Kunstwerke als eine Einnahmequelle auszubeuten, indem man fast nur gegen besondere Bezahlung dem Besucher den Anblick derselben gewährt. Die St. Petri-Kirche wird im Augenblicke (Herbst 1862) im Innern mit farbigen Dessins, Blumenbouquets und Engelsfiguren durch den Decorationsmaler Gatzke verziert.

Nicht weit von St. Peters Kirche, und zwar Sternengasse Nr. 10, finden wir das Geburtshaus von Peter

Paul Rubens. Der Eigenthümer dieses Hauses hat in der obern Thorwölbung ein gut geschnitztes Holzportrait des Malers, Professor Walraff aber im Jahre 1822 zu beiden Seiten des Thores eine Steinplatte anbringen lassen, wovon die zur Rechten meldet, dass Rubens 1577 in diesem Hause geboren, die andere hingegen verkündigt, dass, die unglückliche französische Königinn, Maria von Medicis, die Gemahlinn Heinrichs IV. (s. S. 129) am 3. Juli 1642 in demselben und zwar dürftig gestorben ist.

Das Waifenhaus.

Der südliche Ausgang des Domes wurde schon im 15. Jahrhundert die Fündlingsthür genannt; denn neugeborne Kinder wurden dort zuweilen ausgesetzt, und ihnen, sobald sie erwachsen waren, das Recht gewährt, an dieser Thüre um Almosen zu bitten. Ein Fündlingshaus hat aber schon am Ende des 15. Jahrhunderts bestanden, indem die älteste dafür bestehende Stiftung Peter Rink's vom 1. August 1501 datirt. Im Jahre 1510 wurden vom Magistrat nach den Rathsprotocollen vier Provisoren für dieses Haus ernannt, und 1520 am St. Johannistage eine Hausordnung für dieselben erlassen. Im Jahre 1523 aber kaufte der Magistrat auf dem Hunnenrücken ein Haus, und zwar ausdrücklich für die armen Fündlinge im Dom. Die Unterhaltung desselben wurde von dem Ertrage der wenigen Stiftungen, jährlich 300 bis 400 Gulden ausmachend, bestritten; da aber diese nicht reichten, wurden dem Hause die Rechtsbussen (Polizei - Strafgelder) zuerkannt, Sammlungen in den Pfarreien gehalten, und die Klöster und Abteien um tägliche Spendung von Portionen ersucht. Im Jahre 1599 erwarb der Magistrat für die Fündlinge das grössere, bis dahin von den Jesuiten bewohnte Haus an Maximinen (ehemaliges Gymnasium tri-

coronatum) für 5000 Dahler, und wurde diesem
Orden auch der Religionsunterricht der Zöglinge übertragen. Erst 1602 vollzog man den Beschluss, auch
elternlose Waisen in diese Anstalt aufzunehmen, und
wurden alle möglichen Einnahmequellen erdacht, um
die Stadt trotz der Erweiterung vor grösseren Kosten
zu schützen. Am 12. Juli 1766 kaufte der Senat das
den Erben von Lamb-Conto gehörige Gut in der
Wahlengasse (jetzt Waisenhausgasse) für 20,000 damalige Reichsthaler an, um hier ein Zucht- oder Arbeitshaus zu errichten. Als die Franzosen im Jahre 1798
dasselbe als Staats-Arresthaus in Anspruch nehmen
wollten, wurde es für die Stadt nur durch den Nach-
weiss gerettet, dass es aus dem Vermögen der Spi-
täler Melaten und Johann Baptist gekauft worden sei,
und deshalb als wohlthätige Anstalt erhalten bleiben
müsse. Nachdem nun das in demselben befindliche
Zucht- und Arbeitshaus aufgehoben worden, wurde das
Gebäude im Jahre 1800 als Waisenhaus eingerichtet
und bezogen, welchem Zwecke es bis zum heutigen Tage
noch dient.

Das Waisenhaus ressortirt unter der Armenverwaltung
der Stadt, und bildet einen besonderen Theil in deren
Budget. Letzteres wird jährlich voraus fixirt, und werden allenfallsige Ueberschreitungen von Krediten zur
nachträglichen Bewilligung eingereicht. Ein Mitglied der
Armenverwaltung und ein Delegirter des Gemeinderaths
bilden das inspizirende Direktorium der Anstalt, und
muss jede Ausgabe von mehr als 5 Thlrn. von erstge-
nanntem gebilligt, und bei der Armenverwaltung bean-
tragt werden.

Die unmittelbare Verwaltung des Haushaltes in Bezug auf Kost, Kleidung, Pflege und Erziehung steht
unter einer Oberin nebst acht Schwestern vom Orden
des h. Karl Borromäus, von welchen zwei auch den Unterricht der Mädchen übernehmen. Der Unterricht bei den

Knaben wird von einem Lehrer und einem Schulamts-
Candidaten ertheilt; ausserdem ist der Religionsunterricht wie der Gottesdienst in der Hauskapelle einem
besondern Hausgeistlichen übertragen. Eine Schusterei,
eine Schneiderei und eine Nähschule befriedigen in ihrem Bereiche die Bedürfnisse des Hauses, und werden
in den beiden erstern auch Knaben zu Gesellen dieser
Handwerke gebildet. Während die Mädchen ausser der
Schule zu allen häuslichen Arbeiten abwechselnd heran-
gezogen und vorbereitet werden, sind die Knaben während ihrer freien Zeit in der Industrieschule beschäftigt. Ausser freiem Hand-, Architektur- und Maschi-
nen-Zeichnen besteht hier die Hauptverrichtung im
Verfertigen von kleinen Holzwaaren, Spiel-und Papp-
sachen, und hat hier manches junge Talent Gelegenheit,
sich als späteren Bildhauer, Drechsler, Schreiner, Laki-
rer, Anstreicher u. s. w. schon vom 8. Jahre an allmählich zu entwickeln.

Ein besonderes Kleinkinderhaus enthält unter Aufsicht
und Pflege der nöthigen Wärterinnen circa 80 Zöglinge
vom 3. Lebensjahre bis über das schulpflichtige Alter
hinaus. Ausserdem befindet sich eine Krankenstation für
Knaben und eine für Mädchen in den getrennten Flügeln des Hauptgebäudes.

In das Waisenhaus werden aufgenommen: 1. Findlinge, die aber sofort an Nährmütter ausgethan werden;
2. Waisen, deren Eltern mittellos starben, und deren Familie
die Erziehung derselben nicht übernehmen kann oder
will; 3. Halbwaisen, wenn der noch lebende elterliche
Theil, auch bei möglichster Unterstützung, die nöthige
Pflege und Erziehung zu gewährleisten nicht im Stande
ist; 4. verlassene Kinder, sowie diejenigen solcher Eltern, die als Arrestanten eingezogen oder zu Gefängnissstrafen verurtheilt worden sind. Für den Unterhalt
letzterer werden gewöhnlich die Zuchtpolizei-Strafgel-
der angewiesen, die Kinder aber des vorübergehenden

Aufenthaltes oder eventuell der vielleicht schlechteren Erziehung wegen a u s s e r dem Hause untergebracht. Ausserdem hält sich eine desfallsige Reglements-Bestimmung vor, gegen Erlegung einer einmaligen Capital-Summe, wie gegen ausreichende Erstattung der Verpflegungskosten auch Pensionäre aufnehmen zu dürfen, insofern es der Raum der Anstalt erlaubt.

Das Vermögen sämmtlicher Pfleglinge wird unter vormundschaftlicher Verantwortlichkeit von der Armenverwaltung administrirt; die erfallenden Zinsen werden auf Verpflegungskosten angerechnet, das Capital aber bei erlangter Grossjährigkeit vollständig ausgehändigt. Die Entlassung aus dem Hause, und zwar die der Knaben zur Lehre, die der Mädchen zu einem entsprechenden Dienste, findet mit dem 15. bis 16. Jahre Statt. Alle verbleiben aber noch einige Jahre unter Aufsicht der Verwaltung, und erhalten nach Bedürfniss nicht nur Wäsche und Kleidung, sondern auch geistbildende Beschäftigung, so wie Prämien für gute Führung ausser dem Hause. Die Anzahl der Waisen u. s. w. war in letzten Jahren folgende:

im Jahre	in dem Hause:	ausser d. Hause	Summa	im Jahre	in dem Hause:	ausser d. Hause.	Summa
1858	299	350	649	1860	276	561	837
1859	283	473	756	1861	305	578	883

Wenn auch in dieser kleinen Zusammenstellung die verhältnissmässig schwache und jährlich geringer werdende Zunahme der Findlinge und Waisen ein günstiges Zeugniss für den moralischen Standpunkt der Bewohner Kölns abgibt, so bleibt es doch sehr zu beklagen, dass die Verwaltung immer mehr darauf bedacht sein muss, die ihr überwiesenen armen Geschöpfe in fremden, und zwar in grösstentheils sehr dürftigen Familien unterzu-

bringen. Diesen grossen Uebelstand erkennend, hat erst
kürzlich der Gemeinderath beschlossen, die Stelle eines
Waisenvaters zu creiren, dem die zweckmässigste Unter-
bringung dieses grossen Theiles der Waisen amtlich
übertragen, und die Beaufsichtigung und väterlichste
Theilnahme an dem Geschicke derselben zur angelegent-
lichsten Pflicht gemacht werden soll.

Die Kirche St. Pantaleon.

Erzbischof Bruno (953 — 965) liess im Jahre 954
die von Constantin (s. S. 7) erbaute feste Rheinbrücke
zerstören um, wie man sagt, den Ostfranken den Zuzug
nach Gallien zu erschweren, und verwandte das dadurch
gewonnene Material zum Baue der St. Pantaleons Kirche
und Abtei. (s. S. 15 u. 16.) Diese Behauptung ist
trotz des dadurch erwiesenen hohen Alters der Kirche
um so glaubhafter geworden, als man beim Abbruch des
Kreuzganges der Abtei viele Steine mit römischer Inschrift fand. Theile des Chores und besonders der
Thurm sind in neuerem Style und in späterer Periode
erbaut. — Der h. Pantaleon war Arzt in Kleinasien, und
erlitt daselbst zu Ende des 3. Jahrhunderts nebst seinen
beiden Collegen Cosmas und Damian, die auch in dieser
Kirche verehrt werden, den Martyrtod. Ueberall sonst,
nur nicht in dem heiligen mit so vielen Kirchen geseg-
neten Köln könnte es daher auffallend erscheinen, dass
man diesen Heiligen, der doch zur Stadt und Diözese
in gar keiner Beziehung stand, zum Patron einer kölnischen Kirche erkor. Die Abtei St Pantaleon war bis
zur Auflösung (1802) eine der reichsten der Stadt, und
wohl keine Andere hat so bedeutende liegende Güter
und so ausgedehnten Flächenraum direkt beim Kloster
besessen, wie sie. Mehrere Höfe, so wie das vor dem Weyer-
thore gelegene grosse Gut Sülz, und besonders der ganze
Marktflecken Süchteln (letzteres Besitzthum von der h.

Irmgardis [s. S. 134] dem Kloster geschenkt) waren Eigenthum dieser reichen Abtei. Die Gärten direkt bei dem Kloster, auf deren noch jetzt theilweise vorhandenem Terrain sich der Festungsbauhof befindet, erstreckten sich früherhin bis über die Kirche St. Mauritius, die damals unter dem Abte von St. Pantaleon stand, und deren Dienst von den Klostergeistlichen der Abtei versehen wurde, hinaus, und haben dieselben in guten Jahren ein ziemlich bedeutendes Quantum an kölner Rothweinen erzeugt.

Die Kirche selbst liegt auf einem der höchsten Punkte der Stadt. Welche von den beiden Behauptungen aber: das Blatt des Altartisches liege mit der Plattform des Bayenthurmes oder mit der Grundfläche der siegburger Abtei auf gleichem Niveau, die richtigere sei, lassen wir als unbewiesen dahingestellt sein.

Die St. Pantaleonskirche wurde 1802 zur Pfarrkirche ernannt; da aber der Staat sie seit dem 3. August 1819 als evangelische Garnisonkirche benutzt, wurde von da ab der Pfarrgottesdienst nach St. Maria in der Schnurgasse verlegt. Sie hatte früher einen interessanten Thurm, dessen schöne Kuppel aber leider im Jahre 1829 abgetragen wurde, weil auf der so gewonnenen hohen Fläche ein Flügel-Telegraph der nunmehr durch den Gebrauch des electrischen ausser Wirksamkeit gesetzt, von der Staatsbehörde errichtet worden ist. Alle Bemühungen, letztere zum Wiederaufbau in der alten Gestalt zu bewegen, blieben bis heute ohne den gewünschten Erfolg.

Die Inschrift über der Haupt-Eingangsthüre: Garnison-Kirche 1780, könnte, beides aufeinander bezogen, zu Irrthum Veranlassung geben; ersteres soll aber nur verkünden, was die Kirche ist, letzteres hingegen anzeigen, dass in genanntem Jahre diese Thüre gemacht wurde. Durch die dunkle Vorhalle unter dem Thurme treten wir in die Kirche hinein. Schauen wir nun rückwärts die Orgel hinauf, so gewahren wir eine aus sogenantem

Milchsteine gemeisselte, auffallend tief reichende Brüstung an derselben, die, in mehrere gothische Bogen getheilt, unter kunstvoll gearbeiteten Baldachinchen sieben grössere und vier kleinere Heiligenfiguren enthält. Besähe man die Kirche nur von ihrem Eingange aus, so würde man sie sehr befriedigt, aber getäuscht verlassen; denn die Kanzel ist nicht massiver Marmor, sondern Holz mit gespaltenem Marmor bedeckt; die halb liegende Statue des Erbauers vor dem Hochaltare, von weitem wie der weisseste Marmor erscheinend, ist nur übertünchter Gyps auf marmornem Sarkophag; dasselbe ist mit der Statue der Kaiserin Theophania, Gemahlin Otto II., einer griechischen Prinzessinn († 999) zur Rechten, und mit der des Grafen Herrmann von Züphten, Bruder der h. Irmgardis, (als Abt gestorben am 29. December 1121) zur Linken des Hochaltares der Fall. Ebenso macht die Bemalung des Gewölbes über dem Hochaltare den günstigsten Effekt, wenn man sie möglichst weit davon abstehend besieht. Das eigentliche Grab des Erzbischofs Bruno befindet sich hinter dessen Monument gerade vor dem Hochaltare. Es ist mit einer weissen Marmorplatte bedeckt, in deren Mitte wir einen Discus von rothem Marmor sehen, wie man ihn damals als Kelchunterlage in Teller- oder Scheibenform benutzte. Der Hochaltar ist gröstentheils aus massivem, bunten Marmor verfertigt. Die in der Mitte desselben stehende Statue des h. Pantaleon ist mit einem Oelgemälde (Christus am Kreuze) verdeckt. Die drei Glasfenster des Chores stammen von einem guten ältern Künstler her, dahingegen hat die Apostelfiguren an den Säulen des Langschiffes ein schlechter neuerer gemacht. An der linken Seitenwand hängen grosse Holztafeln, auf welchen wir Namen von gefallenen Vaterlands-Vertheidigern aus den Freiheits-Kriegen lesen.

St. Pantaleon ist nunmehr Simultan - Kirche für die kölner und deutzer Garnison. Der katholische Pfarrer

steht unter dem Fürstbischofe von Breslau, und ist derselbe verpflichtet, sich beim Gottesdienste theilweise der
deutschen, und für die Truppen aus den östlichen Theilen des Staates, theilweise der polnischen Sprache zu
bedienen.

Die Kirche St. Maria in der Schnurgasse.

Der Karmeliter-Orden, einer der ältesten der Welt,
dessen Ursprung man sogar ins alte Testament, ja bis
in die Zeiten der Propheten Elias und Elisäus zurück
verlegen will, soll nach Gelenius durch einen Ritter
Bruno von Brunenshof im Jahre 1198 auch in Köln
schon eingeführt worden sein. Zuverlässig aber ist, dass
im Jahre 1612 mehrere Schwestern dieses Ordens, jedoch
von der strengeren Observanz der h. Theresia, und
barfüssige Karmelitessen genannt, in Köln, wenn auch
unbekannt wo, ein eigenes Kloster errichtet haben. Im
Jahre 1630 folgten diesen noch 8 andere Nonnen desselben Ordens, und zwar von Herzogenbusch, um für
sich ein neues Kloster bei der Kirche Maria zur Kupfergasse
zu gründen. Diese letzteren betrachteten sich als unab-
hängig vom Orden, und standen direkt unter dem Erzbischofe. Eine andere Eigenthümlichkeit in den Regeln
dieses Ordens lag noch darin, dass die Klosterschwestern
desselben immer unter der Obhut eines männlichen
Karmeliterklosters standen. Da aber diese Schwestern
von der Bevormundung des in Köln bestehenden männlichen Klosters (im Thau genannt, jetzt Severinstrasse
115= und als königl. preuss. Fruchtmagazin benutzt)
nichts wissen wollten, beriefen die Brüder des letztern
im Jahre 1637 Karmelitessen aus Brabant zur Gründung
eines regelrechten Klosters nach Köln. Diese bewohnten
zuerst das Haus neben der jetzigen Schnurgassen-Kirche, zum
Steins Garten genannt; jedoch wurde schon am 16. Juli
1643 der erste Stein zum Baue der genannten Kirche

13

und des damit verbundenen Klosters gelegt. Im Jahre 1649 nahmen die Nonnen zwar von dem neuen Kloster Besitz, jedoch verzögerte sich die Vollendung des Baues und die Einrichtung im Innern der Kirche und des Klosters bis in das Jahr 1685 hinein.

Die unglückliche Königinn von Frankreich, Maria von Medicis, welche die letzten Tage ihres Lebens (vom 13. October 1641 bis 3. Juli 1642,) wenn auch nicht, wie viele behaupten, als Schwester dieses Ordens, in Köln verlebte, und im Geburtshause Peter Paul Rubens (Sternengasse 10) gestorben ist, beförderte nicht nur die Ausführung des gedachten Baues, sondern schenkte auch der Kirche das aus dem dunkelbraunen Holze der Scharfenhöveler-Eiche geschnitzte, wunderthätige Muttergottesbild, Maria vom Frieden genannt, welches nun schon weit über 200 Jahre, seit dem Lätaretage (15. März) 1643 im dortigen Altare steht.

Diese so freundliche Kirche, in einer der ruhigsten Gegenden der Stadt gelegen, ist ein besonderer Zufluchtsort aller Hülfe, Trost und Frieden suchenden Bedrängten der Stadt. Tausende und abermal Tausende haben den verlornen Frieden ihrer Seele im Gebete vor dem dortigen Gnadenbilde wiedergefunden, von welchem die Chronik dieser Kirche sogar eine grosse Menge von Wundern erzählt.

Die Schnurgassen-Kirche wurde zur Pfarrkirche bestimmt, als die frühere, St. Pantaleon, von Seiten des Staates der evangelischen Gemeinde und zwar hauptsächlich als Garnisonkirche überwiesen worden war. Sie enthält auf den beiden untern Seitenaltären zwei äusserst merkwürdige Reliquien-Schreine mit Emaille und Ciselirarbeiten reich verziert, wovon der eine die Gebeine des h. Albinus, der andere die des h. Maurinus enthält. Auf dem obern linken Seitenaltare befindet sich in einem viereckigen Flügelkästchen ein in seinen Formen wohl unansehnliches Cruzifix, welches aus dem längst abge-

brochenen, benachbarten Nonnenkloster „zu den weissen
Frauen" stammt, und von dem man sich folgende
merkwürdige Sage erzählt. Die Nonnen dieses Klosters
hatten sich den frommen Regeln ihres Ordens nach
und nach entfremdet, und sich allmählig daran ge-
wöhnt, in ihren Mauern ein üppiges und verweltlichtes
Leben zu führen. Eine der Schwestern, treu ihrem ge-
thanen Gelübde, und fortwährend in gewohnter Andacht
des vorgeschriebenen Gebetes sich befleissigend, hatte
den Hohn und die Verspottung der Andern dadurch auf
ihre Person gelenkt. Als man ein Crucifix, vor dem sie
häufig im Klostergange betend auf den Knieen lag,
ihretwegen beseitigt hatte, blieb sie meist in ihrer Zelle,
zeichnete sich dort mit Kohle ein einfaches Kreuz
auf die nackte Wand, und verrichtete vor diesem in
Andacht ihr gewohntes, inbrünstiges Gebet. Kaum hatten die andern auch dieses bemerkt, als sie mit fre-
velnder Hand dasselbe sofort zu löschen versuchten.
Doch dies wollte nicht nur jedem angewandten Ver-
suche nicht gelingen, sondern zu ihrem Staunen und
Erschrecken wuchs das jetzt in dieser Kirche noch auf-
bewahrte Kreuz nebst dem Christusbilde allmählig aus
der Wand heraus. Alle fielen auf die Kniee, baten Gott
um Verzeihung ihrer Sünden, und kehrten zur frühern
Andacht und zum streng klösterlichen Leben voll
Scham und Reue zurück.

Die Kirche St. Severin.

Der h. Severinus soll von 355 bis 403 Bischof
von Cöln gewesen sein. Er war der Erbauer einer
Kirche an der Stelle der jetzigen, die er ursprünglich
den Heiligen Cornelius und Cyprianus weihte. Die
Wahl der Baustelle, so weit vor der Hochpforte, dem
damaligen Stadtthore nach dieser Seite hin, wird weniger auffallend erscheinen, wenn man weiss, dass das

mit der Kirche zu verbindende Kloster den ganzen
Strich von der Hochpforte, bis zum jetzigen Severins-
thore und links bis zum Rheine als Grundeigenthum
besass, so dass Kirche und Kloster in der Mitte der
ausgedehntesten Wein-, Gemüse- und Obstgärten lag,
zu denen ausserdem noch mehrere Meierhöfe und Bau-
erngüter gehörten, durch deren Besitz dieses Kloster,
welches gewöhnlich 30 bis 40 Stiftsherren zählte, eines
der Reichsten der damaligen Zeit genannt werden darf.

Die jetzige Kirche St. Severin wurde gegen die Mitte
des 11., und der prachtvolle Thurm am Anfange des

15. Jahrhunderts erbaut. Eines der schönsten Baudenk-
male Kölns war bisher mit dieser Kirche verbunden,
nämlich der im reinsten gothischen Style erbaute
Kreuzgang an der linken Seite derselben. Er bedeckt
einen Flächenraum von 22000 ¹ Fuss und wurde im
Jahre 1834 in Folge Gemeinderathsbeschlusses für 2565
Thlr. mit Grund und Boden und Aufbau an Private
zum Abbruch verkauft. Als aber nach Verlauf eines
Zeitraumes von ungefähr 10 Jahren Verehrer mittelalterlicher Bauwerke, Architekten und Kunstkenner auf
das Wünschenswerthe der Erhaltung dieses herrlichen
Kreuzganges aufmerksam machten, boten ihn die damaligen Eigenthümer zum Preise von 8000 Thlr. wieder
an. Da aber weder der Staat noch die Stadt, weder
die Pfarre noch Private, und sogar die Genannten vereinigt, sich geneigt finden liessen, die geforderte Summe
zu erschwingen, stand man von dem Erhaltungsplane

ab, und geht nunmehr das herrliche Kunstwerk so sehr
seinem Verfalle entgegen, dass die Niederlegung, bereits
beschlossen, in chester Zeit erfolgen wird.

Der h. Severin ward durch seine Gelehrsamkeit, seine
Gottesfurcht und Frömmigkeit schon in seinem Leben
fast wie ein Heiliger verehrt. Eine Vision, welche durch
eine in die Mauer der Carthäusergasse eingesetzte Darstellung verewigt ist, zeigt seinen direkten geistigen
Umgang mit den himmlischen Mächten zu klar, als
dass wir sie, da sie doch eine kölner Legende bildet,
in der Kürze hier nicht erwähnen sollten. An einem
Sonntag Morgen nach abgehaltenem Gottesdienste besuchte der Heilige in Begleitung eines Diakons (angeblich des h. Evergislus, dessen Gebeine in dem Altare
der Taufkapelle von St. Peter ruhen,) seiner Gewohn-
heit gemäss mehrere h. Orte vor der Stadt. In der
Nähe von Severin erklingt in seinen Ohren plötzlich
ein himmlischer Gesang. Nach der Erklärung seines
Diakons, dass er nichts davon vernehme, beten sie
zusammen, bis auch diesem sich das Wunder offenbart.
Dem h. Severin war aber noch ausserdem die himmli-
sche Kunde geworden, dass der h. Bischof Martin von
Tours in dieser Stunde gestorben, und im selben Augenblicke von singenden Engelchören in die himmlischen
Freuden begleitet werde, was er seinem staunenden
Begleiter sofort erzählte. Nach genauen Erkundigungen
in Tours traf Tag und Stunde mit dieser Vision des
Heiligen überein, und wird nach derselben noch heute
eine Strasse jener Gegend das Martinsfeld genannt.

Der h. Severin hatte vor seinem Tode seinen Bischofs-
sitz verlassen, um auf höheres Geheiss in seine Heimath,
nach Bordeaux, zu pilgern. Durch jugendlich feurige
Beredsamkeit wie durch mehrere Wunder bestärkte der
Greis gar Viele im Glauben; er wurde nach seinem
Tode in der dortigen Cathedrale beigesetzt und als
Heiliger und Schutzpatron des Landes verehrt. Als

darnach die Erzdiözese Köln durch eine dreijährige Dürre in die grösste Noth gerieth, und Alle durch Gebet und Busse den Herrn zu versöhnen suchten, erschien einem Priester ein Engel des Herrn im Traume mit den Worten: „Ihr habt euren Bischof nicht, und fragt noch nach der Ursache so grossen Zornes?" Hierdurch aufmerksam gemacht, gelang es nach vielen Bemühungen, den Leichnam des h. Severinus von Bordeaux zurück zu erhalten, und fiel bei der feierlichen Einführung desselben im Jahre 408 ein längst ersehnter Regen. Da diese wunderbare Erscheinung von den frommgläubigen Bewohnern der Fürsprache des Heiligen zugeschrieben wurde, setzte man in der Folge bei jeder anhaltenden Trockenheit seine Gebeine zur Verehrung in die Kirche, worauf jedesmal der erflehte Regen erfolgt sein soll.

Der Reliquienschrein, der den Körper des Heiligen umschliesst, (von Beckenkamp Vater und Sohn in christlich modernem Style restaurirt,) ist so hinter dem Altare angebracht, dass er, was jährlich am Severinustage geschieht, in denselben hinein geschoben werden kann. An beiden Seiten des Chores ist das Leben des h. Severinus und vor dem Aufgange zum Chore an den äussern Wänden herum das Leben des h. Bruno in Bildern dargestellt, welch Letztere aus dem im Jahre 1802 aufgehobenen Kloster zur Carthaus hierhin gekommen sind. Eines der besten Werke von de Bruyn, um 1536 gemalt, ist das Abendmahl in dem untern, rechten Seitenaltare, auf dessen Flügeln wir links die Aufsammlung des vom Himmel gefallenen Manna's und rechts den Brod und Wein opfernden Hohenpriester Melchisedech erblicken. In der Krypta unter dem Chore befindet sich noch ein grosses Wandgemälde, angeblich von Meister Wilhelm um 1380 gemalt, welches sich aber leider in einem höchst verwahrlossten Zustande befindet. Vor dem Hochaltare ist ein sehenswerther Mosaikboden eingelegt,

und in der Nähe der Communionbank (links) bezeich-
nete früher eine jetzt im Archiv ruhende Steintafel die
Stelle, wo Kaiser Silvan der Sage nach ermordet worden ist. Von plastischen Kunstwerken wären hinter
dem Hochaltare ein Christus am Kreuze wegen des
höchstausdrucksvollen Kopfes und am Eingange der
Kirche zwei Marmor-Haut-Reliefs zu nennen, von welchen das zur Linken ein Abendmahl, das zur Rechten
die Kinder Israels zeigt, welche emsig am Aufsammeln
des Manna's sind. An den Seitenwänden des Langschiffes befinden sich mehrere Epitaphien verstorbener Wohl-
thüter und Stifter der Kirche, und zeichnet sich unter
diesen die in einem derselben (an der linken Wand)
eingesetzte Kupferplatte durch Kunstwerth aus, auf
welcher das Mittelbild von Darstellungen aus dem
Leben Christi in mehreren Tableaus und in erhabener Manier umgeben ist. Der Marmoraltar gleich unten an der
linken Seitenwand war früher der Hauptaltar der abgebrochenen Kirche St. Magdalena, welche zur Zeit ihres
Bestehens die Pfarrkirche war.

Der Bayenthurm.

In dem Panorama Köln's tritt, besonders wenn wir
mit den Dampfschiffen von Bonn her der Stadt (uns)
nühern, zuerst der majestätische Bayenthurm entgegen.
Er wurde in jener Periode, wo die Erzbischöfe durch
eine höchst eigenmächtige Ausübung der weltlichen
Macht mit den Bürgern in fortwährender Fehde lagen,
vom Erzbischofe Philipp von Heinsberg (s. S. 23 u. 24)
am Anfange des 13. Jahrhunderts erbaut. Er bildet,
ungeachtet seiner massenhaften Verhältnisse, eine wirk-
liche Zierde der Stadt, und gewährt dabei eine der
herrlichsten Aussichten über die ganze Gegend hinaus.
Damals den kölner Erzbischöfen einen kräftigen Schutz
gegen die Bürger nach Innen bietend, bildet er jetzt

mit den sich an ihn anschliessenden Festungswerken ein
starkes Bollwerk gegen jeden äussern Feind. Zudem
aber muss manche Scholle Eis in gefahrdrohenden
Wintern an seinen felsenfesten Grundmauern zerschellen,
die sonst vielleicht der Stadt hätte schädlich werden
können.

Die Kirche St. Maria in Lyskirchen.

Der Ursprung dieser Kirche verliert sich wohl in die
ersten christlichen Jahrhunderte, und zwar, wie viele
behaupten wollen, in die Zeiten des Bischofs Maternus
hinein. Wie schon Seite 22 u. 23 bemerkt, hatte sich
in frühester Zeit um die damalige Kirche ein grosses
Dorf unter dem Namen Noithusen (Nothhausen) gebildet,

welches später bei der letzten Ummauerung Kölns in
die Stadt hinein gezogen wurde. Die jetzige Kirche
wird dem 10. oder 11. Jahrhundert angehören. Ueber
die Entstehung des Namens Lyskirchen ist verschiedenes
behauptet worden. Einige wollen in demselben eine Ab-
kürzung des Namens vom h. Lysolphus erkennen. Andere
suchen ihn in Nothhausen, wohin gewallfahrtet wurde,
um von Noth erlöst, altkölnisch: erlüst (erlüsen, erlysen)
zu werden. Wieder andere leiten ihn ganz einfach von
dem Namen des berühmten, kölnischen Rittergeschlechtes
der Herrn von Lyskirchen her, was um so richtiger erscheint,
als dieses Geschlecht, welches erst im Jahre 1809 durch
den Tod der Josepha von Lyskirchen, gewesenen Abtissin des

Klosters Füssenich, erlosch, in dieser Pfarre gewohnt, und der Kirche immer ganz besondere Gunst erwiesen hat.

Unter dieser Kirche befindet sich eine sehenswerthe Gruft, in welcher Gebeine des h. Maternus ruhen, dessen Eingeweide in der Kirche des ungefähr $^{3}/_{4}$ Stunde oberhalb Köln gelegenen Ortes Rodenkirchen beigesetzt worden sind.

Ein alter Taufstein rechts vom Eingange dieser Kirche ist sehenswerth; dahingegen hat dieselbe zwei bedeutendere Kunstwerke leider verloren. Das erste war ein treffliches Gemälde, die Grablegung Christi von Mabusius, wovon sich jetzt eine getreue Nachbildung von Beckenkamp, ein gut gelungenes Werk, in dem Nebenaltare der linken Seite befindet; das andere war ein grosses Oelgemälde von Baroccio, die Kreuzabnahme Christi, welches früher im Hochaltare stand. Für Architekten sehr interessant ist noch das Hauptportal in der Strassenfronte dieser Kirche, welches, wie auch die Glasgemälde in derselben, in die erste Hälfte des 16. Jahrhunderts gehört. Eine Abbildung des genannten, etwas verwahrlosten Portals wurde schon auf Seite 101 gegeben.

Der Patron dieser Kirche, der h. Maternus, wird als Schützer gegen die rothe Ruhr und ähnliche Krankheiten verehrt, und findet, um Abwendung dieser Uebel von ihm zu erflehen, jährlich eine siebenzehntägige Andacht (13 bis 29. September) statt, wo Tausende von Pilgern in grossen Prozessionen von Aussen nach Köln, Tausende von Kölner aber zur Maternus-Kapelle nach Rodenkirchen ziehen, letztere nebenbei mit dem guten Vorsatze, sich nach einem kurzen Gebete vor den unsichtbaren Reliquien des magenbeschützenden Heiligen an einem ländlichen Kaffe mit kräftigem Bauernblatze zu laben.

Die Kirche St. Georg, Pfarrkirche für die Pfarre St. Jakob.

Schon in der Mitte des 7. Jahrhunderts hatten sich die vor der Hochpforte wohnenden Ackersleute, Weingärtner, Schiffer und Fischer an dem jetzigen Waidmarkte eine eigene Kirche erbaut, die vom Erzbischofe Cunibert (s. S. 10) eingeweiht, und dem h. Jakobus gewidmet worden war.

Diese Kirche stand auf der Stelle, wo heute auf dem Waidmarkte, Ecke der Georgsstrasse, das Haus Nro. 8 sich befindet. Die St. Jakobs-Kirche wurde im Jahre 1825 auf den Abbruch verkauft und niedergelegt. Ihr gegenüber wurde um das Jahr 1059 vom Erzbischof Anno, (s. S. 16 u. 17) die Stiftskirche St. Georg erbaut, und diese nach dem Abbruche der vorigen zur Pfarrkirche der Pfarre St. Jakob erhoben.

Das Auffallendste an der St. Jakobs-Kirche ist der kolossale Thurm, von dem die Bewohner Kölns, als die Fundamente sich eben aus der Erde erhoben, schon glaubten, er sei mehr als Festungswerk und für die Sicherheit des Erzbischofs, als zur Zierde der Stadt und der Kirche bestimmt.

In der nach dem Waidmarkte zu liegenden Vorhalle dieser Kirche ist ein als wunderthätig geltender Christus am Kreuze, so wie ein aus Sandstein gemeisselter, sehr ausdrucksvoller Christus am Oelberge zu nennen. Ausserdem verdient im Innern der Kirche der neue Seitenaltar zur Linken die Aufmerksamkeit eines jeden Besuchers. Es ist dies ein Flügelaltar, der, verschlossen, äusserlich die Patrone der Kirche: den Apostel Petrus und den Erzbischof Anno auf der einen, den Diacon Cäsarius und den Ritter Georg auf der andern Hälfte zeigt. Das innere Bild ist in seinen drei Theilen von de Bruyn und zwar auf Holz gemalt. Der mittlere Theil stellt die Reinigung des vom Kreuze abgenommenen Leichnams des Herrn durch Nicodemus, Joseph von Arimathäa, die drei Marien und Johannes, vor der Grablegung dar. Der linke Flügel zeigt den kreuztragenden Christus, wohingegen der rechte dessen Auferstehung enthält. Die Schergen auf dem ersten und die Wächter auf letzterem fallen ganz besonders durch die Naturwüchsigkeit in der Auffassung und die Kühnheit in der Zeichnung auf. Der ganze Altar ist von einem einfachen gothischen, theils farbigem, theils vergoldetem Holzschnitzwerke umfasst, und hat oben in der Mitte einen schönen Christuskopf, von neuester Malerei, im Schweisstuche dargestellt. Hinter dem Hochaltare, der aus einer einfachen, von Säulen getragenen Kuppel besteht, befindet sich ein Glasfenster von guter, alter Farbenmalerei, welches aus der abgebrochenen Kirche St. Laurentius stammt.

Die Kirche St. Georg hat am Anfangè der 30er Jahre eine Reparatur erlitten, bei welcher die frühern scharfen Kanten der Gewölberippen nach unten abgerundet, und in ihren Ausläufèn nach oben ganz verflacht worden sind, wodurch natürlich die ehemalige Formation eine dem Ansehen derselben nur nachtheilige Veränderung erhielt.

Die Kirche St. Johann Baptist.

Als die Bürger Kölns gegen das Ende des 12. Jahrhunderts die alten Stadtmaucrn, deren südliches Thor die Hochpforte war, nieder zu reissen begannen, lag schon längst eine Kapelle, dem h. Johannes dem Täufer geweiht, an der Stelle der jetzigen Kirche. Nach der neuen Ummauerung unter Erzbischof Phillip von Heinsberg fiel dieselbe in die Stadt, wurde erweitert und theilweise neu aufgebaut, und fand am 11. November 1210 die feierliche Einweihung des jetzigen Gotteshauses als kölner Pfarrkirche Statt. Die Kirche St. Johann Baptist, in einfachem Baustyle ausgeführt, hat auch im Innern nur wenig Bemerkenswerthes. Den Altar ziert ein sehr gutes Gemälde aus der ältern niederländischen Schule; die Kanzel aber übertrifft an Schönheit und Kunstwerth alle andern der Stadt. Sie ist aus Holz geschnitzt, und hat van Helmont, der berühmte Meister dieses Werkes, es ausgezeichnet verstanden, die reichhaltigsten Ideen mit der höchsten Kunstfertigkeit der bildenden Hand zu verpaaren. Ein Taufbecken aus Bronze, so wie eine Statue des h. Johannes des Täufers, die aus der ehemaligen Klosterkirche zum Thau (jetzt Severinstrasse 115 = und königl. preuss. Fourage-Magazin) hierhin übersiedelte und in der Taufkapelle steht, sind, wenn auch eben nicht zum Ausgezeichnet-

sten gehörend, immer noch der Besichtigung werth.
Der Hochaltar enthält als Reliquien sieben Körper von
Jungfrauen aus der Gesellschaft der h. Ursula, wovon
der der h. Antonina durch den erlittenen Martyrtod am
meisten verstümmelt erscheint.

Die nächste Umgebung dieser Kirche bewohnte zu
Kölns mittelalterlicher Blüthezeit (s. S. 26) die so zahlreiche Arbeiterklasse der mächtigen Wollenweberzunft,
woher auch noch heute die dortigen Namen Weber-
strasse, Spulmannsgasse, u. s. w. ihren Ursprung haben.

Die von Groote'sche Familienkirche zum Elend genannt.

Der ganze Flächenraum, in dessen Mitte jetzt die
von Groote'sche Familienkirche steht, wurde von ältester
Zeit bis zum Jahre 1369 als allgemeiner Begräbniss-
platz der Kölner benutzt, auf welchem schon damals
eine, dem h. Michael geweihte kleine Kapelle stand.
Ausserhalb der Stadt hinter dem Catharinengraben gelegen, bildete dieser Kirchhof in späterer Zeit, wo jede
Pfarre ihren besondern Friedacker bei der Kirche erhielt, eine verödete und wüstliegende Fläche, und wurde
von den Kölnern gewöhnlich nur der elendige Kirchhof genannt. Die Sage, dass in dieser unwirthsamen
Gegend die Vehme ihr verborgenes Unwesen getrieben,
und auf dieser Stelle die von ihrer finstern Justiz er-
reichten Schlachtopfer, meist entartete Söhne der angesehensten Familien, beerdigt worden seien, und daher
der Name am Elend stamme, ist der sichern historischen
Begründung bar. Andere leiten den Namen dieser Kirche
von dem altdeutschen Worte Ellenden (die Verwiesenen,
in aller Welt Umhergetriebenen, aus dem Vaterlande
Entfernten,) ab, weil hier der Begräbnissort der in den
Kreuzzügen nach und von dem h. Grabe pilgernden,

in der benachbarten Comthurei des Deutschmeister-Ordens (an St. Chatharinen) verweilenden und dort verstorbenen Kreuzfahrer war, wonach also eigentlich die Kirche „zu den Ellenden" genannt werden müsste.

Der Sprosse eines nach Köln aus Brabant 1580 eingewanderten Adelsgeschlechtes, Jakob von Groote, (geb. 20. Sept. 1587) liess zuerst diesen verödeten Ort theilweise mit einer Mauer umgeben, und die hin und wieder an der Oberfläche erscheinenden Gebeine überdecken. Sein Neffe Jakob (geb. 17. Juli 1627) liess den nicht ummauerten Theil 1676 mit einem Gitter einschliessen, und im folgenden Jahre die Kapelle durch Anbau zweier Seitengänge mit Altären vergrössern. Ausserdem warf er in seinem Vermächtnisse 30,000 Reichsthaler zur bessern Gründung und Erhaltung des Gottesdienstes aus. Der dadurch vermehrte Besuch der meist die Erlösung armer Seelen aus dem Fegfeuer bezweckenden Andachtsübungen in dieser Kirche liess bald eine abermalige Vergrösserung derselben nothwendig erscheinen, und fassten desshalb Everh. Ant. Jak. Balth. von Groote, Capitular-Canonicus der Stifte St. Gereon und St. Marien, so wie Franz Jak. Gabriel von Groote, Herr zu Kendenich (bei Brühl) und Bürgermeister der freien Reichsstadt Köln, den Plan, die alte, kleine Kapelle durch ein grösseres und würdigeres Gotteshaus zu ersetzen. Den 13. Januar 1765 wurde das Sanctissimum und damit der Gottesdienst nach St. Catharinen übertragen, und am 10. März durch den 80jährigen Weihbischof Franz Casp. von Sierstorpff der Grundstein zum Neubau gelegt. Die feierliche Benedicirung des fertigen Gotteshauses fand am 30. Oktober 1768 durch den erwähnten Canonicus von Groote Statt, und wurde es, nachdem noch der marmorne Hochaltar von den Erbauern gestiftet, am 15. September 1771 durch den Domdechanten und Weihbischof Carl Aloys, Reichsgraf von Königsegg-Aulendorf, feier-

lichst consecrirt. Die beiden marmornen Seitenaltäre wurden durch den Ober-Postdirektor Everhard von Groote
im Jahre 1806 vom Dome, dem sie von dem aufgehobenen Carthäuserkloster überkommen, angekauft und
aufgestellt.

Die in dieser Kirche bestehende römische Erz-
bruderschaft hat das eigenthümliche, dass die Mitglieder derselben, Elendsbrüder genannt, bei den An-
dachten in einer vorgeschriebenen Bekleidung, in einer
weissen Toga von Leinen, einem schwarzen Schulter-
mäntelchen, einem schwarzen Gürtel mit daran hängen-
dem Rosenkranze, einem schwarzen breitrandigen Hute,
den sie auf dem Rücken tragen, und aus einem Pilger-
stabe bestehend, erscheinen sollen, was aber jetzt nur
von wenigen geschieht.

Das Tempelhaus.
(Rheingasse 8.)

In prachtvollem, romanischem Style ausgeführt, steht
das Tempelhaus schon seit dem Anfange des 13. Jahrhunderts da. Es war ursprünglich das Stammhaus der
berühmten Familie der Overstolzen, und weil diese auch
den Beinamen „zum Tempel" führte, hat es den Namen
Tempelhaus bis zum heutigen Tage behalten. Eine
frühere, bei der letzten Reparatur beseitigte Inschrift
im Giebel desselben lautete also: „Tzo der Rhyngazze
bin ich genant, Goden Luiden woil bekannt." Im 16.
Jahrhundert wurde das Tempelhaus von der hochange-
sehenen Familie von Hardenrath bewohnt, welche in der
nahe gelegenen Kirche St. Marien im Capitol eine eigene
Capelle erbauen liess, dieselbe mit reichen Einkünften
versah, und sogar eine musikalische Messe nebst einer
Gesangschule dort gründete. Von der Familie von
Groote, die es später besass, ging es als Eigenthum
an eine Familie von Leykam über. Diese war eben

14

gesonnen, es nieder zu reissen und durch einen moder-
nen Bau zu ersetzen, da rückten plötzlich die Franzosen
ins Land; von Leykam emigrirte, und das herrliche
Denkmal romanischer Baukunst ward noch einmal vor
dem Abbruch gerettet. Im Jahre 1838 drohte ihm
von Neuem Gefahr, indem der damalige Eigenthümer
ein Bauunternehmer Burrenkopf, sich genöthigt fühlte,
dasselbe seines höchst verwahrlosten Zustandes wegen
nieder zu reissen. Da erhoben sich im Gemeinderathe
mehrere gewichtige Stimmen für die Erhaltung desselben.
Der Ankauf von Seiten der Stadt wurde am 13. März 1838
beschlossen, von der Regierung genehmigt, und die Restauration sofort in Angriff genommen. Im Jahre 1845 wurde es
durch Anbau einer grossen Zelthalle nach dem Filzengraben
hin, sowie durch kostspielige Einrichtungen und Dekora-
tionen im Innern zu einem prachtvollen Festlokale eingerichtet, in welchem die Stadt zu Ehren der Anwesenheit Sr. Majestät des Königs Friedrich Wilhelm IV.,
bei Gelegenheit des grossen Herbstmanövers in der
Rheinprovinz, so wie zu Ehren des Besuchs Ihrer Majestät der Königinn Victoria von England nebst Prinz-
Gemahl königl. Hoheit, die bei der Theilnahme an der
Enthüllungsfeierlichkeit des Beethoven-Denkmals zu Bonn
im brühler Schlosse residirten, am 13. August ein grosses Bankett veranstalten liess, dem ein prachtvolles
Fest auf dem Rheine am Tage vorher vorangegangen
war. Die jetzige Bestimmung dieses denkwürdigen Gebäudes wurde bereits, nebst einer Abbildung desselben,
auf Seite 101 genannt.

Die Kirche St. Marien im Capitol.

Bei jeder bedeutenden Ueberschwemmung des Rheines
wird uns der klare Beweis wiederholt, welche praktischen Baumeister die Gründer Kölns, die alten Römer
zur Zeit gewesen sind. Als im Jahre 1784 der Rhein

eine so enorme Höhe erreichte, wurde die Römerstadt, zwischen den älteren Stadtmauern gelegen, fast gar nicht von seinen Fluthen berührt, wohingegen er jetzt nur mehrere Fuss über seine Ufer zu treten braucht, um den ganzen, ausserhalb der damaligen Mauern gelegenen östlichen Theil der neuern Uferstadt zu überschwemmen. Die Römer bauten die Altstadt auf und um die höchstgelegenen Punkte, und sind als solche besonders drei Hügel zu bezeichnen. Auf dem einen steht St. Pantaleon, auf dem andern der Dom, und auf dem dritten die Kirche St. Maria im Capitol. Letzteren Beinamen führt diese Kirche, weil sie nach Pipin von Heristal's Tode (16. Dezember 714) von seiner Gemahlinn Plektrudis, auf den Trümmern des römischen Capitols, verbunden mit einem reichen Adelsstifte, erbaut worden ist. Sie bildet die Form eines Kreuzes von dem aber nur der Chor hinter dem Hochaltare mit seinem rundbogigen Säulengange, so wie die beiden nach links und rechts rund austretenden Seitenchören aus dem 8. Jahrhundert stammen. Langschiff und Gewölbe gehören in eine spätere Zeit. Das mit dieser Kirche bis 1802 verbundene adelige Stift gehörte dem Orden des h. Benediktus an, jedoch war es diesen Nonnen, die bei ihrem Eintritte wenigstens 16 Ahnen aufweisen mussten, ausnahmsweise gestattet, zu jeder Zeit den Schleier mit dem Trauringe zu vertauschen. Als im Jahre 1804 durch Bischof Berdolet die jetzige Pfarreintheilung ins Leben trat, wurde St. Marien als eine der vier Hauptpfarren Kölns bestimmt. In späteren Jahren einer durchgreifenden Reparatur bedürftig erscheinend, wurde endlich im Jahre 1818 der Beschluss der Ausführung derselben gefasst. Sehr zu Statten kam hierbei ein bedeutendes Vermächtniss der letzten Abtissin des adeligen Stiftes, Horn-Goldschmidt, an den damaligen Caplan Ambrosius Heiss, welches dieser aber grossmüthig der Kirche vermachte. De Nöel

entwarf den Plan, die Ausführung begann, und so erblicken wir die Kirche, zwar ohne Glockenthurm, (das
Geläute befindet sich in dem allein stehenden Thurme
der abgebrochenen Kirche von klein St. Martin) in ihrer
heutigen Gestalt, welche durch eine vor Kurzem begon-
nene Reparatur des Äussern noch bedeutend gehoben
zu werden verspricht.

Der Eingang in die St. Marien-Kirche findet für den
Fremden am geeignetsten von der Casinostrasse her
Statt. Ein neues Portal, von Architekt Felten, dem
Erbauer des neuen Museums, sehr zierlich erdacht,
führt zuerst in einen durch Fussfallstationen ausgeschmückten Umgang hinein, dem vor einigen Jahren
erst seine heutige vollständige Instandsetzung unter
Feltens Leitung zu Theil geworden ist. Aus dem Umgange in die halb dunkle Vorhalle eingetreten, gewahren
wir in derselben an einer Seite das Standbild des ver-
spotteten, an der andern das des kreuztragenden, und

an der Rückwand den von den h. Frauen umgebenen
Leichnam des ins Grab zu legenden Christus, über
welch letzterem noch ein Christus am Kreuze sich zeigt.
Die Orgel dieser Kirche ist ein wahres Meisterwerk.
Sie stammt aus dem Jahre 1623 und wurde von dem
berühmten kö nischen Künstler, König dem Aelteren, erbaut. Die hohe Brüstung derselben ist aus Sandstein
und Marmor zusammengesetzt und mit äusserst zierlichen Nischen und Figuren verziert, die sich in denselben Formen auch über einen Theil der Seitenwände
erstrecken. In der Thürwand unter der Orgel sind die
Bildnisse zweier Stiftsdamen von eingelegtem Marmor
angebracht, neben welchen, so wie in den Seitenwänden,
wir Kupfertafeln erblicken, auf denen kunstvoll ausgeführte Inschriften die Wappen sämmtlicher Abtissinnen
des Stiftes umgeben. Von der linken Seitenwand tritt
der Sarkophag der Erbauerinn der Kirche, der h.
Plektrudis, und von der rechten der ihrer Verwandten,
der ersten Abtissin des Stiftes, der h. Ida, in die
Kirche hinein. An den Pfeilern des Langschiffes hangen
sieben gute Bilder, das Leben des h. Martinus schil-
dernd; dieselben sind von dem trefflichen kölnischen
Maler Augustin Braun, einem Zeitgenossen Rubens, gemalt, und aus der abgebrochenen Kirche St. Martin
hierhin gelangt.

Der linke Seitenaltar ist bemerkenswerth durch ein
pur gewachsenes Kreuz, an welchem ein aus schwarzem
Holze geschnitzter Christuskörper hängt, dessen Haupt,
wie man sagt, im Verlaufe der Zeit fortwährend herunter sinkt, und heute bereits mit dem Kinn die Brust
berührt. Durch eine marmorne Communionbank aus
neuerer Zeit wird das Langschiff vom Chore getrennt.
Die Stühle zu beiden Seiten des marmornen Hochaltars
sind alt, und stellenweise recht gut in Holz geschnitzt. Hinter
dem Hochaltare hängt ein aus Kupfer gegossener Christus am Kreuze, der, zwar alt, jedoch fortwährend das

Auge aller Kenner durch seinen seltenen Kunstwerth
in Staunen setzt. An jeder Seite des Chores befinden
sich zwei Kapellen, und zwar links die Tauf- und Gute-
Raths-, rechts die Josephs- und die Hardenraths-Kapelle.
Die Tauf-Kapelle enthält in dem Altare eines der prachtvollsten Gemälde, von Albrecht Dürer um das Jahr 1521 gemalt. Es wurde durch einen glücklichen Zufall auf d. Speicher
dieser Kirche gefunden, und so dem Verderben und der
Vergessenheit entrissen. Es ist ein Doppelbild, und lassen sich beide Seiten durch Umdrehen nach Aussen
wenden. Auf der gewöhnlich vorgekehrten Seite sehen
wir den Auszug der Apostel in alle Welt. Während
mehrere derselben entfernt auf den verschiedenen Wegen
der herrlichen Landschaft wandeln, sind die letzten noch
um einen Brunnen versammelt, die Füsse im Wasser
badend oder trinkend von dem Wasser der Quelle. Die
andere Seite zeigt uns die sämmtlichen Apostel wieder
vereinigt, und zwar das Todesbett der h. Jungfrau und
Gottesgebärerin Maria umstehend. Welch herrliche Figur
ist dieser schon halb verklärte Körper der h. Maria,
und welche wunderschön gezeichneten Köpfe charakte-
risiren jeden einzelnen der h. Apostel! Ausser dem
Dombilde und dem Rubens'schen Gemälde in St. Peter
weist Köln wohl schwerlich viel Besseres auf. Links
neben diesem Altare befindet sich ein gutes Portrait
des berühmten Bürgermeisters Hardenrath, so wie das
seiner Gemahlinn, geborne von Klepping, rechts, beide
von Geldorp gemalt. Ein gutes, kleineres Bild, die
Mutter Anna mit Maria und dem Jesuskinde, trägt
nicht weniger zur Verzierung dieser schönen Capelle
bei. Der Taufkessel in derselben wurde im Jahre 1594
von Weckrath aus Bronze gegossen und herrlich ciselirt.
Er ist rundum voller Schrift, und enthält auf dem
Deckel den h. Martinus auf hohem Ross, für den neben
ihm am Wege stehenden Bettler seinen Mantel zertheil-
lend. — Die nebenliegende Gute-Raths-Kapelle

ist ganz nach dem Muster der Kapelle des h. Grabes erbaut. In der ihr entsprechenden h. Josephs-Kapelle an der rechten Seite wäre als Merkwürdigkeit nur ein schöner Mosaikboden zu bezeichnen. Am interessantesten ist übrigens die Kapelle der Familie Hardenrath. Sie ist rundum bemalt, und hat, ähnlich der Taufkapelle, ein äusserst zierliches Gewölbe. Ueber dem marmornen Altare, zu dessen beiden Seiten wir als Standbilder den Heiland und die h. Maria sehen, ist die Hölle als aufgesperrter, feuriger Rachen, mit Verdammten gefüllt, und darüber der Himmel gemalt, in welchem Christus zwischen stufenweise übereinander geordneten Heiligen auf dem Throne sitzt. Die linke Seitenwand ist mit den Bildnissen vieler Heiligen bemalt, wovon in unterster Reihe die h. Apollonia, der h. Michael, Blasius, Nikolaus, Paulus und Andreas, in oberster die h. Barbara, Catharina, der h. Jakobus, Bartholomäus, Sebastianus und Antonius stehen. Die darüber befindliche Darstellung der Verklärung Christi auf Tabor ist sowohl in der Auffassung, wie in der Ausführung als ein recht gelungenes Bild zu bezeichnen. Die Thürwand enthält zunächst neben dem Eingange die Portraits der Stifter der Kapelle, Bürgermeister Hardenrath nebst seiner Frau. Bis in und um die Ecke rechts ist der h. Georg mit dem Drachen, und daneben der h. Martinus gemalt, wie er mit dem erfrierenden Bettler den Mantel theilt; an der andern Seite hingegen ist die ganze Familie der genannten Stifter in singender und musicirender Thätigkeit, portraitirt. Eine Auferweckung Lazarus füllt die übrige Fläche der Thürwand bis zu dem Gewölbe aus, und ist das sämmtliche Bildwerk dieser interessanten Kapelle von Israel von Meckenem ausgeführt. Als sonstige gute Bilder in dieser Kirche sind ausser den bereits genannten noch folgende aufzuzählen: eine Himmelfahrt Maria von Boys, ein Ecce-Homo von Bischop, und die Auferweckung eines Todten durch den h. Mar-

tinus von Lebrün. In den beiden Seitenschiffen befinden
sich mehrere Glasfenster, die sowohl durch Zeichnung
wie Farbenton zu den bessern Erzeugnissen dieser Kunst-
gattung zählen. — Von dem Eintritt unter der Orgel
her rechts in der untersten Ecke des rechten Seiten-
ganges befindet sich eine kleine, gewöhnlich mit Blu-
men und Kränzen verzierte Gruppe, aus Maria mit dem
Jesuskinde und einem davorkniecnden Schulknaben bestehend, der dem Jesukinde einen rothwangigen Apfel reicht.
Der Knabe ist der h. Hermann Joseph, in der Nähe
der Kirche geboren, und in der zartesten Jugend eine
dortige Schule besuchend. Auf sein reines, kindliches
Herz und sein zartes, engelgleiches Gemüth hatten die
ersten Lehren von der Liebe des Gottessohnes zu den
Menschen den innigsten, den wonnevollsten Eindruck gemacht. So oft er zur Schule ging, kniete er erst vor
dem Jesuskinde, ihm seine Spiele und seine Freuden zu
erzählen, und es flehend einzuladen, von der Mutter
Arm herunter zu steigen, seine Freuden und Spiele zu
theilen. Wurde auch seine Bitte nicht erfüllt, so glaubte
er doch jedesmal, Mutter und Kind voll Freude und
Huld auf sich herunter lächeln zu sehen, Freude strah-
lend kam er eines Tages zu seinem Lieblingsbilde, und
streckte hoch den prachtvollsten Apfel empor. Sein inbrünstiges Flehen zu der Mutter, denselben ihrem Kinde
zu überreichen, rührte die Himmelskönigin in solchem
Grade, dass auf ihre Fürbitte ein Wunder geschah. Der
Arm des Marienbildes neigte sich herab, und nahm aus
seiner Rechten die Gabe in Empfang, worauf der über-
glückliche Kleine voll kindlicher Freude zur Schule eilte.

Unter dem Chore der St. Marien-Kirche ist noch
eine prachtvolle Krypta zu sehen. Dieselbe bildet einen
grossartigen, unterirdischen Bau, der auf kolossalen
Säulen und Mauern ruht, und ganz das Ansehen eines
alten römischen Heidentempels trägt. Ehemalige Fresco-
Malereien treten an den Wänden und Gewölben aus
ihrer spätern Uebertünchung allmählig wieder hervor.

Das Drei-Königen Thörchen.

In dem Keller unter einem zur Kirche gehörenden
Nebengebäude befindet sich eine Quelle, die den Namen
der ersten Abtissin, der h. Ida, trägt. Das noch heute
sprudelnde, sonnenklare Wasser derselben wird als Heil-
mittel gegen böse Augen von Nah und Fern geholt.

Die grosse Ausgangsthüre vom Chore links ist durch
ihr ausgezeichnetes Schnitzwerk um so mehr zu bewundern, als dieses aus dem 11. Jahrhundert stammt. In
der Ecke ⌐ausserhalb derselben hängt eine grosse
Wallfischrippe, deren ursprünglichster Besitzer nach unver-
bürgter Sage bei einer Wasserfluth bis in die Nähe
dieser Kirche, deren östliche Seite beinahe der damalige
Rheinarm bespülte, herangeschwommen und hier getödtet
worden ist. In der äussern Chorwand ist das Bild der

h. Plektrudis eingemauert, welches ehemals der Deckel ihres Sarges war.

Die St. Marien-Kirche hat von je her unter den kölner Kirchen eine besondere Wichtigkeit gehabt. In der ältesten Zeit lasen die Erzbischöfe in der Weihnachtsnacht hier ihr erstes, in St. Peter ihr zweites und im Dome ihr drittes Hochamt. Am Ostersamstage jeden Jahres feierten hier Bürgermeister, Senat und Schöffen den Vorabend des h. Ostertages, welche Feier, wenn auch nicht mehr unter solcher Betheiligung, noch heute besteht. Bei dem Amtsantritte eines neuen Bürgermeisters wurde der Gewählte in feierlichem Zuge über Eichenlaub vom Rathhause bis zu dieser Kirche, und nach angehörter Messe in die Hardenraths-Kapelle geführt, wo nach einer besondern Andacht man ihm das Bild des Gründers als Muster eines wahren Bürgermeisters zeigte. Das von dieser Kirche zu dem St. Marienplatze, direkt zu der ehemaligen Wohnung Pipins und Plektrudis führende Dreikönigenthörchen bietet als Beigabe zu dieser Beschreibung ein recht zierliches Bild.

Das Kaufhaus Gürzenich.

Im Jahre 1437 erwarben Bürgermeister und Rath der Stadt Köln das den Erben Gürzenich und Louvenberg (Carl. Walther und Sigismund von Dieslaken) gehörige, oben Mauern, (jetzt Martinstrasse) gelegene Privat-Kaufhaus Gürzenich nebst den daran hängenden Appertinentien, um daselbst ein „grosses Kaufhaus", später auch „Unser Heeren Dantz-Huis Gürzenich" genannt, zu Ehren der Stadt zu erbauen. Nach weiterer Erwerbung der angrenzenden Virneburg, einer Schmiede und eines Beginenkonventes wurden sämmtliche Gebäulichkeiten im Jahre 1441 nieder gerissen, der grossartige Bau begonnen, und bis zum Jahre 1447 mit einem Kostenaufwande (laut Rathsprotocoll vom 11. Dec. 1447) von 80,000 Gulden vollendet. Im Jahre 1452 beschloss der Rath, dass das bis dahin auf dem Zeughause abgehaltene jährliche Bürgermeisters Dienst- (Antritts) Essen auf dem neuen „Unsrer Herren Hause oben Mauern" abgehalten werden sollte, und wurden seit dieser Zeit auch alle andern grössern Festlichkeiten daselbst begangen, von denen folgende für die Vaterstadt historisch und desshalb besonders wichtig erscheinen.

Im Jahre 1474 wurde von dem Rath der Stadt zu Ehren des Kaisers Friedrich III. und seines Sohnes, des Erzherzogs Maximilian, ein grosses Tanzfest auf dem Gürzenich veranstaltet, welches der Kaiser begehrte, „um die schönen Frauen Kölns beisammen zu sehen." Der Erzherzog eröffnete den Tanz mit der Edlen von Dinstingen, Stiftsdame zu St. Ursula, denen zwei Edle des kaiserlichen Gefolges nach hochfürstlicher Weise vorantanzen mussten. Die Bischöfe von Mainz und Trier richteten es ein, dass sich die Frauen und Jungfrauen zwei und zwei die Hände reichten, und wohl zu 36 Paaren vor dem Kaiser auf und niedertanzten. Darauf verabreichte man Allen Kraut und Wein, firnen wie neuen.

Kaiser Friedrich III. sass auf dem grossen Saale 1475 zu Gericht über den Herzog Wilhelm von Jülich, der sich geweigert, dem Kaiser gegen Herzog Karl den Kühnen von Burgund, der in das Erzstift Köln eingefallen war und Neuss belagerte, beizustehen.

1477 verweilte Erzherzog Maximilian auf seiner Brautreise fast einen Monat lang in Köln und wurde durch mehrere auf dem grossen Saale gegebenen Festlichkeiten geehrt. 1486 belehnte der Kaiser auf dem Gürzenich den Herzog von Cleve mit einigen Ländern. Als der Kaiser Friedrich in demselben Jahre mit seinem Sohne Maximilian von Aachen zurück kam, und letzterer als römischer König gekrönt worden war, hielt er seinen feierlichen Einzug durch das Weierthor in die Stadt.

Bei dieser Gelegenheit wurde ein grosses Turnier auf dem Altenmarkte gehalten, und lud der König für den Abend die Jungfrauen der vielen damals nach Köln gekommenen auswärtigen Herrschaften auf den, dem Gürzenich gegenüber gelegenen Quatermarkt, auch Bruloffs- (Brautlaufs- Hochzeits-) Haus genannt, ein. Als man dort gegessen, wurde auf dem Tanzhause Gürzenich mit den Frauen getanzt.

1505, am 20. Juni, eröffnete Kaiser Maxmilian auf dem Gürzenich die Sitzungen des nach Köln berufenen allgemeinen Reichstages. Am 15. Juli wurde dem von Emmerich zurückkehrenden Kaiser und den ihn begleitenden Fürsten und Herren auf dem reich geschmückten mit Wachsfakeln und Lichtern prächtig erleuchteten Saale ein grossartiges Bankett gegeben. Die aus 1366 Personen bestehende hohe Gesellschaft speiste von silbernen Schüsseln; das Essen bestand aus 18 Gerichten, von Fleisch- und Fischspeisen kostbar zubereitet. Nach beendeter Tafel wurde rasch der Saal zum Tanzen eingerichtet, und der Kaiser eröffnete den Ball mit der Herzogin von Linneburg, denen die Herzoge Hans von Sachsen, Erich und Philipp von Braunschweig und Albert von Mecklenburg mit brennenden Wachsfackeln voran tanzten. Danach folgten andere Tänze, und dauerte das Fest bis gegen 3 Uhr Morgens.

Am 24. Juli verrichtete der Kaiser auf dem Gürzenich unter grossem Gepränge mehrere Belohnungen an den Herzog von Mecklenburg, den Herzog Ulrich von Würtemberg den Fürstbischof Conrad von Münster und andere. Am 1. August wurde der Reichstag geschlossen, und verliess der Kaiser am 3. die freie Reichsstadt Köln.

1520 am 14. September nahm Carl V., nachdem er in Aachen zum römischen Kaiser gekrönt worden war, in Köln die Huldigung von Rath und Bürgern entgegen. Der Kaiser hielt darauf grosse Tafel in dem Hause Quatermarkt, wobei auch die Bürgermeister, Stadt-

rentmeister etc. zugegen waren. Danach nahm der Kaiser
bis nach Mitternacht an dem auf dem Gürzenich veran-
stalteten grossen Tanzfeste Theil. Bei dieser Gelegenheit
wurde Albrecht Dürer dem Kaiser vorgestellt, und mit
ausgezeichneter Huld empfangen und aufgenommen. —
Mit dem spätern Verfall der hanseatischen Blüthe
Kölns verlor auch der Gürzenich seine frühere Bedeutsamkeit, und wurde endlich der grosse Saal als gewöhn-
licher Waarenspeicher benutzt. Als aber Köln nach
Abwerfung der französischen Fremdherrschaft unter das
neu erhobene Scepter Preussens gelangte, und die
Wichtigkeit ·wie der Wohlstand der Stadt sich mit jedem
Jahre eines immer mächtigern und blühendern Aufschwunges erfreute, wurde auch der halbverfallene Gürzenich
in angemessener Weise wieder restaurirt, und fand am
10. und 11. April 1821 das erste niederrheinische Musik-
fest auf dem grossen Saale desselben statt. Im Jahre
1822 am Carnevals-Montage wurde auf einem zum Besten der Armen gegebenen Maskenballe nach Verlauf
von ungefähr 300 Jahren zum erstenmale wieder auf
demselben getanzt.

Seitdem haben sich die Fastnachtsbelustigungen und
Musikfeste regelmässig auf demselben wiederholt, und
wurde er ausserdem seit 1839 für die Ausstellungen
des kölner Kunstvereins, und seit 1843 zu den Wahlen
des Central-Dombauvereins und den General-Versamm-
lungen der Abgeordneten sämmtlicher Dombau-Vereine
bei jeder Wiederkehr benutzt. Im August 1848 erlebte
der alte ehrwürdige Raum die 600jährige Gedenkfeier
der Grundsteinlegung des kölner Domes, wo bei einem
Bankett von 1140 Gedecken S. Maj. der König Friedrich
Wilhelm IV. von Preussen, S. kais. Hoheit, Erzherzog
Johann von Oestereich als deutscher Reichsverweser,
und fast sämmtliche Deputirten der frankfurter Natio-
nalversammlung in der Mitte der kölner Bürgerschaft
erschienen.

Die Metropole der Rheinprovinz fühlte es besonders
bei dieser Gelegenheit insgesammt, dass bei solch grossartigen Festlichkeiten, die sich durch die Lage der
Stadt, ihre Bedeutung und ihr fast beispiellos rasches
Emporblühen muthmasslich häufig wiederholen müssten,
der Gürzenich ohne Erweiterung, ohne bequemere Auf-
gänge und Anbauten von Nebenräumen sich für die Folge
nicht mehr genügend erweisen würde. Einige Mitglieder
der musikalischen Gesellschaft legten desshalb dem Gemeinderathe einen vom Baurath Biercher entworfenen
Veränderungsplan zur Genehmigung vor, und beschloss
in Folge dieser Vorlage die Stadt, das angeregte Unternehmen zu dem ihrigen zu machen, was aber leider
durch die Ungunst der Zeitverhältnisse in den Jahren
1847 und 48 nicht zur Ausführung gelangte. Am
5. März 1851 traten die Herren Peter Mülhens,
Joh. Maria Farina, Jos. DuMont, Franz Heuser und J.
Seidlitz als „Gürzenich Bauverein" mit einem neuen
Vergrösserungsplane auf, wonach ausser einer gänzlichen
Reparatur des Hauptgebäudes das an der Martinstrasse
gelegene Lokal „zum Herren Brauhause" angekauft,
die der Stadt gehörende „alte Münze" am Quatermarkte
hinzugenommen, und auf dem also gewonnenen Terrain
die erforderlichen Nebenräume errichtet werden sollten.
Das hierzu nöthige Bau - Capital sollte durch Creirung
von verzinsbaren Aktien beschafft, und das ganze Gebäude nach Amortisirung derselben städtisches Eigenthum werden. Nach erhaltener Zustimmung von Seiten
des Gemeinderaths und einer zu diesem Zwecke aus-
geschriebenen Concurrenz liefen drei Pläne ein, von
welchen die Jury den des Architekten Claassen zur
Ausführung empfahl. Nachdem nun von der technischen
Deputation des Handelsministeriums die durch den Stadtbaumeister Harperath und den Geh. Regierungs-Baurath
Zwirner angedeuteten Veränderungen genehmigt, und
der Claassen'sche Entwurf, als in manchen Theilen zu

modern und desshalb nicht ganz stylgemäss, durch die damals beim Dombaue beschäftigten Architekten Fr. Schmidt und V. Statz entsprechend umgearbeitet worden war, wurde der also festgestellte Plan dem Stadtbaumeister Raschdorff übergeben, um die nöthigen Vorarbeiten einzuleiten und mit der Ausführung sobald wie möglich zu beginnen. Durch letzteren wurden schliesslich noch manche Mängel hinsichtlich der Raumvertheilung beseitigt, der Plan in mancher Beziehung und namentlich durch unzählige Einzelheiten in der Zeichnung ergänzt, und endlich die technische Ausführung unter dessen Oberleitung dem Bauführer Krohn übertragen. Da aber inzwischen der Staat der vorhingenannten Aktiengesellschaft „Gürzenich-Bauverein" die Concession zum Baue noch nicht ertheilt, vollführte die Stadt denselben vermittelst einer Anleihe durch Ausgabe 4 procentiger Obligationen. (s. Seite 85.) Im April 1855 wurde der Um- und Neubau begonnen, in drei Bausommern das Ganze vollendet, und am 22. November 1857 durch ein grosses Vocal- und Instrumental-Concert dem prachtvollen neuen Saale die Weihe ertheilt.

Nach diesem wurde er bis heute, ausser den 8, 10 oder 12 jährlichen Winter-Concerten, Masken- und sonstigen Bällen zu folgenden bedeutsameren Zwecken benutzt.

1.) Zu einem Concerte am 4. Februar 1858 zu Ehren der Vermählung unseres Kronprinzen Friedrich Wilhelm von Preussen mit der Princess Royal von Grossbrittanien bei Dero Durchreise durch Köln.

2.) Zur Abhaltung der niederrheinischen Musikfeste am 23. und 24. Mai 1858 und 8. und 9. Juni 1862 unter F. Hillers Direktion.

3.) Zu Gesangesvorträgen des kölner Männergesang-Vereins (28. August 1858) bei Anwesenheit der Königinn von England und des Prinzen Albert, Höchst -Dero Gemahl.

4.) Zur General-Verrammlung der katholischen Vereine Deutschlands vom 6. bis 9. September 1858.

5.) Zu einem Festessen bei Gelegenheit der Einweihung der neuen festen Rheinbrücke und eines Theiles der Deutz-Giessener Eisenbahn, bei Anwesenheit des Prinz-Regenten von Preussen, veranstaltet am 3. Oktober 1859 durch die Köln-Mindener Eisenbahn-Direktion.

6.) Zu einem Festmahle Seitens der rheinischen Eisenbahngesellschaft bei Eröffnung der links-rheinischen Bahnstrecke von Bingen bis Köln, ebenfalls bei Anwesenheit des Prinz-Regenten von Preussen, am 13. Dezember 1859.

7.) Bei Gelegenheit des deutschen Turnerfestes am 24. Juni 1861 zu einem grossartigen Balle.

8.) Am 14. August 1861 zu einem Concerte und am 15. zu einem Diner, bei der Eröffnung des neuen Museums durch die allgemeine deutsche Kunstgenossenschaft.

9.) Zu einem grossartigen Festmahle am 27. August 1861 bei der Zusammenkunft der deutschen Eisenbahn-verwaltungen in Köln.

10.) Zu einem Festconcerte am 15. September 1861, bei Gelegenheit der grossen Herbstmanöver, auf dem S. Maj. König Wilhelm I. von Preussen, umgeben vom höchsten Gefolge, und den hervorragendsten Militär-Personen fast sämmtlicher europäischen Länder erschien.

11.) Zu einem grossen Concerte als Schillerfeier am 11. November 1861, veranstaltet vom kölner Männer-gesang-Vereine.

12.) Am 22. November 1862 zu einem Festessen, dem ersten mit Damen, zur Feier des 25jährigen Bestehens der musikalischen Gesellschaft und des städti-schen Gesang-Vereins zu Köln.

Der untere Raum des eigentlichen Gürzenich dient als städtisches Lagerhaus, und ist zur Aufbewahrung aller zur Disposition und zum Verkauf gestellten Güter bestimmt. Da diese Benutzungsart aber häufig mit den Festlokalitäten im obern Stock collidirte, sollen die untern Räumlichkeiten zu einem grossartigen Börsenlokale umgeschaffen werden. Die neuen Nebengebäulichkeiten enthalten ausser Küchen und Kellern die nöthigen Re-staurations-, Billard-, Garderoben- und sonstigen Zimmer im Erdgeschoss, wohingegen auf der ersten Etage ein grösserer (nach der Martinsstrasse) und ein kleinerer Saal (am Quatermarkt) als Nebenräume des Hauptsaales sich befinden. Ersterer ist 49 Fuss lang, $40^{1}/_{4}$ Fuss tief und $28^{1}/_{2}$ Fuss hoch. Er ist im Innern mit 144 Flammen erleuchtet und enthält das S. 21 erwähnte prachtvolle Wandgemälde, dem die Bemalung der andern Seiten ehestens folgen soll.

Der grosse Saal füllt das ganze Stockwerk des Hauptgebäudes aus. Zwei und zwanzig achteckige Säu-len von Eichenholz theilen denselben in einen 43 Fuss breiten, 128 Fuss langen und 45 Fuss hohen Mittelraum, und eine rings um denselben laufende Seitenhalle von 11 Fuss, beziehungsweise 19 bis 21 Fuss Breite und 25 Fuss Höhe. Ueber letzterer liegt eine Gallerie die an den kurzen Seiten als Musik-Orchester, an den Langseiten aber als Zuschauerraum bei Bällen und sonstigen Festen dient. Die Saalwände sind einstweilen mit stylgemässen Tapeten bedeckt, sollen aber ehestens Wandmalereien erhalten, deren Stoff man der kölnischen Geschichte entlehnt. Die Decke, in Form eines Daches schief empor gegen einander strebend ist aus reich verziertem, bemaltem und vergoldetem Eichenholz construirt. Die beiden Kamine an der, rechten Langseite, vom Bildhauer Mohr wieder vollständig restaurirt und mit dem ursprünglichen Bildwerke versehen, sind das Schönste, was von dem alten Saale im Innern noch übrig blieb. Die an der Westseite befindliche grosse Tribüne dient bei den Gesellschafts-Concerten zum Orchesterraum. Bei Bällen gewährt sie einen angenehmen Sitzplatz für die Zuschauer, und bei Festessen den geeignetsten Platz für den Ehrentisch. Die Fenster der westlichen, südlichen und östlichen Wand sind mit Glasmalereien en grisaille versehen und mit den Wappen von Bürgermeistern, Zünften u. s. w. verziert. Die Beleuchtung des Saales wird bewirkt

durch 8 Kronleuchter zu 60 Flammen	- 480 Flammen.
„ 6 „ „ 12 „	- 72 „
38 Armleuchter „ 6 „	- 228 „
40 „ „ 1 „	- 40 „
im Ganzen durch	820 „

Durch seine äusserst günstige Akustik, seine trefflich gewählte Färbung und Dekoration, sowie durch den grossartigen Effekt der ausgezeichneten Beleuchtungsart bildet der Gürzenich-Saal einen der prachtvollsten Sääle der Welt, und ist das ganze Gebäude ein Festlokal, wie wenige Städte ein ähnliches aufzuweisen haben.

Es wird nicht ohne Interesse sein, die Baukosten kennen zu lernen, die in den nachstehenden Positionen auf Thaler abgerundet sind.

Dieselben haben betragen:

1. Für Abbruchsarbeiten . . . . . 345 Thlr.
2. „ Erd - und Maurerarbeiten, einschliesslich Material . . . . 31847 „
3. „ Haustein - Arbeiten . . . . . 35466 „
4. „ Asphalt Arbeiten . . . . . 375 „
5. „ Zimmer-Arbeiten, einschliesslich Material . 14288 „
6. „ Dachdecker-Arbeiten . . . . . 5215 „
7. „ Klempner-Arbeiten . . . . . 741 „
8. „ Schreiner-Arbeiten . . . . . 58226 „
9. „ Schlosser-Arbeiten . . . . . 8018 „
10. „ Glaser-Arbeiten und Glasmalereien . 3604 „
11. „ Anstrichs-und Frottirungs-Arbeiten . 2213 „
12. „ Insgemein und Bau-Aufsicht . . 4530 „
13. „ Gasanlage . . . . . . 1482 „
14. „ Beleuchtungsgegenstände . . . 10055 „
15. „ Heizungsanlagen . . . . . 1607 „
16. „ Extraordinaria . . . . 5165 „
17. „ Mobilar . . . . . . 6495 „

Gesammte Ausgaben: 189,672 „

Die Summen der spätern Decorations - Arbeiten und Tapezierungen betragen rund 3500 Thlr. Wenn auch das Baucapital durch einige noch später nothwendig gewordenen Ausgaben beinahe vollständig die mit 4 $0/_0$, also jährlich mit circa 8000 Thlrn. zu verzinsende Höhe von 200,000 Thlrn. erreicht, so möge es dennoch jedem Kölner zum Stolze gereichen, dieses Festlokal in seiner Vaterstadt zu besitzen, und ihm daneben zur erfreulichsten Beruhigung dienen zu erfahren, dass die Einnahme vom Gürzenich im Jahre 1862 eine Summe von mehr als 14000 Thlrn. betragen hat.

Die Kirche St. Alban.

Wer in Köln den prachtvollen Gürzenich besucht, möge es nicht versäumen, auch der daneben liegenden Kirche St. Alban ein paar Minuten zur Besichtigung zu widmen. — An der Stelle der jetzigen Kirche hat ebenfalls schon früher eine ältere gestanden, wenn auch bestimmte Nachrichten über deren Grösse und Form uns fehlen. Die jetzige Kirche hat im Laufe der Zeit schon mehrfache Veränderungen erlitten, indem gegen Anfang des 17. Jahrhunderts das Gewölbe des Hauptschiffes erhöht, und neue, schlankere Fenster eingesetzt worden sind. Im Jahre 1776 wurde zur Vergrösserung derselben ein Anbau nach Norden, nebst einer verschönernden Reparatur der ganzen Kirche ausgeführt. Manches indess, was ihr noch bis in die jüngere Zeit zum innern Schmucke und zur besondern Zierde gereichte, wurde auf den Rath De Noël's unter dem Pfarrer Kerp (gest. 14. Okt. 1847 als Oberpfarrer von St. Columba,) aus derselben entfernt, um sie, nach Beider Ansicht, im einfachsten Gewande, aber desto schöner erscheinen zu lassen. In neuester Zeit hat man sich hingegen zur Zufriedenheit vieler Pfarrbewohner angelegentlichst bemüht, dieselbe allmählig wieder mit reicherem Schmuckwerke zu versehen, und unter andern drei neue zierlich gearbeitete und vergoldete Nebenaltäre, der unbefleckt empfangenen Jungfrau Maria, dem h. Quirinus und dem h. Johannes von Nepomuk geweiht, in derselben zu errichten. Im Hauptaltare besitzt diese Kirche ein gutes Bild, die Enthauptung des h. Albanus darstellend, und wurden ihr ausserdem noch zwei andere werthvolle Oelgemälde, eine Anbetung der h. drei Könige und eine h. Familie von unbekannt sein wollender Hand in letzter Zeit verehrt.

Eine Merkwürdigkeit in dieser Kirche, einzig in ihrer Art, ist eine miraculöse h. Hostie, die früher im Augustinerkloster (jetzt Augustinerplatz, Casino und Meyer-Essingh's Haus) aufbewahrt worden ist. Die Legende erzählt darüber folgendes: Ein junger Kölner, der bei einer holländischen Herrschaft in Zeeland diente, ging, um den Schein als Katholik zu retten, in der österlichen Zeit mit dem übrigen Dienstpersonal seines Hauses zum Tische des Herrn, ohne vorher das Sakrament der Busse durch die Beichte empfangen zu haben. Als ihm nun der Priester die h. Hostie reicht, ward sie in seinem Munde zu Fleisch und Blut, welch letzteres zum furchtbaren Schrecken seiner, und zum grössten Erstaunen der Anwesenden sogar bis auf den Boden träufelte. Von plötzlicher Reue über seinen an der Gottheit so frevelhaft geübten Leichtsinn befallen, kehrte er später nach Köln zurück, wo er durch die härtesten Busswerke seine freche That zu sühnen begann, und eines gottseligen Endes verstarb. Diese, in Fleisch und Blut verwandelte h. Hostie wird noch jährlich beim sogenannten Jünglingsfeste den zahlreichen Besuchern der Kirche zur Verehrung ausgestellt, und ist dieselbe in einem zierlich gearbeiteten silbernen Kreuze im Mittelpnnkte desselben eingefasst.

Das Rathhaus und der Rathhausplatz.

Schon Agrippa hat in Köln ein Praetorium erbaut welches wenigstens in der Nähe des jetzigen Rathhauses lag, und bereits zur Zeit des römischen Legaten Aequilus calvus der Wiederherstellung bedurfte. Nach einer Notiz des Laurentiusschreines vom Jahre 1291 hat das kölner Bürgerhaus in der Laurentiuspfarre gelegen, deren Kirche auf dem heutigen Laurentiusplatz, also dicht bei dem jetzigen Rathhause stand. Sicher aber ist, dass das hinter dem Portale liegende Erdgeschoss des Rathhauses wie der darüber befindliche Hansasaal am Anfange des 13. Jahrhunderts als erster Theil des heutigen Rathhauses erbaut worden ist. Der Rath- hausthurm wurde im Jahre 1406 „zu Ehren der Stadt und zum gemeinen Besten" zu erbauen beschlos- sen, im nächsten Jahre begonnen und 1417 vollendet. Merkwürdig ist, dass er theilweise aus dem Ertrage der confiscirten Güter vertriebener rathsfähiger Geschlechter (circa 50,000 Florin betragend) erbaut worden ist. Die hinter dem vordern Theile gelegenen Ge- bäulichkeiten nach dem Altenmarkte hinaus wurden vom Jahre 1549 ab in der jetzigen Umfassung ausge- führt. Das schöne Portal, 1569 begonnen, hat im Jahre 1571 seine Vollendung erreicht. Von 1836 bis 1839 wurde es unter Leitung des Stadtbaumeisters J. P. Weyer restaurirt, und erneuerte W. Imhoff das heute abermals verwitterte Bildwerk an demselben. Im Jahre 1775 nahm man noch verschiedene bauliche Verände- rungen am Rathhause vor, durch welche das ganze Ge- bäude seine heutige innere Eintheilung, wie seine äussere Gestalt erhielt.

Das Portal des Rathhauses umschliesst eigentlich die beiderseitigen Treppen, die nach der obern Säulen- halle führen, aus welcher man direkt zum Hansasaale gelangt. Von den beiden übereinanderliegenden Arka- den, wovon jede nach vorne fünf, und an beiden Seiten je zwei offene Bogenwölbungen hat, bildet die untere einen freien Durchgang, wohingegen die obere als offene Vorhalle des Hansasaales dient. Jede Arkade hat sechs- zehn reichverzierte Säulen, wovon die untern aus Marmor, die obern aus sogenanntem Weiberstein bestehen. Das ganze Portal trägt den Stempel der schönsten mittel- alterlichen Renaissance. Zwischen den beiden Arkaden sind zu unterst 12 Medaillons mit den Köpfen römischer Grossen; darüber nach vorne drei Basreliefs, und zwi- schen diesen je eine, und seitwärts je zwei Inschriften angebracht. Das mittlere Relief stellt den kölnischen

Bürgermeister Gryn im Kampfe mit einem Löwen dar.
Als sich nämlich zu jener Zeit die gesammte Bürgerschaft der Stadt mit ihrem Bürgermeister an der Spitze
in Opposition mit dem damaligen Erzbischofe befand,
wurde Gryn mit erheuchelter Freundlichkeit eines Tages
zur erzbischöflichen Tafel geladen, Nach Aufhebung
derselben führten ihn einige Domherrn in dem Palais
umher, um ihm unter anderm auch den gezähmten Löwen des Erzbischofs zu zeigen. Der Zwinger des schon
seit einigen Tagen hungernden Thieres wurde geöffnet,
und der Bürgermeister von seinen Begleitern meuchlings
hinein gestossen. Im Nu seine ganze Geistesgegenwart
zusammen raffend, schlang er seinen Mantel um den
linken Arm, damit dem blutdürstigen Gegner tief in den
Rachen fahrend, während seine Rechte mit dem rasch
gezogenen Schwerte dem heisshungrigen Thiere den To-
desstoss gab. Durch diese Geistesgegenwart und Klugheit dem beinahe unfehlbaren Tode entronnen, fand er
sich genöthigt, zur Beruhigung der empörten Bürgerschaft auf irgend welche Weise eine Rache zu üben,
und liess er drei seiner geistlichen Feinde an der Pfaffenpforte erhängen, wovon auch nach einer Version der
Name dieses ehemaligen Stadtthores stammt.*) Das Relief
zur Linken stellt uns den alttestamentalischen Richter
Samson vor, wie er im Vollgefühle seiner übermensch-
lichen Kraft den ihm vor den Mauern der Philisterstadt
Thamnatha begegneten Löwen zerreisst, wohingegen das
zur Linken den Propheten Daniel zeigt, der im frommen
Gottvertrauen in der Löwengrube unter den heisshungrigen Bestien wie ein Hirte unter seinen Schafen sitzt.
Diese drei sinnreichen Reliefs stellen Klugheit, (Gryn)
Kraft, (Samson) und Zuversicht (Daniel) vor, alles Re-
gententugenden, die auch dem Bürgermeister einer grossen
Stadt zur wünschenswerthesten Charakterzierde gereichen

---

*) Dieses Thor wurde im Januar 1863 auf dem Richartzplatze
wieder aufgebaut.

dürften. Die sechs Inschriften des Portals haben Bezug auf Personen und Begebenheiten der römisch-kölnischen Geschichte, und wurden von dem berühmten Alterthumskenner, dem Rechtsgelehrten Stephan Broelmann verfasst. Ueber dem obern Mittelbogen des Portals steht in einer Nische, erhaben über allem Zier - Bild- und Wortwerk die in den innern Räumen dieses Bürgerhauses einzig herrschende Priesterinn, die Gerechtigkeit, in lebensgrosser Figur.

Durch das Portal ins Rathhaus eintretend, gelangen wir durch das Vorhaus zwischen Diensträumen hindurch auf einen kleinen Hof, und durch einen weitern Gang in den dem Altenmarkte zu, und zwar dort auf erster Etage gelegenen grossen oder Muschel-Saal, welch letzteren Namen er desshalb hat, weil der rundliche Ausbau, durch den man auf den Balcon am Markte tritt, ein Gewölbe in Form einer grossen Muschel trägt. Dieser Saal diente früher zu grossen Essen, wie sie bei gewissen Feierlichkeiten vom Magistrate gegeben wurden, sowie zur französischen Zeit zu den Versammlungen der französischen Kreis - Deputirten. Er ist 38 Fuss lang, und 40 Fuss breit, und rundum mit kunstreich gewebten Gobelins tapeziert, die nach Wouvermann'schen Cartons auf verschiedenen, theilweise der Umgegend Kölns entnommenen Landschaften, Kriegsvölker im Schlacht - und Lagerleben enthalten. Diese Tapeten, von Joh. Daniel Voss gewebt, bilden grosse Felder, und sind von braunen Holz - Panneau's umgeben, die rundum ein schönes Schnitzwerk zeigen, und sich namentlich in den beiden Ecken nach dem Markte hin zu ausgezeichneten Reliefs erheben, in denen Armaturen und Kriegssymbole eine den Gobelins entsprechende Verzierung bilden. Diese Gobelins selbst stammen aus der Nachlassenschaft des Kurfürsten Clemens August her, und wurden bei einer Versteigerung im Jahre 1750 zu Bonn von Seiten der Stadt Köln für 1650 Reichsthaler erstanden und hier eingesetzt. — Am 28. Nov. 1750 wurde mit dem Stuckaturer N. Singen ein Vertrag abgeschlossen, wornach, mit den Wandtapeten harmonirend, der Plafond in Rocalien- (Rocaile-) Manier reich verziert werden sollte. Die Ausführung beweist, dass der Auftrag einem Meister dieses Faches ertheilt worden ist. Die vier von der Mitte der Deckenkante ausgehenden Felder zeigen Trophäen, welche von arabeskenartigen Verzierungen leicht und reich umschlungen sind. In den Ecken des Saales sind in landschaftlicher Darstellung die vier Elemente versinnlicht, und zwar in der vordern rechten Ecke (gleich über dem Eingange) die Luft. Einerseits erblickt man eine grosse Windmühle nebst einem gefüllten Fruchtmagazine; anderseits eine Festung mit wehenden Fahnen, und auf derem höchsten Thurme ein Storchennest mit Jungen, zu denen die Alte fliegt. Die Staffage enthält verschiedene Zeltgruppen, von denen einige vor dem Winde dahin zu sinken drohen. In der Ecke selbst schliessen sich an diese landschaftlichen Darstellungen Trompeten und sonstige Blasinstrumente an. In der vordern linken Ecke ist das Feuer durch eine in Brand geschossene und in hellen Flammen lodernde Festung dargestellt. Dazu kommen als mit dem Feuer in Verbindung stehenden Embleme in der Ecke Ladeschaufeln, Kugelzieher, Zündruthen, brennende Lunten und ähnliche Werkzeuge vor. Die Erde bildet in der rechten Ecke der Fensterwand den Stoff der landschaftlichen Phantasie. Einer mit aufgeworfenen Wällen und tiefen Laufgräben umgebenen Festung dienen als Embleme mehrere Ingenieur-Instrnmente, sowie Schaufeln, Hacken, Ruthen, Zirkeln u. dgl. Eine vom Wasser rundum umgebene Festung zeigt uns dieses letzte Element in der hintern Ecke links. Die Festung selbst communizirt durch eine von Pontons gebildete Brücke mit einer gegenüber liegenden Wasserschanz. Als entsprechende Embleme sind dieser

Darstellung Anker, Ruder, Winden, Seile und Ketten beigefügt. — An der linken Seitenwand erblicken wir über einem schönen Marmorkamine das Portrait von Kaiser Franz. I., dem Gemahl der Kaiserinn Maria Theresia. Das Bild wurde von Demaret ursprünglich als Kniestück gemalt, und die Beine später von Maler Schmitz hinzugefügt. Das Ganze ist umfasst von einem äusserst kunstvoll und reich gearbeiteten Holzschnitzwerke, welches auf stellenweise sichtbaren Spiegelgläsern liegt. — Ueber den drei geschnitzten Thüren des Saales sind Oelgemälde eingesetzt, auf welchen kräftig gemalte Kindergestalten Waffen schmieden, damit spielen, und sich im Gebrauche derselben üben. — Vor diesem Saale, welcher nunmehr zu den öffentlichen Sitzungen des Gemeinderathes dient, liegt noch ein kleinerer Saal, die goldene Kammer genannt. Diesen Namen erhielt er durch die spanischen Ledertapeten, die aus dem Anfange des 16. Jahrhunderts stammen, und in ihrem ursprünglichen Zustande in einem prachtvollen Goldglanze strahlten. — Ob die neben diesem Saale in der Erde befindliche Löwengrube, die rundum mit römischen und andern alten Wappen umgeben, jemals ein Exemplar von dem Geschlechte der Thierkönige beherbergt habe, mag um so eher zweifelhaft erscheinen, als die factische Unterhaltung eines solchen Geschöpfes an diesem Orte weder nothwendig, noch nützlich, noch angenehm erscheinen dürfte. Die Sage, dass hier derselbe Löwe, mit dem Bürgermeister Gryn den vorhin erwähnten Todeskampf bestanden, gezähmt und später dem Bischofe geschenkt worden sei, scheint wohl allein zur Ableitung des Namens dieser Grube erfunden worden zu sein.

Hinter dem Portale, und rechts wie links neben demselben noch weiter gehend, liegt auf der ersten Etage des Rathhausgebäudes der berühmte kölner Hansasaal. Derselbe ist 90 Fuss lang und 24 breit. Im Jahre

1362 kam hier die grosse hanseatische Verbindung von 77 deutschen Städten zu Stande, wodurch dieser Saal nicht nur für deutschen Handel, sondern auch für die deutsche Geschichte eine welthistorische Bedeutung erhielt. Um die Mitte des 17. Jahrhunderts löste sich die deutsche Hansa auf, und auch die Blüthe Kölns sank allmählich herab. Der Saal fiel leider der Vergessenheit anheim, und der Zahn der Zeit vollführte ruhig und ungestört seine Augabe in demselben, wie er sie von jeher an allem Vergänglichen übt. Am 18. Januar 1819, nachdem er nothdürftig zu diesem Zwecke restaurirt worden war, wurden die Assisen-Verhandlungen in demselben eröffnet. Nachdem er bald seines verwahrlosten Zustandes wegen hierzu nicht mehr würdig erschien, wurden dieselben nach dem gegenüber liegenden Saale neben der jetzigen Stadtkasse verlegt, woselbst sie bis zur Eröffnung des neu erbauten Appellhofes verblieben.

Die Decke des Hansasaales bildet ein sehr einfaches Tonnengewölbe. Die vier Wände sind durch kunstreich gearbeitete gothische Steinverzierungen in Spitzbogenfelder mit bemalten Rosetten abgetheilt, von denen die an den beiden Langseiten mehrere Fenster und die nöthigen Thüren umfassen. Die Fenster selbst enthalten noch heute in den Oberlichtern städtische Wappen von schön gebranntem Glase; früher waren sie ausserdem in ihren Flügeln mit werthvollen in Glas gebrannten Heiligenfiguren gefüllt.

Die nördliche (kurze) Wand, deren schöne gothische Bogenverzierungen in ihrem Gliederwerk vergoldet und bemalt erschienen, und deren Zwischenfelder mit schönen Frescomalereien verziert gewesen sind, wurde später übertüncht, und drängen sich allmählig jetzt einige Figurenreste aus der ehemaligen Kalküberdeckung hervor. Die gegenüberliegende südliche Wand bildet bei Weitem den interessantesten Theil dieses Saales. Sie ist in ihrer schlank emporstrebenden Gliederung und reichen Ornamentik ein Muster gothischer Kunst. Auf neun meisterhaft ausgeführten Consolen stehen oben so viele 5 $\frac{1}{2}$ Fuss hohe Figuren, die in ihrem ursprünglichen bunten Farbenglanze und ihrer geschmackvollen Vergoldung einen äusserst prächtigen Anblick gewähren. Die über ihren Häuptern heraustretenden, und schlank empor strebenden Baldachinchen reichen bis zur Decke des Tonnengewölbes, so das die mittleren so viel höher wie die an den äusseren Seiten erscheinen. Sie stellen nicht, wie man theilweise behaupten will, bestimmte historische Personen, sondern nur Repräsentanten der Hansa in symbolisch gedachter Auffassung vor. Leider sind dieselben nunmehr theilweise verstümmelt, oder ist wenigstens ihre ehemalige Farbenpracht verblichen, wodurch sie, wie überhaupt der ganze Saal in seinem heutigen Bestande, wie Mahner an eine untergegangene, herrliche Zeit erinnern. Die Vorkehrungen sind aber bereits getroffen, und die Mittel schon bewilligt, um auch dieses Denkmal einer hervorragenden Epoche der Vaterstadt bald wieder in einen würdigen Zustand zu versetzen.

Aus dem Hansasaale tritt man in einen Vorsaal des Rathssaales, welch letzterer die erste Etage im Thurme bildet. Der Vorsaal liegt bedeutend tiefer wie jener, und führt desshalb eine von beiden Seiten aufsteigende, sich in der Mitte vereinigende Treppe zu der Eingangsthüre des Rathssaales hinan. Im Jahre 1734 wurde dieser Vorsaal mit vier grossen Wandgemälden verziert. Dieselben sind von dem bonner Hofmaler Mesqueda gemalt, und hat sich der Künstler folgende historische Stoffe aus der kölnischen Vorzeit gewählt: 1. Gesandschaft der Ubier an Cäsar; 2. Vermählung der Agrippa; 3. Kaiser Friedrich II., der Stadt Köln das Stapelrecht verleihend. Das vierte Bild ist leider verschwunden.

Dieser Vorsaal trug auch den Namen Prophetenkammer, weil zwischen den Fenstern der nach dem Innern des Gebäudes liegenden Wand acht hölzerne, bunt bemalte, symbolische Figuren standen, die Schriftrollen in den Händen trugen, auf welchen weise Sprüche standen, die die Rathsherren von dem Eintritt in den daneben liegenden Saal zu lesen pflegten. Um etwas aus dem Inhalte dieser, auch noch heute beherzigenswerthen Sprüche zu verrathen, theilen wir zwei derselben als Beispiel mit:

„Oportet operari conciliata velociter, conciliari autem tarte."

(Führet das Beschlossene schnell aus, berathet aber bedächtig.)

„Utilitas publica private est semper preferenda"

(Das öffentliche Wohl muss man immer dem eigenen vorziehen.)

Der Rathhausthurm enthält über dem Keller bis zum Beginn des Daches fünf Etagen, wovon die untern drei äusserlich in vier-, die beiden obern aber in achteckiger Form erscheinen. Die geräumigen Keller unter dem Thurme waren vom Anfange des 15. Jahrhunderts an zur Aufbewahrung der stadtkölnischen Rathsweine bestimmt. Die Mitglieder des Rathes erhielten nämlich bei jeder Sitzung, in welcher sie zugegen waren, geprägte Rathszeichen im Werthe von 39 Albus oder $\frac{1}{2}$ Reichsthaler, für welche jederzeit ein gewisses Quantum dieses Weines verabfolgt werden muste.

Ausserdem hatten diese Rathszeichen auch im gewöhnlichen Verkehre ihren coursmässigen Werth. Die ältesten Exemplare, die sich noch heute im Archive der Stadt befinden, sind im Jahre 1606 geprägt. Diese Rathszeichen wurden auch im Verlaufe des Jahres an alle Munizipal-Beamten, und bei der Stadt überhaupt bedienstete Personen vertheilt, und standen alle dienstlichen Verrichtungen, für welche Rathszeichen und zwar in gewisser Zahl, verabfolgt werden mussten, in tabellarischer Aufstellung fest. Auch bei der grossen städtischen Prozession wurden dieselben an alle, vom Bischofe und Abt bis zum Cantor und der Frau des Küsters herab, vertheilt, welche die Prozession begleitete, oder für die Verherrlichung derselben in irgend einer Weise beigetragen hatten. Die Rathsweine wurden auch als Geschenke an hohe Personen (sowie an dürftige Kranken gratis) vertheilt. Im Jahre 1524 erhielt die Königin von Dänemark zwei, und im Jahre 1531 die Königin von Ungarn sogar drei Zuläste des besten Weines aus dem Rathskeller zu Köln. Der Herzog von Jülich, der häufig zur Jagd nach Bensberg kam, und dort mit seinem Gefolge residirte, erhielt je einen Zulast Wein in den Jahren 1554, 57, 59, 65, 66, 68, 69 und 71 zugesandt.

Das Erdgeschoss des Rathhausthurmes wird durch eine Querwand in eine östliche und westliche Hälfte getheilt, wovon die östliche oder hintere die sogenannte Freitagsrentkammer enthielt. Dieselbe verwaltete einen Theil der städtischen Accise, (der andere Theil war der Mittwochsrentkammer überwiesen, die im Hinterbaue lag) und zahlte die laufenden Renten aus, die auf städtischem Besitzthume hafteten. Sie wurde später in den gegenüberliegenden neuen Bau (jetzt Stadtkasse und Schulcommission) verlegt, und der leer gewordene Raum von da ab zu keinem andern Zwecke benutzt. Die vordere westliche Hälfte des Erdgeschosses wird durch eine rechtwinklich gegen die erstere laufende Zwischenwand noch einmal in zwei Theile getheilt, zur Rechten entsteht dadurch ein Vestibule, in welches man durch das im Augenblicke so schön in Stand gesetzte Thörchen des Thurmes tritt, und zur Linken ein eben so grosser viereckiger Raum, der die wichtigsten Documente der Stadt, wie päpstliche Bullen, kaiserliche Dekrete und Privilegien, Verträge mit Fürsten und Städten u. s. w., in wohlverschlossenen Schränken mit ausziehbaren Metallschubladen enthielt. — Die erste Etage des Thurmes enthält einen 33 Fuss langen und eben so breiten Saal, welcher noch heute als damaliger

Sitzungssaal des Rathes den Namen die Rathskammer
trägt. Die Decke desselben ist ausser kleinen Feldern
von fast modern aussehender Stuckaturarbeit mit Gyps-
köpfen römischer Consule in Form von Medaillons verziert. An den Wänden vorbei laufen die Sitze der
Rathsherren von schön geschnitztem Eichenholz aus dem
Jahre 1601, und befand sich früher in der Mitte der
nördlichen Wand der Thronhimmel des Kaisers mit dem
für ihn bestimmten Sessel darunter. Die grosse Eingangsthüre dieses Saales ist als ein Kunstwerk bekannt,
wie das Auge des Kenners in Köln, ja weit und breit,
in ähnlichem Genre nicht leicht ein zweites findet.
Sie ist von dem als Holzschneidekünstler so berühmt
gewordenen Melchior von Rheidt gemacht, und übertrifft
an Schnitzwerk wie an eingelegten Figuren alles, was
vielleicht je unter dieser Künstlerhand entstand. Die
Bezahlung derselben hat damals viele Schwierigkeiten
gemacht, und wurden dem Meister die dafür geforderten
700 Reichsthaler dann erst ausbezahlt, nachdem zwei
von Frankfurt berufene Sachverständige dieselbe taxirt,
und für preiswürdig befunden. Als mit dem 28. Mai
1796 die neue Munizipal-Verfassung ins Leben trat,
und der Rath seine Sitzungen von da ab öffentlich hielt,
wurden manche Veränderungen im Innern des Saales
vorgenommen. Die schönen Tapeten mit kaiserlichen
und stadtkölnischen Wappen kamen fort, und erhielt
derselbe statt deren eine trockene Eichenbekleidung an
den Wänden herum. Ein gutes Oelgemälde von Jacob
Söntgens, dass jüngste Gericht, wurde entfernt, dafür
aber hing man eine schwarze Tafel mit der Inschrift
auf: „Les droits de l'homme." und gab dieser die Brust-
bilder von Voltaire und Rousseau zur Seite bei. Doch auch dieser französische Kram ist verschwunden, und finden wir
heute noch ein gutes, von Geldorp auf Holz gemaltes
Bild, Christus am Kreuze, an der Stelle des kaiserlichen
Thronhimmels, mehrere republikanische Allegorien und

Sinnbilder von J. Hoffmann auf die Wände gemalt, und über der prachtvollen Eingangsthüre die philantropischen Worte: Dem öffentlichen Wohl!

Vor jeder Sitzung, die damals in diesem Saale gehalten wurde, wohnte das gesammte Rathspersonal in vollem Ornate der h. Messe in der Rathskapelle bei; dann stiegen alle zur Prophetenkammer hinauf, lasen dort die vorhin erwähnten weissen Sprüche, und also vorbereitet trat man ernst und würdevoll in den geheiligten Raum des Sitzungssaales hinein.

Der zweite Stock des Rathhausthurmes wird das Uhrzimmer oder die Pfeilenkammer genannt. Den ersten Namen trägt er von der grossen Uhr, deren Werk sich hier im Innern befindet, und welches nach dem Rathhausplatze wie nach dem Altenmarkte hin die Zeiger eines grossen Zifferblattes, und unter dem letzteren auch noch bei jedem Stundenschlage den Unterkiefer des sogenannten kölnischen Gabbecks bewegt. Den Namen Pfeilenkammer hat dieser Raum von dem grossen Vorrathe an Pfeilen und Köchern behalten, die hier nach jener Zeit, wo man das Pulver erfunden, zum Niewiedergebrauch zur Ruhe getragen wurden. — Die obern beiden achteckigen Etagen des Thurmes wurden früher als Montirungskammer benutzt, und in denselben die Equipirungsstücke der rühmlich bekannten kölner Stadtsoldaten, gewöhnlich „de kölsche Funke" genannt, verwahrt. Ein besonderes Thürmchen, welches sich an die südöstliche Ecke des Hauptthurmes schliesst, enthält eine steinerne Wendeltreppe, durch die man zu sämmtlichen fünf Etagen und endlich zum Speicher im Dache gelangt. Hier ist eine Stube für zwei Nachtwächter eingerichtet, welche abwechselnd die Stadt von dieser Höhe nach allen Richtungen hin überschauen, um zunächst bei einem irgendwo erspäheten Brande die Brandglocke im Thurme zu ziehen. Ausserdem bläst der Wachehabende ein Hornsignal bei jedem

16

Stundenschlage in der Nacht. Im Innern des Thurm-
helmes führt eine hölzerne Treppe weiter bis zu der
achteckigen Laterne unter der Dachspitze hinauf, von
wo aus man über Stadt und Gegend eine der herrlichsten Rundsichten geniesst. Es gereichte der ganzen
kölner Bürgerschaft zu nicht geringem Stolze, als im
Jahre 1414 Kaiser Sigismund ihren neu erbauten prachtvollen Rathhausthurm erstieg, und sich an der herrlichen Umsicht mit dem grössten Wohlgefallen ergötzte.
Das Dach dieses Thurmes war ursprünglich mit zierlichen kleinen Thürmchen umgeben, wodurch sich der
gothische Prachtbau eines harmonischen Abschlusses
erfreute. Um den Fuss des Daches zog sich eine mit
Zinnen versehene Haustein - Gallerie, die am Ende des
vorigen Jahrhunderts niedergelegt, und durch ein plattes
Schiefergesims ersetzt worden ist. Die ganze Thurm-
Façade war von unten auf und rund umher mit einer
grossen Zahl der schönsten Figuren besetzt, die auf
äusserst burlesken Kragsteinen und unter den kunstvollsten Baldachinchen standen. Als sie endlich um
das Jahr 1794 zu verwittern begannen, wurden sie,
statt restaurirt zu werden, mit Hammer und Brechstange
gewaltsam entfernt, und nur die Kragsteine weisen noch
auf die Stelle hin, wo sie damals am Thurme gestanden.
Dank aber der heutigen Verwaltung, unter derem Re-
gime man im Jahre 1862 begonnen, diesen prachtvollen
Thurm wieder vollständig, wenn auch allmählig, zu re-
stauriren. Vielleicht erblicken wir ihn bald, und zwar
mit demselben Stolze, wie die Generation die ihn erbaut,
in seiner ursprünglichen, aber herrlich verjüngten Gestalt.

Sämmtliche, den Rathhausplatz umgebende Gebäude
sind Eigenthum der Stadt, und werden alle zu dienstlichen Zwecken benutzt. Die interessantesten der noch
nicht beschriebenen sind die prachtvolle Säulenhalle im
sogenannten neuen Bau dem Thurme gegenüber, und
die. in der südwestlichen Ecke des Platzes gelegene
Rathhauskapelle.

Die Senats- oder Raths-Kapelle diente seit 1010 als Synagoge der in dieser Gegend zahlreich wohnenden Juden. Vor ihrem Gebrauch als Kapelle des Senats, und zwar im Jahre 1393 hatte Papst Bonifacius IX. gestattet, dass „der Rath der Stadt Köllen auf einem altari portatili für sich eine h. Messe lesen lassen möge, wo er wolle," und erlaubte ebenfalls, „dass der Rath von Köln ein Beneficium fundiren möge für den Priester, der die Messe zur Zeit ihres Rathsganges lesen würde."

Zu dieser Zeit wurde die Rathsmesse in der damaligen
kleinen Kapelle zur Marspforten gelesen. Als aber am
24. August 1425 die Juden aus Köln vertrieben wurden, nahm der Rath die Synagoge in Beschlag, richtete
sie zur Rathskapelle ein, und ertheilte Gerard de Monte,
archidiacon colon., im Jahre 1426 die Erlaubniss, dass
die Rathskapelle für den katholischen Gottesdienst benutzt werden dürfte. Sie wurde am 8. Sept. eröffnet,
und ihr der Name: „Sacellum D. virginis in Jerusalem
ante Curiam." ertheilt. Im Jahre 1440 stiftete Philipp
von der Dannen eine h. Messe daselbst, und ertheilte
Papst Sixtus 1478 einen Ablass von 3 Jahren allen
denen, welche die Kapelle besuchen würden. Ausser
einigen andern Ablässen wurden ihr mehrere Reliquien,
z. B. von der h. Ursula, der thebaischen Legion, ein
Theil einer kurzen Rippe des h. Hermann Joseph, Theile eines Armes vom h. Bruno, in der Folge verehrt.
Die kleine, aber durch ein äusserst zierlich gebautes
und bemaltes Gewölbe wie durch ein gutes Glasfenster
verzierte Sakristei bei dieser Kapelle wurde im Jahre
1474 erbaut, und bald darauf das gothische Bleithürm-
chen als Dachreiter aufgesetzt. Im Jahre 1695 erhielt
sie eine Glocke, die aber seit dem 21. Oktober 1828
im Rathhause ruht. Früher befand sich ein von der
Scharfenhöveler-Eiche geschnitztes Madonnenbild hierselbst, welches am 28. Januar 1643 vom Könige Ludwig XIII. von Frankreich dem Senate aus Dankbarkeit
für die Aufnahme seiner Mutter Maria von Medicis geschenkt worden war. Dieses wurde später an Foveaux,
und von dessen Tochter an den Herzog Prosper von
Aremberg für 700 Thlr verkauft. Dass das berühmte
Dombild für diese Capelle gemalt und in derselben
bis zur Auflösung des Senates aufbewahrt worden ist,
wurde schon auf S. 135 erzählt. Mit dieser Auflösung
ging sie als Kapelle ein, und ist seit dem 9. April
1798 kein Gottesdienst mehr in derselben gehalten

worden. Der letzte Rector war der Stiftsvicar zu St. Severin, Herr Licentiat Ferd. Jos. Düssel, welcher erst am 19. Dezember 1822 starb. Die seit dem Anfange dieses Jahrhunderts theilweise hier aufgestapelte städtische Bibliothek wurde 1862 fortgeschafft, die Kapelle durch Reparatur und eine zwar nicht mehr kirchliche aber freundlich aussehende Dekoration in den jetzigen Zustand gesetzt, und am Donnerstag den 11. Sept. 1862 durch ein Concert des kölner Männergesang-Vereins eröffnet, dem sie seit diesem Tage gemäss Uebergabe von Seiten der Verwaltung zum Vereinslokale dient.

Die Kirche Groß-St. Martin.

Von den verschiedenen Inseln, welche der Rheinstrom durch seine Arme nahe bei und in dem jetzigen Köln früher gebildet hat, war die, auf welcher damals die St. Martins-Kirche stand, eine der grössten. Der diese Insel einerseits umschliessende Rheinarm sonderte sich schon in der Gegend des jetzigen Bayenthurmes vom Hauptstrome ab, lief quer durch die Zu- und Rosengasse über das Sionskloster und den Catharinengraben gegen die kleine Witschgasse hin, überschritt den Filzengraben in der Richtung auf den Malzbüchel zu, und gelangte so bis zum Fusse des Capitols. Von hier durchlief er das noch heute so tief liegende Terrain hinter Klein-Martin, vom Heumarkte zugleich das etwaige Drittel seiner Breite einnehmend, und kam an Unter-Kästen vorbei zum Altenmarkte hin. In der Richtung der Bechergasse durchlief er weiter das Thal, kam neben dem jetzigen erzbischöflichen Museum an Mariengradenberg vorbei in die Nähe des Domes, überschritt die Trankgasse nach dem Ufer hin, wonach er sich in seinem Verlauf in der Nähe von Cunibert mit dem

Hauptarme wieder verband. In der Wohnung des Pfarrers von St. Martin befindet sich noch heute ein grosses Gemälde, worauf die Aebte des damaligen Stiftes in kleinen Portraits gezeichnet sind. Ueber diesen Portraits sieht man eine Abbildung der jetzigen Kirche auf der damaligen Insel, die eine interessante und sehr deutliche Einsicht in die frühere Formation der Stadt nach dieser Seite hin gewährt.

Schon in der allerältesten Zeit befand sich auf dieser Insel eine Kapelle, dem h. Benediktus geweiht, die zum Theile noch dicht bei der jetzigen Kirche nach der Zollstrasse hin vorhanden ist. Zu Pipins Zeiten wurde durch seine und seiner Gemahlin Unterstützung neben der Benediktus-Kapelle ein Kloster gebaut, welches den h. Bischof Martin zum Patrone erhielt, und dessen etwas später erbaute Kirche den Namen „St. Martin auf der Insel" führte. Als aber die Insel durch Ableitung des Rheinarmes mit der Altstadt in Verbindung trat, nannte man die Kirche „Gross- St. Martin", zum Unterschiede von der in der Nähe des Gürzenich gelegenen Pfarrkirche Klein- St. Martin, deren noch heute vorhandener Thurm das Geläute der Kirche Maria im Capitol in sich trägt. Dicht neben der Gross-St. Martins-Klosterkirche lag die Pfarrkirche zur h. Brigitta. Als dieselbe später abgebrochen werden musste, wurde, nach Aufhebung der Klöster, die das Stift von St. Martin natürlich ebenfalls mit traf, die Klosterkirche zur Pfarrkirche erhoben. Der grosse und schöne Thurm derselben brannte im Jahre 1378 fast vollständig ab, und wurde erst nach 150 Jahren wieder auferbaut. Am 21. Mai 1826 schlug der Blitz in denselben, und ging ebenfalls der obere Theil des Daches in den Flammen auf. Von den vier an den Ecken des Hauptthurmes schlank emporstrebenden kleinern Thürmchen mussten wegen Baufälligkeit das rechte und linke nach der Stadtseite hin abgetragen werden. Ersteres wurde aber am Anfange der vierziger Jahre durch den St. Martins-Bauverein aus freiwilligen Beiträgen der Pfarr-bewohner und der Bürgerschaft wieder aufgebaut. Schade, dass durch das Fehlen des vierten der prachtvolle Thurm nicht in seiner vollen Schönheit erscheint. Derselbe ist in seiner Construktion so kühn erdacht, dass schon mancher Sachverständige bei seiner Besichtigung ins grösste Staunen gerieth. Diese Kühnheit besteht darin, dass die ganze, kolossale Schwere des Thurmes einzig und allein auf den vier den Hochaltar umgebenden Eck-säulen und den Bogen der drei Chorrundungen ruht.

Merkwürdig in dieser Kirche ist besonders der Hoch-altar und die Kanzel. Ersterer stellt den Untergang des alttestamentalischen Opfers durch den Opfertod Christi am Kreuze dar, indem die Geräthschaften des Vorhofes und die Utensilien der Stiftshütte unter dem erhöhten Kreuze des Erlösers zusammenstürzen oder zerbrechen. Letztere versinnbildlicht den Sieg des Wortes Gottes über die List und die Macht des Satans, indem dieser in Gestalt eines Drachens unter dem Kan-zelstuhle erdrückt zu werden scheint. Die Kuppel über dem Hochaltare wurde vom Maler Hoffmann mit einer Darstellung der vier Haupttugenden bemalt. Die beiden gothischen Altäre der Seitenchöre stammen aus der jüngsten Zeit. Der zur Rechten stellt den h. Mar-tinus mit dem h. Elyphius und der h. Brigitta, der zur Linken die unbefleckt empfangene allerheiligste Jungfrau zwischen zwei Engelfiguren vor. Die Statuen sind von dem nunmehr in Rom lebenden Bildhauer Hoffmann gefertigt, und gehören zu den besten Erzeug-nissen, welche dieser Künstler in Köln hinterliess. Die beiden Seitenaltäre vor dem hohen Chore sind weniger passend, indem der zur Rechten an maurischen Ge-schmack, der zur Linken an nürnberger Spielwaaren erinnert. Einige gute Oelgemälde, wozu besonders eine Kreuzab-nahme von du Bois gehört, befinden sich in den Sei-

tengängen der Kirche. Ausserdem wäre noch auf die
beiden kolossalen Statuen des Moses und Johannes von
P. J. Imhoff, zu beiden Seiten der Eingangsthür, und
auf den gleich unten links stehenden antiken Taufstein
zu verweisen. Derselbe hat eine fast achteckige Form
und ist mit Löwenköpfen und Laubwerk verziert. Er
stammt aus dem 8. Jahrhundert und wurde der Kirche
vom Papste Leo III. verehrt.

Die St. Martins Kirche bedürfte recht bald einer
ganz durchgreifenden Reparatur. Sie ist stellenweise
so stark gerissen, dass überängstliche Bewohner der
Pfarre es sogar nicht wagen, dem Gottesdienste in derselben beizuwohnen, indem sie einen plötzlichen Einsturz
derselben befürchten. Eine sorgfältige, bauliche Untersuchung hat aber constatirt, dass eine Gefahr dieser
Art nicht im Geringsten vorhanden ist, und diese vor-
gefasste Idee zu den grundlosesten und albernsten Be-
fürchtungen gehört.

Ein hölzernes Haus auf der Ecke von Unter-Seidmacher und Steinweg.

Für keinen Stand mag wohl der Besuch und die
Besichtigung Kölns ein grösseres Interesse wie für den
des Architekten bilden. Gothik und Renaissance, Zopf-
und Kasernen-Styl, Bauten in Stein und Ziegel, Eisen
und Holz, — alles bietet sich hier dem Auge des Fach-
mannes wie in einer bunten Musterkarte dar. Eine
wohlthuende Erscheinung aber ist es für unsere gegen-
wärtige Zeit, dass die Neubauten der letztverflossenen
Jahre von einem viel edleren und bedeutend gehobenem
Geschmacke zeugen. Vom grössten Pallaste bis zum
kleinsten Wohnhause herab sieht man Zeichen dieses
bessern Geschmackes, und Architekten wie Bauherren
wetteifern zusammen, das Vorhandene fortwährend zu

übertreffen. Betrachtet man die neuern Bauten insgesammt, so sticht gegen sie und die Prachtbauten aus
alter Zeit ein hölzernes Wohnhaus ab, auf welches wir
den Leser hiermit aufmerksam machen wollen. Es
steht auf der Ecke von Unter-Seidmacher und dem Stein-
wege, und verdient, durch beigegebenes Bildchen verewigt zu werden.

Johann Maria Farina,

Fabrikant des echtesten kölnischen Wassers.

(Gegenüber dem Jülichsplatz.)

Das echte kölnische Wasser, zusammengesetzt aus
den feinsten, geistigsten und gewürzhaftesten Riechstoffen
welche die Pflanzenwelt erzeugt, ist seiner bewunderungs-
würdigen Eigenschaften wegen nicht nur in ganz Europa,
sondern auch in allen andern Welttheilen bekannt und
berühmt. Es behauptet mit Recht unter allen, sowohl
einfachen als zusammengesetzten Wohlgerüchen den
ersten Rang, und bildet eines der wesentlichsten Er-
fordernisse der Toilette der feineren Welt. Es wurde
im Anfange des vorigen Jahrhunderts von einem Ita-
liener Johann Maria Farina, wohnhaft gegenüber dem
Jülichsplatz, erfunden. Derselbe war 1685 zu Santa
Maria Maggioris, im Thale Vigezza, Distrikt Domo
d'Ossola geboren, hatte sich in Köln niedergelassen, und
trieb daselbst noch im Jahre 1709 ein Quincaillerie-
und Parfümerie-Geschäft. Nach der von ihm gemachten
Erfindung des kölnischen Wassers wurde aber die Fabrikation desselben bald der einzige Handelsartikel,
mit dem er sich befasste, und hat sich dieselbe unter
seinen direkten Nachfolgern bis zum heutigen Chef
des Hauses in einer grossartigen Weise ausgedehnt.
Bei seiner grossen Verbreitung und bei dem vortheil-
haften Rufe, den sich das echte kölnische Wasser rasch
erwarb, konnte es nicht fehlen, dass kaufmännische
Speculation alsbald auf Herstellung eines ähnlichen Fa-
brikates sann; und so kam es, dass viele Nachahmer
theils hier in Köln, theils anderwärts erstanden sind,
die unter allerlei Anpreisungen dem Publikum ein ähnliches kölnisches Wasser bieten, wobei sich die Meisten,
um ihren Absatz zu befördern, einer Firma „Farina"

bedienen, die sie sich auf irgend eine Weise zu verschaffen gewusst, ohne je mit dem Erfinder oder dessen
Nachfolgern in der mindesten Verbindung gestanden
zu haben.

Die Fabrikation des kölnischen Wassers beschäftigt
hier am Platze allein mehrere Hunderte Menschen in
circa 40 verschiedenen Fabriken. Wird nun noch in
Betracht gezogen, dass die meisten Seeplätze, wie Hamburg, Antwerpen, Marseille u. s. w. auch ihre Kölnisch-
Wasserfabriken meist zum Export besitzen, so kann
man sich leicht einen Begriff von dem bedeutenden
Consum in diesem Artikel machen, der demnach unter
allen Parfümerien den ersten Platz einnimmt, und durch
seinen Verbrauch den Namen der Stadt Köln über alle
bekannten Länder der ganzen Welt getragen hat.

Die Kirche St. Columba.

Die alte Römerstadt war früher im Innern ihrer ursprünglichen Ummauerung in die vier Pfarreien St.
Laurentius, St. Alban, Klein-St. Martin und St. Columba
eingetheilt. Die Kirche der letzteren gehört also mit
zu den ältesten der Stadt und wird ihr Bau in die
Mitte des 15. Jahrhunderts zu verlegen sein. Der
Grundriss dieser Kirche bildet ungefähr ein Viereck,
und war die Aufgabe daher um so schwieriger, auf
einer also geformten Fläche einen so freundlichen und
anmuthigen Tempel zu erbauen. Sie hat ein Mittel-
und vier Seitenschiffe, mit Gallerien auf den beiden
äussersten derselben. Der Hauptaltar mit seinen acht
weissen Marmorsäulen, die eine grosse hölzerne Krone
tragen, welche das freistehende Tabernakel überdacht,
ist wohl die Hauptmerkwürdigkeit dieser Kirche. Die
zwischen den Säulen eingepfergten Engelsstatuen zum
Tragen von Flambeau's missbraucht, gereichen dem Al-

tare nicht sonderlich zur Zierde. Das neue Glasfenster hinter demselben, Maria mit dem Jesuskinde, im Jahre 1861 eingesetzt, ist in Zeichnung und Farbe mit das Beste, was Köln aus neuester Zeit in diesem Kunstzweige besitzt, und muss dem produktiven Atelier des Glasmalers Fr. Baudry hierselbst zur besondern Empfehlung gereichen. Einige Bilder aus dem 17. Jahrhundert in den Seitenaltären sind ausserdem noch der Besichtigung zu empfehlen.

So freundlich und anmuthig auch die St. Columba Kirche im Innern erscheint, so störend unterbricht die starke Frequenz der dicht anstossenden Strassen, das Gerassel der Wagen der in der Nähe liegenden königl. Post, die zum Gottesdienste so erforderliche Ruhe in derselben. Ueber die Beunruhigungen durch das der Kirche gegenüberliegende so stark frequentirte Hôtel Disch dürfte sich eigentlich erstere um so weniger beklagen, als durch ihr Geläute, den Gesang und das Orgelspiel auch mancher Gast des Hôtels eine oft unangenehme Störung seiner eigenen häuslichen Ruhe erfährt.

Die permanente Industrie-Ausstellung in Köln.
(Glockengasse 3.)

Während man sich bestrebt, die Erzeugnisse der Kunst in prachtvollen Museen dem Publikum beständig zugänglich zu machen, hat man sich bei der Industrie, und das noch erst seit letzterer Zeit, meistens nur auf vorübergehende Ausstellungen beschränkt. Wie aber in den Tempeln der Kunst die fortwährende Anschauung meisterhafter Werke bildend und veredelnd auf jeden Beschauer wirkt, so wird durch eine geordnete Uebersicht der vielseitigen Erzeugnisse der menschlichen Hand wie der Maschine nicht nur die Arbeit gehoben, der Arbeiter zu neuen Ideen angeregt und zum Fortschritt gespornt, sondern auch der Austausch und dadurch das lebensfähige Interesse des Gewerbfleisses in bedeutendem Grade gefördert. Ausserdem bietet eine solche Vereinigung der industriellen Erzeugnisse eines Landes eine Erleichterung des Absatzes und einen Markt für den Welthandel dar, wie er in anderer Weise nicht ähnlich zu erzielen sein dürfte. Fast alle überseeischen Häuser haben ihre Chefs oder Agenten in Europa zum Einkauf der daheim gangbarsten Handelsartikel. England hat sein London, Frankreich sein Paris, wo der fremde Speculant die Vertreter der Fabrikanten, ihre Lager oder doch wenigstens ihre Muster findet. Er besucht diese Plätze, und ist damit der viel grösseren Mühe überhoben, die meisten Länder auf's Geradewohl zu durchreisen. Deutschland, eine wahre Musterkarte der Zersplitterung und Kleinstaaterei, hat nie eine Musterkarte seiner gewerblichen Erzeugnisse besessen, und bleiben dadurch eine Menge deutscher Fabrikate dem Auslande unbekannt, die mit englischen und französischen die gesicherteste Concurrenz bestehen dürften. Diese fehlende Centralisation für die deutsche Industrie zu erstreben, ist daher ein Gebot der Nützlichkeit und der handelspolitischen Speculation. Köln, als Knotenpunkt so vieler Eisenbahnen und an einem der frequentesten Ströme Deutschlands, in der Mitte so mannichfaltiger, in der reichsten Entwickelung begriffener industrieller Etablissements gelegen, eignet sich ganz besonders zu einer solchen Centralisation. Diese Stadt ist für die zwischen London, Paris, der Schweiz und Hamburg sich bewegenden transatlantischen Käufer ein Platz, den sie fast berühren müssen, und wo sie ihre Einkäufe und Bestellungen machen würden, wenn ihnen daselbst, über die Fabrikate unseres Vaterlandes sich informiren zu können, die geeignete Gelegenheit geboten wäre. Darum hat sich denn zu Köln eine

Commanditgesellschaft gebildet, die aus den angesehensten Industriellen der Stadt und der Provinz besteht. Sie hat zweierlei Aufgaben und Zwecke im Auge; erstens: die Vervollkommnung der Arbeit selbst durch den lebendigen Anblick, durch Vorführung des Schönen, Neuen und Praktischen, durch Bildung des Geschmacks und durch Hinweisung auf neue Maschinen und technische Hülfsmittel; zweitens den Absatz anzuregen und commerciell so viel wie möglich zu erleichtern. Die Gesellschaft hat dazu ein schönes, geräumiges Lokal im Mittelpunkte der Stadt, Glockengasse Nr. 3, gewonnen, wo die bis heute schon in reicher Auswahl eingesandten Waaren in vier Etagen zur Ausstellung und täglichen Besichtigung gelangten. Das Lagergeld ist für die Aussteller so billig normirt, dass nur die Local-Miethe, Assecuranz und sonstige unvermeidlichen Kosten gedeckt werden können. Der Eintrittspreis ist für die Besucher auf $2^{1}/_{2}$ Sgr. fixirt. Die aufgestellten Maschinen werden, so weit es Raum und Umstände gestatten, in ihrem Betriebe und ihren Leistungen gezeigt; Berg- und Hüttenprodukte, Chemikalien u. s. w. liegen in einer interessanten vom Rohprodukte bis zum fertigen Präparate fortschreitenden Reihenfolge vor; das Handwerk ist in jeder Branche und zwar in den ausgezeichnetsten Erzeugnissen seiner Leistungsfähigkeit zu erblicken, besonders aber sind alle im Rheinlande erzeugten Stoffe in den besten Mustern wie in preiswürdigster Qualität und reichster Auswahl vertreten.

Die Gesellschaft sucht dabei keine Vortheile für sich als Finanz-Speculation, sondern steht einzig und allein auf dem Boden der Gemeinnützigkeit. Möge ihr schöner Zweck durch eine fortwährend gesteigerte Theilnahme der Industriellen, wie durch wachsenden Besuch von Einheimischen und Fremden, mit jedem Jahre eine ausgedehntere Verwirklichung erleben.

Die Stecknadelfabrik von D'Eu und Merkens.

(Glockengasse Nr. 4—6.)

Köln besitzt die grösste Stecknadelfabrik in Preussen, vielleicht in der ganzen Welt mit Ausnahme Englands, wo einige grössere Fabriken dieser Art bestehen. Diese Fabrik wird unter der Firma: Georg Albert Reinecker & Comp. geführt, deren Inhaber die Herren Henri d'Eu und Jac. Merkens sind. Sie beschäftigt 240 Arbeiter, welche tagtäglich 1,200,000 Stück Stecknadeln verfertigen. Das Fabrikat zeichnet sich sowohl durch Güte wie durch Billigkeit aus, und findet seinen Absatz nach allen Weltgegenden hin. Interessant ist hier die Verfertigung der Stecknadeln dadurch, dass sie recht klar den grossen Vortheil einer zweckmässigen Vertheilung der Arbeit zeigt. Jeder Mensch braucht Stecknadeln, aber nur wenige ahnen es, dass hier jede einzelne vom Ziehen des Drahtes bis zum Aufsetzen und Verzinnen der Köpfe und zum Aufstecken auf's Papier durch 24 Hände läuft. Wie viele Stecknadeln aber müssen verloren gehen, da diese eine Fabrik deren jährlich mehr als 350 Millionen erzeugt!

Die Synagoge, siehe Seite 69—72.

Die Ober-Post-Direktion in Köln.

(Glockengasse 25—27.)

Die Eisenbahnen haben zwar in Bezug auf Personenbeförderung allen Postverkehr bei Weitem überflügelt; demnach aber geniesst der letztere in manchen Branchen ein Vertrauen im Publikum, durch welches dieses Institut, ungeachtet der Eisenbahnen, noch fortwährend an Frequenz gewinnt. Zurück verweisend auf das, was schon Seite 47 über die Ober-Post-Direktion in Köln gesagt worden ist, knüpfen wir hier noch einige Mittheilungen an, die geeignet erscheinen dürften, einen näheren Blick in den noch fortwährend grossartiger werdenden Betrieb dieses Instituts zu eröffnen.

Köln ist der Sitz einer Ober-Post-Direktion für den ganzen Regierungsbezirk. Diese Behörde hat einen Ober-Post-Direktor zum Chef, der in Abwesenheit oder bei Verhinderung durch einen Postrath vertreten wird. Die Ober-Post-Direktion hat für das zweckmässigste Ineinandergreifen der einzelnen Posten, so wie für schleunige Beseitigung aller Uebelstände beim Verkehr im Interesse des Publikums wie des Staates die nächste Sorge zu tragen. Welch zahlreiche Anträge, Mittheilungen und Wünsche in dieser Beziehung eingehen und erledigt werden müssen, lässt sich schon daraus ermessen, dass jährlich 12—13,000 eingehende Schriftstücke das betreffende Journal durchlaufen.

Das Post-Amt zu Köln, welches einen Post-Direktor zum Vorsteher hat, ist aus folgenden Unterabtheilungen zusammengesetzt:

a) Die Haupt-Annahme. Bei derselben findet die Annahme der Geldbriefe, der Geld- und ordinären Packete, der Vorschussbriefe, und endlich die Einschreibung der mit der Post zu befördernden Personen Statt. Täglich kommen an dieser Stelle 6—800 gewöhnliche Packete, 5—600 Geldpackete und Briefe, und 20—40 mit der Post reisende Personen vor.

b.) Die Haupt-Ausgabe. Sie vollführt die Ausgabe aller angekommenen Fahrpost-Gegenstände, wie Geldpackete und Geldbriefe, so wie aller sonstigen Packete an die zum Abholen berechtigten oder aufgeforderten Correspondenten, ferner die Auszahlung der anderwärts gemachten Baareinzahlungen. Durchschnittlich werden hier an jedem Tage 8—900 Post-Packete und 900—1000 mit Geld belastete Packete und Briefe ausgehändigt.

c.) Die Brief-Ausgabe. Sie ist die Stelle für die Ausgabe aller gewöhnlichen und recommandirten, sowie derjenigen Briefe, welche mit der Bezeichnung: „poste restante" erscheinen. Ungefähr 2500 Correspondenten holen hier ihre Briefe ab; dem übrigen Publikum werden dieselben gegen Bestellgeld durch den Briefträger eingehändigt.

3.) Die Brief-Annahme. Dieselbe hat alle baarfrankirten und recommandirten Briefe, sowie Sendungen mit baaren Einzahlungen entgegen zu nehmen. Der Verkauf der Freimarken, Freicouverts und Briefporto-Tarife findet ebenfalls an dieser Stelle Statt.

e.) Die Zeitungs-Expedition. Hier werden die Zeitungen bestellt, täglich, resp. so oft sie erscheinen, von hier aus versandt, und die Abonnementsgelder ein-, sowie den Verlegern ausgezahlt. Dieser Verkehr ist am hiesigen Orte um so grösser, als eben die kölner Expedition den Zeitungsversandt für Belgien, Frankreich, England und Nord-Amerika besorgt. Von den verbreitetsten, in Köln erscheinenden Journalen wird die Kölnische Zeitung mit täglich beinahe 12000, die Kölnischen Blätter mit 3800, der Allgemeine Anzeiger mit 3300, und die Kölnischen Volksblätter (wöchentlich) mit über 2000 Exemplaren versandt. Ausbezahlt wird hier per Quartal dem Verleger der Kölnischen Zeitung circa 25000, dem der Kölner Blätter 5000, dem des Allgemeinen Anzeigers 3000, und dem der Volksblätter 1500 Thlr. preuss. Courant.

Ein für sich bestehendes Postamt in Köln ist noch die Eisenbahn-Expedition auf dem Central-Bahnhofe in der Trankgasse, welche für allen Brief- und Fahrpost-Verkehr eingerichtet ist. Alle diese Gegenstände können hier noch 5 Minuten vor dem Abgange des betreffenden Zuges zu sofortiger Beförderung übergeben werden. Ausserdem sind die auf den Eisenbahnen bestehenden fahrenden Post-Bureaus von grosser Wichtigkeit für den raschen Verkehr. Dieselben stehen bei jeder bedeutendern Bahn unter einem besondern Post-Director, und werden von Köln aus alle Fahrpost-Gegenstände mit der rheinischen Bahn nach Verviers und Mainz, (resp. Bingerbrück), und mit der Mindener Bahn nach Minden und Siegen durch diese Eisenbahn-Bureaus versandt.

Das Lokal-Post-Amt in Deutz ressortirt zum Ober-Post-Amt in Köln, und hat einen verantwortlichen Postmeister an seiner Spitze.

Die Kölnische Zeitung.
(Expedition Breitstrasse 76 und 78.)

Seit dem Anfange des 17. Jahrhunderts sind in Köln schon eine bunte Reihe vielnamiger Blätter aufgetaucht, unter denen auch der Name Kölnische Zeitung schon früher vertreten gewesen ist. Die „Kaiserliche Reichs-Ober-Post-Amts-Zeitung," die eigentliche Vorgängerin der heutigen Kölnischen, welche zuerst am 1. Januar 1763 erschien, wurde in der schon seit 1720 bestehenden Buchdruckerei von Schauberg gedruckt, von der Thurn- und Taxis'schen Zeitungs-Expedition verlegt, und mit der Thurn- und Taxis'schen Post versandt. Als sich aber die Franzosen im Jahre 1792 des linken Rheinufers bemächtigten, und, das Privilegium des Kaisers Maximilian nicht achtend, ihre eigene französische Post errichteten, trat an der Stelle des obigen Blattes die von mehreren früheren thurn- und taxis'schen Postbeamten für eigene Rechnung verlegte, zuletzt an Franz Köntgen eigenthümlich übergegange, und ebenfalls bei Schauberg's Erben gedruckte „Kölnische Zeitung" auf, neben welcher damals noch „Der Beobachter," „Der Verkündiger," „Der Welt- und Staatsbote" und das „Journal général de politique, de literature et de commerce" in Köln erschien. Diese Kölnische Zeitung, nur einige Mal wöchentlich und in kleinem Formate erschei-

nend, ging am 9. Juni 1802 an die Erben Schauberg
und Nicolaus DuMont, letzterer zu seiner Zeit Bürgermeister von Köln und später Präfectur-Rath in Aachen,
als gemeinschaftliches Eigenthum über, und wurde dem
noch nicht gerade alten Köntgen für die Uebertragung
seiner alleinigen Rechte an die genannten auf Lebens-
zeit monatlich zwei Kronenthaler, falls aber das Blatt
auf 400 Abonnenten steigen sollte, $2\frac{1}{2}$ Kronenthaler
vertragsmüssig zugesichert. Schon am 31. Juni desselben Jahres übertrug aber Nicolaus DuMont seinen Antheil an die Erben Schauberg für die Summe von 1400
kölnischen Reichsthalern, und ging am 10. Juni 1805
das ganze Eigenthum der Schauberg'schen Druckerei wie
der Kölnischen Zeitung an Marcus DuMont und seine
Gattin Catharina Schauberg über. Aus der Vereinigung
dieser beiden Familiennamen ist die blühende Firma der
Buchhandlung, der grossartigen Druckerei und des Ver-
lags der Kölnischen Zeitung entstanden.

Das unter der umsichtigen Leitung des fein gebildeten und gelehrten Verlegers, Marcus DuMont, (der nebenbei ein grosser Freund der Tonkunst und äusserst be-
gabter Sänger war und zu den vertrautesten Freunden
Wallraf's zählte) immer mehr an Ausbreitung gewin-
nende Blatt wurde 1809 von Napoleon unterdrückt, da
der Gewalthaber in jedem Department nur Eine, und
zwar regierungsfreundliche Zeitung erlaubte. Marcus
DuMont vertheidigte aber sein Recht gegen diese Mass-
regel des Kaisers auf so energische Weise, dass ihm
Napoleon I. als Ersatz ein Jahrgeld von 4000 Francs
auswarf, und ihm ausserdem erlaubte, ein Anzeigeblatt
nebst dem „Mercure de la Roër" herauszugeben. Aber
schon am ersten Tage nach dem Abzuge der Franzosen, am 16. Februar 1814, war sofort seine „Kölnische
Zeitung" wieder da, um aus deutschem Herzen mit
deutscher Zunge die Siege der Verbündeten dem aus
der Knechtschaft sich verjüngt erhebenden Vaterlande

17*

zu verkünden. Mit vollster Hingebung wandte er seine ganze Thätigkeit von da ab diesem Blatte zu, und er reichte es dadurch, ihm im In- und Auslande einen sehr geachteten Namen zu gründen. Wurde er, was leider später sehr häufig geschah, durch Kränklichkeit in seinem Wirken gestört, so war es seine in ihrem lebhaften Temperamente alles leicht überschauende Gattin, die das ganze Geschäft in ihre Hände nahm, und besonders in Bezug auf die Zeitung eine Erfahrung und eine praktische Thätigkeit entwickelte, die ihr sogar bis in die letzten Tage ihres Lebens nicht ganz entzogen werden durfte.

Marcus DuMont starb am 24. November 1831 und wurde nun die Leitung des Blattes von seinem am 21. Juli 1811 geborenen, also erst 20 Jahre alten Sohne Joseph (Karl Joseph Daniel) am 4. Dezember desselben Jahres übernommen. In wissenschaftlicher Hinsicht ausserordentlich befähigt, in mercantilischer ganz vorzüglich ausgebildet, war es das nächste Bestreben des jungen Verlegers, sein Blatt nach allen Richtungen hin zu erweitern. Seit dem 1. April 1829 war die Kölnische Zeitung schon 6mal wöchentlich erschienen, und war sie durch die zur Verbreitung politischer Begebenheiten so günstige Lage Kölns in den Stand gesetzt, während der Juli-Revolution in Frankreich und dem belgischen Unabhängigkeitskampfe 1830 die Nachrichten aus diesen Ländern dem ganzen Osten Europa's zuerst zu verkünden, wodurch sie unter den deutschen und sogar europäischen Blättern eine besondere Wichtigkeit erhielt. Der Kreis der Mitarbeiter wurde fortwährend ausgedehnt, das Format mehrmals vergrössert, und ihr im Jahre 1838, unter allen deutschen Blättern zuerst, ein Feuilleton beigefügt.

Als im Jahre 1848 der Druck der geisttödtenden Censur verschwand, und die Theilnahme des Volkes an den grossen politischen Ereignissen eine fieberhaft gesteigerte Höhe erreichte, ging die Abonnentenzahl des Blattes von 9000 bis auf 17,388 hinauf. Da aber durch die Zeitungssteuer von 1852 eine Erhöhung des Preises erforderlich wurde, und die politische Abspannung auf dem Gebiete der Tagespresse sich immer stärker fühlbar machte, sank sie allmählig auf 9936 Exemplare herab, hatte sich aber bald durch die Gediegenheit ihrer Artikel, durch die Raschheit ihrer zahlreichen und kostspieligen telegraphischen Depeschen und die Verbreitung ihrer Annoncen bis zu dem am 3. März 1861 erfolgten Tode Joseph DuMont's von Neuem bis zu einer Auflage von 15,650 Exemplaren erhoben.

Am Ende 1862 zählte die Kölnische Zeitung 17,000 Abonnenten und verbrauchte im Jahre etwas über 12,500,000 Bogen Papier. An den Staat hat sie jährlich 36,000 Thlr. Stempelsteuer zu entrichten, und wurden 175 Personen nebst 31 Maschinen durch dieselbe beschäftigt. Letztere zerfallen in folgende Theile: zwei Dampfkessel, jeder von vier Atmosphären Druck, eine stehende und eine liegende Dampfmaschine von 8 resp. 9 Pferdekraft, drei grosse vierfache Druckmaschinen, ausschliesslich für die Zeitung benutzt, wovon jede stündlich 6000 Abdrücke liefert, zwei doppelte Druckmaschinen, jede 2000 Abdrücke per Stunde machend, eine einfache Druckmaschine für feinere Arbeiten, welche die Hälfte der vorigen leistet, und eine Accidenz-Maschine, die 1000—1500 Seiten per Stunde druckt. Wären also sämmtliche Druckmaschinen in Thätigkeit, so sind sie im Stande in Einer Stunde 24,500 Abdrücke zu liefern, — eine Fähigkeit, die namentlich der Zeitung, wenn ein Neudruck in Folge von Confiscirung, oder Verbreitung wichtiger telegraphischer Depeschen durch Extra-Blätter nötbig wird, sehr zu Statten kömmt. Ausserdem befinden sich dort fünf kleine und fünf grosse Handpressen, zwei Nummerirungsmaschinen, zwei Glattpressen, drei grosse Schraubenpressen,

eine Papier - Schneidemaschine und schliesslich zwei
Dampf - Hebekrahnen.

Die Kirche zur h. Maria in der Kupfergasse.

Während des spanisch - niederländischen Krieges verliessen mehrere Schwestern des Karmelitessen - Ordens
in Herzogenbusch, von der Wuth der Protestanten vertrieben, im Jahre 1630 ihr dortiges Kloster, (s. Seite
193) um sich in dem gastfreundlichen und treukatholi-
schen Köln ein neues Asyl zu gründen. Sie kauften
daselbst 1636 den sogenannten Neuenahrerhof nebst
den daranstossenden Gärten, um auf diesem Raume eine
Kirche und ein Kloster zu bauen. Der Ausführung
stellten sich aber so viele Schwierigkeiten in den Weg,
dass die Einweihung der zunächst errichteten Kapelle
erst am 8. September (Maria Geburt) 1675 geschah.
Der völlige Ausbau der Kupfergassen - Kirche, wodurch
sie in ihrer jetzigen Gestalt erschien, wurde erst im
Jahre 1715 vollendet.

Diese Kirche enthält ein wunderthätiges Marienbild,
und wurde stets von frommen Betern und besonders
Beterinnen der Stadt und Umgegend mehr wie jede
andere besucht. Viele Stiftungen und Geschenke wurden derselben zugewandt, und übte ausserdem das Kloster eine auffallende Anziehungskraft auf Jungfrauen aus
den reichsten Familien der Stadt und des Landes aus.
Das Vermögen der Kirche und des Klosters war dadurch allmählich zu einer bedeutenden Höhe gewachsen,
wurde aber 1802 bei Aufhebung der Klöster von den
Franzosen genommen. Die nunmehrige Pfarrkirche zur
Kupfesgasse war dadurch anfangs fast mittellos, behielt
aber doch so viele wohlwollende Freunde und stiftende
Gönner in Köln und Umgegend, dass sie neuerdings zu
den reicheren in der Stadt wieder zählt. Zwischen den
beiden Haupteingangsthüren der Kirche befindet sich

eine besondere, durch ein kunstvolles Gitter abgeschlossene Kapelle, ganz nach dem Muster der berühmten Kapelle von Loretto gebaut, die das wunderthätige und so vielfach verehrte Marienbild enthält. Dasselbe ist von silbernen Herzen, geschenkten Goldketten, von Schmucksachen mit und ohne Edelsteinen schon der Art behangen, dass die weniger werthvollen oder spätern Geschenke auf besonderen Tafeln zu beiden Seiten des Bildes an der Wand befestigt werden mussten. Die äussern, in Holz geschnitzten Seitenwände der Kapelle, welche Darstellungen aus dem Leben der h. Maria enthslten, so wie die drei Altäre und die ebenfalls geschnitzten Kniebänke in dieser Kirche sind als Kunstwerke dieser Art der Besichtigung werth.

Die geräumigen Gebäulichkeiten des Klosters, zu denen noch ein ausgedehnter Garten gehört, dienen, ausser der Wohnung des zeitigen Pfarrers, gegenwärtig barmherzigen Schwestern zum Aufenthalte, die sich durch die liebevollste und aufopferungsfähigste Krankenpflege eine sehr hohe Achtung unter den Kölnern erworben.

Die Minoritenkirche.

Die Minoritenkirche bildet mit dem neuen Museum einen zusammenhangenden, und um freiliegenden Gebäude-Complex, der mit seiner Umgebung von Gartenanlagen einer der schönsten und grossartigsten Theile des verjüngten Kölns genannt werden kann. Die Kirche ward in den Jahren 1220 bis 1260 in einfachem, aber reinstem gothischen Style, und zwar, der Sage gemäss, von den Werkleuten des Domes in ihren Feierstunden erbaut. Nach Aufhebung der Klöster im Jahre 1802 wurden die Kirche und die Klostergebäulichkeiten eine Zeit lang zu profanen Zwecken benutzt, und endlich durch kaiserliches Dekret vom 17. Juli 1808 der Ar-

menverwaltung zur Errichtung einer Arbeitsanstalt überwiesen. Die Kirche wurde demnach ihrer ursprünglichen Bestimmung wieder zurück gegeben, bedurfte aber
im Innern und Äussern einer gründlichen Reparatur. Bei
Vollendung des Baues des neuen Bürgerhospitals bei
der Kirche St. Cäcilia im Jahre 1845 wurde vielfach
der Wunsch geäussert, die Minoritenkirche dem katholischen Cultus zu erhalten, und wurde sie gemäss eines
durch Cabinets-Ordre vom 29. Sept. 1849 sanctionir-
ten Vertrages dem Metropolitan-Domcapitel mit der
Bestimmung überlassen, dass sie zur Anex-Kirche des
Domes erhoben werde. Nachdem nun der Erzbischof
und das Domcapitel am 3. Mai 1850 in feierlicher
Weise Besitz von der Kirche genommen, begann der
neu gebildete Minoriten-Reparatur-Bauverein seine
Thätigkeit durch Instandsetzung des Chores, welche
durch einen Gedenkstein an der Südseite desselben mit
folgender Inschrift in Form eines Chronogramms verewigt ist:

EX QVO COEPTA AEDES RENOVARI
SIGNO SACRATVS
IGNARVS QVANDO RENOVATA NITESCAT
DIVA.*)

Nach Verbrauch der vom Reparatur-Verein zusammen gebrachten Summe von mehr als 4000 Thlr. gerieth die Wiederherstellung so lange ins Stocken, bis
sich Richartz durch die Verbindung der Kirche mit
dem neuen Museum veranlasst fühlte, 33,000 Thlr. und
gemäss testamentarischer Bestimmung noch weitere
9000 Thlr. zu überweisen, um die Reparatur vollenden

---

*) Uebersetzt etwa:
  Wann des Tempels Neubau hier begonnen,
  Zeige ich Geweihter deutlich an,
  Unbewusst, wann er zum Ziel gelangt
  Und vollendet er einst göttlich prangt. 1850.

zu lassen. Aber auch diese Summe genügte noch nicht zur vollständigen Wiederherstellung des Äussern, und wurde dieselbe nach Richartz Tode mit Beihülfe der Nachbaren und sonstiger Geschenkgeber durch Aufbringung einer weitern Summe von mehr als 11,000 Thlrn. unter der energischen Leitung des Dombaumeisters Richard Voigtel im Herbste 1862 erreicht.

In der Minoritenkirche, die eine der besten Orgeln der Stadt besitzt, befindet sich das Grabmal des berühmten Theologen und Philosophen Joh. Duns, genannt Scotus, († 1309) welches folgende Inschrift trägt: Scotia me genuit, Anglia me suscepit, Gallia me docuit, Colonia me tenet,

Das neu erbaute Museum Wallraf-Richartz.

Unter den vielen seiner Söhne, die Köln zu grossen
Männern ihrer Zeit heranreifen sah, oder die durch
Bürgertugenden wie durch den uneigennützigsten Patrio-
tismus und die grossmüthigsten Beweise der Freigebig-
keit der Vaterstadt zur Ehre gereichen, strahlen die
Namen Wallraf und Richartz für alle Zukunft in unver-
gänglichem Glanze. Das schönste Ruhmesdenkmal haben
diese beiden Männer sich selbst gesetzt, und zwar der erstere
durch eine der Stadt übermachte Sammlung höchst
werthvoller Kunstschätze der verschiedensten Art, der
andere durch die Ausführung eines Prachtbaues, der alle
diese Schätze umschliesst. Beide Ehrenmänner stehen
desshalb mit dem neu erbauten Museum in gar zu enger
Beziehung, als dass wir es unterlassen dürften, von dem
Leben jedes einzelnen eine wenn auch nur kurze Skizze
an dieser Stelle zu entwerfen.

Ferdinand Franz Wallraf wurde am 20. Juli 1748
in Köln geboren. Sein Vater war ein bemittelter Schneider
und wusste von alten Geschichten, Zuständen und Ueber-
lieferungen seiner Vaterstadt gar Vieles zu erzählen.
Nachdem der Sohn in Köln alle erforderliche höhere
Vorbildung genossen, wurde ihm im Jahre 1769, in einem
Alter von 21 Jahren, eine Professur am Montaner Gymnasium übertragen, und ihm im Jahre 1783 die prie-
sterliche Weihe ertheilt.

Das ganze Unterrichtswesen seiner Vaterstadt lag
aber zu jener Zeit gar sehr im Argen, und hunderterlei Gebrechen, veraltete Gebräuche und verknöcherte
Gewohnheiten wurden von dem talentvollen und streb-
samen jungen Lehrer nicht nur in Systemen und Methoden
erkannt, sondern auch offen und freimüthig blossgestellt
und mit dem bittersten Spotte gegeisselt und verhöhnt.
Hierdurch wie durch seine kühnen Vorschläge zu ent-

sprechenden Reformen zog er sich leider das Missfallen fast aller Collegen zu, und Hass und Anfeindungen waren der Lohn seines jugendlich feurigen Unternehmens.

Nachdem er so unter wirklich unangenehmen Verhältnissen bis zum Jahre 1786 hier gewirkt, wurde er Canonicus des freiweltlichen Stiftes in St. Marien im Capitol. Schon im Jahre 1784 erlangte er die Bestallung als Professor der Naturgeschichte und Botanik und wurde von der kölner Universität im Jahre 1794 zum zeitigen Rector gewählt. Aber nach Verlauf von vier Jahren wurde er dieser Würde entsetzt, weil er den durch die französische Republik von den Priestern verlangten Eid: „Hass dem Königthume!" nicht schwören wollte.

Durch die Vielseitigkeit seiner Kenntnisse, welche sich über sämmtliche damals bekannten Disciplinen der Wissenschaft erstreckten, ragte er nicht nur als Lehrer, sondern bald als Gelehrter über die meisten seiner Collegen und Genossen seiner Zeit hervor. Das Fach der Aesthetik, welches Wallraf durch seine Vorlesungen zuerst auf den Lehrstühlen Kölns zu Gehör gebracht, nöthigte ihn besonders, auf dem Gebiete der Literatur und der schönen Künste die eingehendsten Studien zu machen, wobei ihm sein angeborener Sammlergeist gar vortheilhaft zu Statten kam.

Sein Dichtertalent war ebenfalls nicht ohne Bedeutung, wie uns mancher Hymnus in deutscher und lateinischer Sprache noch heute beweist. Musik und Saitenspiel wurde zur Erheiterung des Gemüthes nebenbei mit besonderer Vorliebe von ihm betrieben, und trat er mit Carl von Dalberg in einen geistvollen Briefwechsel über Ideen musikalischer Poesie und Metaphysik ein. Seine Inschriften, im vollendetsten römischen Lapidarstyl verfasst, erregten die Bewunderung der Gelehrten, und seine schriftstellerischen Arbeiten aus dem Gebiete der Numismatik, Geschichte und Kunst haben seinen Namen im In- und

Auslande berühmt gemacht. Im Jnhre 1783 bereiste er
Sehwaben in Begleitung seines Gönners, des Domcapitu-
lars und Reichsgrafen von Oettingen-Baldern, kam 1812
nach Paris, wo man ihn mit besonderer Auszeichnung
empfing, und 1816 nach Göttingen, wo er die Bekannt-
schaft mit Blumenbach machte. Göthe, Werner, Fiorelli
u. A. standen längere Zeit mit Wallraf in brieflichem
Verkehr, und wurde überhaupt sein eminentes Talent
und sein universelles Wissen von mancher Seite her mit
seltener Auszeichnung belohnt. Im Jahre 1803 ernannte
ihn die mineralogische Gesellschaft zu Jena zu ihrem
correspondirenden Mitgliede; 1808 wurde er Mitglied
des Atheneums der französischen Literatur, und 1809
des frankfurter Museums der Alterthümer. Im Jahre 1818
machte ihn die berliner Gesellschaft für deutsche Sprache
zu ihrem wirklichen, die marburger naturwissenschaftliche
Gesellschaft zu ihrem Ehren-Mitgliede, und wurde er
ausserdem vom Könige Friedrich Wilhelm III. von
Preussen mit dem rothen Adlerorden 3. Klasse und
einer Pension von 630 Thlr. bedacht.

Von frühester Jugend auf war es Wallrafs gröstes
Vergnügen, werthvolle und seltene Gegenstände an sich
zu bringen; wie dieser Hang mit dem Alter zur ausge-
bildetsten Leidenschaft wuchs, zeigt uns die grosse
Masse der von ihm gesammelten Kunstschätze an. Jedoch
war diese Leidenschaft bei ihm von dem edeln Vorsatze
beseelt, alle diese so sauer und mühevoll errungenen
Schätze einstens seiner ihm über alles theuern Vaterstadt zu übergeben. Planlos ging er bei seinem Sammeln
aber keineswegs zu Werke, denn nur das hatte Werth
in seinen Augen, was Bezug auf die Geschichte und
Cultur, auf die Macht und Grösse seiner engern Heimath
hatte. Ueberschaut man aber den Werth seiner angesam-
melten Werke, so erregt es das grösste Erstaunen, wie
ein Mann ohne Vermögen und bei so mässigem Einkom-
men dies Alles zusammen zu bringen im Stande war. Aber

Hunger und Kälte, die er muthig in seiner Zurückgezo-
genheit ertrug, Entbehrungen aller Art, die ihm in dieser
Beziehung zu einem zweiten Diogenes machten, klären
zum Theil das Geheimniss auf, durch welches er so
Grosses erreichte. Er suchte nicht selten den gastlichen
Tisch eines Freundes, aber dann erst auf, wenn Noth
und Mangel bei ihm auf das Höchste gestiegen. Ausserdem
aber lebte er anderntheils in jener für seine Zwecke
sehr günstigen Periode der politischen und socialen
Verwirrung, wo Kunstschätze aller Art kaum beachtet
und erkannt, und auf die leichtfertigste Weise verschenkt,
verkauft und verschleudert worden sind. Besonders
thätig im Interesse seiner Vaterstadt bewies er sich
bei Aufhebung der Klöster durch die Franzosen, indem
er, dem jedes Kunstwerk bekannt, überall erschien, um
zu verbergen und in Sicherheit zu bringen, was ohne
ihn rettungslos verloren gegangen wäre. So wurde er
der Retter unserer Domfenster, der meisten Domschätze
und hunderterlei anderer Sachen; ja einen historisch
werthvollen römischen Sarg liess er vor den Augen der
französischen Commissare zerschlagen, um nachher die
Stücke zusammen zu setzen, und ihn so der Stadt zu
erhalten.

Um seiner Leidenschaft als Sammler grössere Ausdehnung zu verschaffen, knüpfte er fortwührend neue
Verbindungen mit den ausgezeichnetsten Gelehrten und
Kunstfreunden an, wodurch er von unzähligen aus der
Verborgenheit in Nähe und Ferne hervorgeholten Schätzen Kenntniss erhielt, dann aber auch nicht rasten
konnte, bis er selbige als Eigenthum besass. Als endlich
seine Behausung die Masse seiner Werke nicht mehr zu
fassen vermochte, verliess eben der damalige Dompropst,
Graf von Oettingen, die Stadt, und bot dem dadurch
überglücklich gemachten Sammler die geräumige Dom-
propstei als Wohnung an. Hier stellte er nun in etwas
mehr übersichtlicher Ordnung seine Schätze zwar auf,

jedoch kam es ihm dabei fast gar nicht in den Sinn, eine systematische Eintheilung, eine chronologische Auf-einanderfolge oder einen historischen Plan zu Grunde zu legen; dazu liess der Drang, immer mehr Neues zu suchen und zu erwerben, einestheils keine Ruhe, andern-theils aber sparte er dieses für friedlichere Zeiten auf, wo der Sinn und die Liebe zur Kunst aus den allmäh-lig beruhigten Wogen der sturmbewegten Zeit von Neuem in die Gemüther seiner Mitbürger zurückkehren würde.

Am Anfange des Jahres 1818 glaubte er sich in Folge einer schweren Krankheit dem Tode nahe. Da ordnete er in vollstem Bewustsein seine irdischen Ver-hältnisse, und setzte in einem am 9. Mai 1818 unter-schriebenen Testamente die Stadt Köln zur Universal-erbinn seines sämmtlichen Nachlasses ein, er bestehe, worin er nur wolle, und zwar „unter der unerlässlichen Bedingung, dass seine Kunst-, Mineralien-, Malerei-, Kupfer-stich- und Bücher-Sammlung zu ewigen Tagen bei dieser Stadt zu Nutzen der Kunst und Wissenschaft verbleiben, derselben erhalten, und unter keinem erdenklichen Vor-wande veräussert, anderswo hinverlegt, aufgestellt und derselben entzogen werden sollte."

Als aber der 70jährige Greis wider Erwarten der Aerzte von seiner Krankheit genass, warf ihm der Stadtrath eine Jahresrente von 4000 Franken aus, um so den Abend seines Lebens zu erheitern, und ihn für die unsäglichen Entbehrungen und Opfer zu entschädigen, die er für seine Vaterstadt freiwillig ertragen. Aber im Besitze solch unerwarteter, niegekannter Mittel erwachte sein Sammlergeist mit neu verjüngter Kraft, und manche bedeutende Anschaffung haben wir eben den letzten Jahren seines Lebens zu verdanken. Am 23. Juli 1823 feierte Wallraf unter Theilnahme der ganzen Stadt sein 50jähriges Priester-Jubiläum, entschlief aber bald darauf. am 18. März 1824, in dem 76. Jahre seines thatenrei-chen und mühevollen Lebens. Sein Name aber wird ewig leben, denn noch die spätesten Generationen werden es bewundernd anerkennen, welch einen verdienstvollen Mann, welch grossen Geist und aufopferungsfähigen Bürger die Vaterstadt in Ferdinand Franz Wallraf besessen.

Nach Wallrafs Tode traten die als Testaments-Executoren gewählten Männer zu einer Commission zusammen, der sich mehrere Kunstfreunde der Stadt zur Aufzeichnung und Ordnung des Nachlasses zugesellten. Am 10. April 1826 übergab die Commission dem Gemeinderathe folgendes Verzeichniss der vorgefundenen Schätze:

1. Wissenschaftliche Gegenstände: 521 Handschriften, 488 Urkunden, 1050 Incunabeln, 13428 Bücher, 107 Karten, 9923 Mineralien ohne Doubletten.

2. Kunstgegenstände: 1616 Gemälde, davon 376 der italienischen, 304 der niederländischen, 8 der französischen. 309 der altdeutschen, 358 der kölnischen Schule, und 261 Potraits; 19000 Kupferstiche und 41000 Holzschnitte, Handzeichnungen, architektonische Verzierungen, Arabesken u. s. w.

3. Alterthümer: 38 Marmor-Antiken, 104 vaterländische Alterthümer, 323 geschnittene Steine, viele römische Gefässe und Metallarbeiten, 5058 Münzen und 96 Rüstungen und Waffen aller Art.

Mit dieser sowohl an Anzahl wie an Kunstwerth reichen Schätzen wurde der Grundstein zu jener bedeutenden Sammlung gelegt, die nunmehr das von Richartz erbaute neue Museum umschliesst. —

Johann Heinrich Richartz wurde am 17. November 1795 geboren. Nachdem er sich auf den Bildungsanstalten seiner Vaterstadt die erforderlichen Vorkenntnisse erworben, widmete er sich dem kaufmännischen Stande, und suchte nach überstandener Zeit der Lehre die erlangten Kenntnisse in seinem Fache und den Gesichtskreis seines mercantilischen Berufes dadurch zu erweitern, dass er noch mehrere Jahre in den bedeutendsten Häusern der Städte Mainz, Brüssel und Antwerpen conditionirte. Also ausgerüstet, gründete er in Köln auf seinen Namen ein eigenes Häutegeschäft, welches er, war es auch beim Beginn nicht mit den bedeutendsten Mitteln fundirt, durch seine rastlose Thätigkeit, seinen klaren Geist und seine kaufmännische Umsicht zu einer ganz bedeutenden Blüthe erhob. Bald schon hatte sein speculativer Blick erkannt, dass durch eine directe Verbindung mit Nord- und Süd-Amerika er mit den grössten Häusern Antwerpens in eine erfolgreiche Concurrenz treten könne. Sobald die hierzu erforderlichen Mittel durch gesteiger ten Fleiss und glückliche Operationen erworben, wurde diese Verbindung zur Ausführung gebracht, und das transatlantische Geschäft mit dem glücklichsten Erfolge gekrönt. Nachdem er so 36 Jahre lang mit hingebendster Aufopferung seinem Berufe gelebt, zog er sich im Jahre 1851 von aller kaufmännischen Thätigkeit zurück, indem er sich im Besitze eines selbsterworbenen Vermögens erblickte., welches alle Wünsche seiner übrigen Lebensjahre, insofern sie von äussern Glücksgütern abhängig erscheinen, im vollsten Maasse zu befriedigen vermochte.

Von da ab beschäftigte nun den von der Last der kaufmännischen Anstrengungen befreiten, unverheiratheten und dabei von so reichen Glücksgütern gesegnete Mann der Plan, irgend etwas grosses für seine theure Vaterstadt zu thun. Das aber dieses Vorhaben sich später als prachtvolles Museum verkörperte, ward wohl zunächst durch das noch immer nicht vergessene, bittere Wort eines antwerpener Geschäftsfreundes veranlasst, der ihm vor Jahren behauptete, dass das reiche Köln keinen Sinn für die herrliche Schenkung seines unsterblichen Wallraf habe, da es dessen Schätze so unwürdig plaçire. Dazu kam noch eine neu auflebende Neigung seines empfänglichen Gemüthes, welches in dem Drange

des geschäftlichen Treibens die in ihm schlummernden
ästhetischen Gefühle nicht zum Durchbruche kommen
lassen konnte, ihn aber jetzt in der behaglichen Ruhe
späterer Jahre mit immer grösserer Begeisterung für
Alles entzückte, was Schönes und Grosses in Kunst
und Wissenschaft blüht. In dieser Zeit ging die städtische Verwaltung zwar eifrig mit dem Plane um, ein
neues Museum auf Kosten der Stadt zu erbauen, aber
die Verhandlungen darüber wurden all zu sehr in die
Länge gezogen, da die Ausführung des Unternehmens
immer von neuem am Finanzpunkte scheiterte. Da fiel
der Rath eines guten Freundes wie ein Blitzstrahl in
das zu einer grossen That schon längst entschlossene
Gemüth unseres Richartz, und dieses Freundes Wort:
„Verewige du dich in deiner Vaterstadt durch den Bau
eines neuen Museums!" stand plötzlich als Entschluss
in seinem edeln Willen fest.

Schon am 3. August 1854 gelangte folgendes Schreiben zu Händen des Oberbürgermeisters Stupp:

Euer Hochwohlgeboren gebe ich mir die Ehre, im
Interesse meiner Vaterstadt Köln die nachstehende Of-
ferte zu machen.

Ich erbiete mich hiermit, zur Bestreitung der Baukosten eines neuen Museums Anfangs Januar nächsten
Jahres an die Stadtkasse die Summe von Einmalhun-
derttausend Thlr. pr. Cour. gegen eine jährliche Rente
von vier vom Hundert einzuzahlen. Diese Rente soll
mit meinem Tode erlöschen, und das erwähnte Capital
der Stadt als reines Eigenthum verbleiben.

An dieses Geschenk erlaube ich mir folgende Bedingungen zu knüpfen:

1. dass das neue Gebäude auf der Stelle des bisherigen Museums in der Trankgasse errichtet werde;

2. dass der Plan zu dem neuen Gebäude von dem
hiesigen Architekten Herrn Joseph Felten entworfen,
durch die städtische Verwaltung einem anerkannt tüch-

tigen Architekten zur Revision eingesandt, von einer technischen Commission geprüft, und mir zur Genehmigung vorgelegt werde;

3. dass Herr Felten den Bau unter Aufsicht der städtischen Verwaltung leite, und eine Verständigung derselben mit ihm hierüber sowohl, als auch über seine Diäten erfolge.

Indem ich Euer Hochwohlgeboren bitte, meine obige Anerbietung einem löblichen Gemeinderathe vorzulegen, bleibe ich, bald gefällige Anzeige über dessen Beschluss erwartend, und zeichne mit Hochachtung und Ergebenheit

Joh. Heinr. Richartz.

Noch an demselben Tage wurde der Gemeinderath zu einer aussergewöhnlichen Sitzung berufen, um, nachdem er mit Ueberraschung, Staunen und Dank die Kunde von diesem hochherzigen Geschenke vernommen, folgenden Anträgen seine Zustimmung zu ertheilen:

1. „Der Gemeinderath acceptirt dankend das Anerbieten des Herrn Richartz und erklärt

2. zu Protocoll, dass der Mitbürger Herr Richartz sich durch diese Gabe um das Wohl der Vaterstadt hoch verdient gemacht hat.

3. Der Gemeinderath beschliesst, in corpore dem Herrn Richartz den Dank der Stadt in angemessener Weise darzubringen, und beschliesst ferner:

4. dass, um den Namen des Herrn Richartz bei der Nachwelt in lebendigem, gesegnetem und zur Nacheiferung anspornendem Andenken zu erhalten, das neue Museum die Bezeichnung „Wallraf - Richartz'sches Museum" tragen soll."

Mit Blitzesschnelle durchflog die Nachricht von Richartz Schenkung alle Kreise der Bürgerschaft, und wie durch eine elektrische Wirkung zusammengeschaart, zog sie am nächsten Abende in ungeheurer Zahl zu der

Behausung des Ehrenmannes hin, um mit ihren Vertretern an der Spitze durch einen grossartigen Fackelzug eine in der Geschichte Kölns so aussergewöhnliche, patriotische That mit gebührendster Ovation öffentlich anzuerkennen. —

Leider aber verschoben die zu erörternden Vorfragen, die Wahl des Terrains, die verschiedenen Ansichten, Wünsche und Vorschläge massgebender und unberufener Personen den Beginn des Baues um geraume Zeit. Nachdem die landesherrliche Genehmigung der Rischartz'schen Schenkung am 18. Oktober 1854 erfolgt, die Stadt als geeignetstes Terrain den ganzen Complex des Minoriten - Locales von der Armenverwaltung für 100,000 Thaler übernommen, als ferner das Eckhaus Rechtschule und Drususgasse für 12,000 Thlr., die Häuser Rechtschule 3, 5 u. 7 für 13,000 Thlr., das Haus Minoritenstrasse 16 für 6000 Thlr., und endlich das Haus Drususgasse 2 für 30,000 Thlr. angekauft worden war, legte man die sämmtlichen Gebäulichkeiten vor und nach nieder, um den Raum für den Neubau nach Bedürfniss frei zu stellen.

Nach dem Felten'schen Entwurfe sollte der schöne Minoriten-Kreuzgang nur als Souterrain neben dem Museum erhalten, und einer desfalsigen Reparatur unterworfen, dahingegen nach Raschdorff's Plan überbaut, und als integrirender Theil des neuen Gebäudes betrachtet werden. Der Kostenanschlag des Museums ergab sodann die Summe von 127,000 Thalern, und beschloss der Gemeinderath am 3. März 1855 die fehlenden 27,000 Thlr. dem Geschenke Richartz beizufügen, in welcher Summe aber die Mehrkosten des Kreuzganges, zu circa 12,000 Thlr. veranschlagt, nicht mit einbegriffen waren. Kaum aber hatte Richartz diesen letzten Beschluss vernommen, da lief am 10. April 1855 folgendes weitere Schreiben an den Oberbürgermeister ein:

„Als ich im verflossenen Jahre Einhunderttausend

18*

Thlr. zum Baue eines städtischen Museums bestimmte, war ich der Meinung, dass diese Summe hinreichen würde, ein Gebäude, würdig der Stadt und würdig unserer Kunstschätze, in dem Locale in der Trankgasse herzustellen. Nach langen Unterhandlungen liegen endlich Pläne und Kosten-Anschlag eines Museums an Minoriten vor, womit ich mich hiermit einverstanden erkläre.

Damit nun nach meiner ursprünglichen Absicht die Stadt für den Bau keine Auslagen haben soll, erlaube ich mir, folgendes Anerbieten zu stellen:

Nachdem die bereits von mir der Stadt angewiesenen 100,000 Thlr. zum Baue verwendet sind, welches im Frühjahre 1857 der Fall sein wird, lege ich der Stadt in dem obigen Jahre weitere 30,000 Thlr. zu ihrer Verfügung, und zwar in der Art, wie es zum weiteren Baue erforderlich ist. Ich erlaube mir, diese Summe der Stadt ohne Rente oder Zinsen als eine Schenkung anzubieten.

„Kaum," so fügte der Bürgermeister in der Sitzung vom 12. April der Verlesung dieses Schreibens bei, „lassen sich Worte finden zum Ausdrucke der Gefühle, die solche Ereignisse hervorrufen müssen. Köln hat viele grosse Männer hervorgebracht, — ein Richartz ist aber bis dahin nicht geboren worden!" Und diese Worte fanden den sympathisirendsten Wiederhall in den Herzen der gesammten Bürgerschaft.

Als die endlich feststehenden Entwürfe nach Berlin gesandt worden waren, machte Richartz selbst die Reise dahin, um die Revision derselben soviel wie möglich zu beschleunigen, und wurde er bei dieser Gelegenheit von unserm Königshause auf die ehrenhafteste Weise ausgezeichnet. Kaum aber war die Kunde von der Annahme der veränderten Pläne eingelaufen, da fing man am Anfange des September 1855 mit den Fundamentirungsarbeiten an, und wurde am 3. Oktober desselben Jahres unter grossen Feierlichkeiten und in Anwesenheit

Sr. Majestät unseres nun verstorbenen Königs Friedrich Wilhelm IV. der Grundstein (zugleich mit dem der festen Brücke) gelegt. Bei dieser Gelegenheit geruhten Se. Majestät, Sich in ehrendster Weise über die grosse That des edeln Bürgers auszusprechen, und demselben nebst dem Titel eines Commerzienrathes den rothen Adlerorden 3. Klasse zu verleihen.

Andere, wenn auch noch so ungesuchte Ehrenbezeugungen wurde ihm durch eine mittels ehrenvollstem Schreiben vom 30. Juni 1857 übersandte goldene Medaille der Universal Society for the encouragement of arts and industry von London, und durch die Ehrenmitgliedschaft der königl. Academie der Künste von Berlin zu Theil.

Die unendlichen Revisionen und Verhandlungen, besonders zwischen Köln und Berlin, verursachten aber zum grössten Bedauern aller Interessirten, dass erst 2½ Jahr nach der ersten Schenkung Richartz der Aufbau mit allem Ernste in Angriff genommen werden konnte, was im Frühjahre 1857 geschah. Trotzdem von da ab Werkmeister und Gesellen die angestrengteste Energie und den rastlosesten Fleiss bethätigten, wurde doch die Vollendung des Baues erst im Sommer 1861, also nach 3½jähriger Bauzeit, erreicht. Der edle Gründer sollte den Festtag der feierlichen Eröffnung des Museums durch den allgemeinen deutschen Kunstverein am 1. Juli 1861 nicht erleben; der unerbittliche Tod hatte ihn am 22. April 1861 allen ihm zugedachten Ehrenbezeugungen entrissen, und konnten diese nur allein in dem grossartigen Trauerzuge bestehen, mit welchem die ganze Bürgerschaft seine irdische Hülle zu Grabe geleitete. Sein Leib verfiel der Verwesung anheim, der verkörperte Gedanke seines Geistes steht vor den Augen der lebenden Generation, sein Name und sein Ruhm bleiben der Unsterblichkeit geweiht! —

Das neue Museum lehnt sich mit dem Kreuzgange südlich an die Minoritenkirche an. Der Kreuzgang umschliesst einen offenen viereckigen Gartenraum von 91 á 83 Fuss. Der Grundriss des ganzen Gebäudes zerfällt von der Hauptfronte aus in einen Mittelbau, zwei Seitenbauten nach Ost und West, und zwei nach Süden laufende Flügel, die im Verein mit der Minoritenkirche den Kreuzgang umschliessen. Der Mittelbau hat zwei, die andern Theile haben eine Etage über dem Souterrain und dem über diesem liegenden Erdgeschosse. Vom Boden bis zur Oberkante der Gallerie misst der Mittelbau 78, die Seiten- und Flügelbauten 64 Fuss Höhe. Die Haupt- oder Portalfronte hat eine Gesammtlänge von 174 Fuss 10 Zoll, die Seitenfronten erstrecken sich in einer Ausdehnung von 168$^{1}/_{3}$ Fuss. Das ganze bebaute Terrain enthält 32,500 $\square$ Fuss Fläche, wovon 7856 $\square$ Fuss auf den Garten des Kreuzganges und den Lichthof im westlichen Flügel kommen. Der ganze zum Museum gehörige Raum ist 160,000 $\square$ Fuss, also mehr als 6 magdeburger Morgen gross.

Den Eingang des Museums bildet eine überwölbte Vorhalle, von der man in ein prachtvolles Vestibul hinein tritt. Zwei breite Treppen führen von hier in den niedriger gelegenen Kreuzgang hinab. Nach beiden Seiten dieses Vestibuls gelangt man durch die Säle des Erdgeschosses in die Seiten- und Flügelgebäude. Als Hauptaufgang dient die vom Vestibul aufsteigende Steintreppe, die sich in der Hälfte nach beiden Seiten hin theilt, und so in die erste, der untern entsprechende, und in den Seiten- wie in dem linken Flügelgebäude von oben beleuchtete Etage führt. Das herrliche Treppenhaus ist ringsum mit Fresco - Malerei von Maler Steinle verziert, deren Stoff er der kölner Geschichte entnahm. Zu dem obersten Saale des Mittelbaues und zu den Speichern führen zwei besondere Treppen hinauf.

Die Hauptzierde der Portalfronte bilden die Standbilder der Erzbischöfe Engelbert und Bruno vom Bildhauer A. Werres, sowie der Erbauerin der Stadt, Agrippina und der Kaiserin Helena, von Bläser. Die Seitenfronte des östlichen Flügels enthält in gothischen Nischen folgende Statuen: 1. den Patrizier Overstolz, von Peter Fuchs; 2. den Gelehrten Albertus Magnus, von A. Werres; 3. den Erbauer des Domes Meister Gerhard, von Christ. Mohr; 4. den Maler Meister Stephan von demselben; 5. den Malerfürsten Peter Paul Rubens; 6. den berühmten Bürgermeister Hardenrath und 7. den in Köln geborenen chinesischen Mandarin Schall von Bell; die drei letzteren sämmtlich von Peter Fuchs.

Die Summe, die zur Errichtung des herrlichen Baues nebst der Reparatur der Minoritenkirche verwandt worden ist, ergibt sich aus folgenden Zahlen:

A. Ausgaben der Stadt:

1. Ankauf des Minoritengebäudes	100,000	Thlr.
2. Ankauf der früher genannten umliegenden Häuser abzüglich eines Betrags von 3000 Thalern	60,166	„
3. Anlagen um das Museum	4,920	„
4. Für verschiedene Mehrarbeiten	6,600	„
Summa	171,686	Thlr.

B. Geschenke Richartz:

1. Erste Schenkung zum Baue des Museums. .	100,000	Thlr.
2. Zweite Schenkung in Folge Ueberbauung des Kreuzganges	30,000	„
3. Dritte Schenkung nach Feststellung der Kosten-Pläne	20,000	„
4. Für unvorhergesehene Fälle	5,000	„
5. Zur Verblendung des Aeussern mit Tuffstein	8,000	„
6. Zuschuss für Parkettböden statt gewöhnlicher	3,000	„
7. Für Al-fresco-Malerei des Treppenhauses . .	24,000	„
8. Für Wiederherstellung der Minoritenkirche .	33,000	„
9. Für Vollendung der Reparatur, gemäss Testament.	9,000	„
Summa	232,000	Thlr.

wonach also der Werth von Grund und Boden nebst dem Aufbaue und der Reparatur die Summe von 403,686 Thlrn. erreicht. Ausser dem obigen Geschenke hat Richartz, gemäss Testament der Stadt ein Kapital von 100,000 Thlr. zur Erbauung eines Asils für unheilbare Irren vermacht, dessen 10jährige Zinsen, also 50,000 Thlr. er zum Ankauf von Gemälden bestimmte.

Wie Wallraf und Richartz im Leben ein und dasselbe Ziel verfolgten, und jetzt ihre Schöpfungen vereinigt sind, so befinden sich auch ihre sterblichen Ueberreste fast in demselben Grabe beieinander. Beide nehmen eine Ehrenstelle auf dem gemeinsamen Gottesacker zu Melaten an dessen Eingange ein.

Der Katalog des Museums, am Eingange für 7½ Sgr. zu haben, umfasst einstweilen nur das Verzeichniss der Gemälde und römischer Alterthümer, und sind diese beiden Kunstgattungen nach demselben in folgender Weise geordnet:

A. Gemälde.

I. Alte kölnische Schule.

a) Romanische Kunst. (Zeit von 1200—1250.) Nr. 1.
b) Gothische Kunst. (1250—1350.) Nr. 2—11.

Die grosse Zahl der Kupferstiche, die Münzen und Broncen, die Architekturstücke, Sculpturen und Erzeugnisse des Kunsthandwerkes aus dem Mittelalter und der Renaissancezeit, ferner die Gefässe von Glas und Steingut, die Elfenbein- und Holzschnitzereien, Möbel, Waffen und Rüstungen, so wie endlich die Sammlungen

von Boisserée und Ramboux warten schon seit langer
Zeit auf eine systematische Ordnung und Aufstellung
und auf den bis heute noch immer fehlenden Katalog.

Der Jesuiten-Orden in Köln.

Als Papst Paul III. im Jahre 1540 den von Ignatius von Loyala zwei Jahre vorher gegründeten Jesui-
ten-Orden bestätigt, und die Väter der Gesellschaft
Jesu eben begonnen hatten, ihre Weltwirksamkeit von
den wichtigsten Punkten des Christenthums nach allen
Seiten hin ausgehen zu lassen, kam schon im Jahre
1542 eines der ersten und hervorragendsten Mitglieder
des Ordens, Lefebvre, nach Köln, um unter Leitung
Leonhard Kessel's auch hier ein Colleghaus zu errichten. Der Ausführung dieses Planes schlossen sich sofort der gelehrte Archidiaconus Gropper und der am
Montaner-Gymnasium wirkende berühmte Professor der
freien Künste, Peter Canisius, nicht nur mit voller Begeisterung an, sondern letzterer liess sogar aus seinem
Vermögen zu diesem Zwecke ein eigenes Haus erbauen.
Bald darauf, im Jahre 1544, wurde zwar der Orden
durch den Bischof Hermann von Wied, der damals die
Reformatoren Lukas, Pistorius und Melanchthon in seine
Diözese berief, (s. Seite 27) aus Köln vertrieben, kam
aber schon im Jahre 1556, nachdem Peter Canisius
beim Kaiser persönlich die Absetzung des Bischofs bewirkt, wieder zurück, um am 15. Februar 1557 durch
Eröffnung einer Schule die frühere Wirksamkeit von
Neuem zu beginnen. Das kölner Collegium (den Namen
Kloster nahmen die Väter nicht an) wurde bald eines
der blühendsten in ganz Deutschland, und das von den
Vätern geleitete Gymnasium erwarb sich in seinen Erfolgen einen ausserordentlichen Ruf, indem man es von
Seiten der Väter so recht verstand, die ausgezeichnetsten Talente überall hervor zu suchen und zu den

Zwecken des Ordens auf das vielseitigste auszubilden. Im Jahre 1629 am 23. Februar weihten die Jesuiten in Köln das aus freiwilligen Spenden und besonders durch die Beihülfe des Erzbischofs Maximilian Heinrich, Herzogs von Bayern neu erbaute prachtvolle Gotteshaus, die heutige - Maria - Himmelfahrtskirche, ein, und wurde bis zum Jahre 1631 auch das geräumige Collegiumsgebäude neben derselben, an der Stelle des jetzigen Priester-Seminars, vollendet und von den Mitgliedern des Ordens nebst ihren Schülern bezogen. Nachdem später das ganze Gymnasium das Opfer eines Brandes geworden, begann im Jahre 1728 der damalige Rector, Jos. Wolff, den Bau eines neuen, der Kirche gegenüberliegenden Gebäudes, welches nunmehr das katholische Gymnasium an Marzellen (s. Seite 74 bis 75) geworden ist. Im Jahre 1773 wurde der Orden zwar gänzlich aufgelöst, den Mitgliedern des Collegiums in Köln jedoch erlaubt, unter gewissen Bedingungen als Lehrer vereinzelt an der bisher von ihnen geleiteten Anstalt zu verbleiben. Aber schon am 4. März 1774 wurden sie sämmtlich durch den Generalvicar unter Assistenz zweier Commissare und mit Beihülfe der kölner Funken (Stadtsoldaten) vollständig vertrieben.

Aus der reichen und kostbaren Kunstsammlung des ehemaligen Jesuiten-Collegiums, die im Besitze der Stadt Köln verblieb, nahmen die Franzosen das Beste leider weg. Dieselbe enthielt unter andern eine Menge der seltensten Incunabeln, einen ganzen Band eigenhändiger Briefe von Leibnitz an den Jesuiten Brosses, die herrlichsten Mineralien, gegen 4000 Stück römischer und griechischer Münzen und eine ziemlich vollständige Sammlung mittelalterlicher Silber- und Kupfermünzen; ferner eine Menge antiker Schalen, Vasen, Urnen und Götterbilder der ältesten Zeit, so wie namentlich eine unschätzbare Sammlung von mehr als 6000 Originalzeichnungen der berühmtesten Künstler aller Schulen.

Die bedeutende Sammlung alter Kupferstiche, über die ein gedrucktes Verzeichniss vorhanden ist, kam zwar von Paris zurück, war aber leider sehr defekt. Der Kunstwerth derselben ist so gross, dass die Kaiserin Catharina 20,000 Rubel, und der Herzog Albert von Sachsen-Teschen eine noch höhere Summe für dieselbe geboten. Sie wurde aber trotzdem nicht verkauft, indem sie der Stadt zum Gebrauche einer schon damals projektirten Kunst-Academie erhalten bleiben sollte.

Das jetzige katholische Gymnasium an Marzellen besitzt noch heute aus der Zeit der Jesuiten eine reichhaltige Bibliothek, die in der bisherigen Aula aufgestellt und über 63,000 Bände zählt. Sie ist zum Lesen jedem Besucher täglich von 11—1 Uhr geöffnet. Auch werden bekannten Personen gegen Empfangsbescheinigung und unbekannten gegen Bürgschaft beliebige Werke mit nach Hause gegeben. Im Sommer wird sie von reisenden Fremden zahlreich besucht.

Unter den vielen merkwürdigen Männern, die der Jesuitenorden in Köln gebildet, nennen wir zuerst den berühmten Schall von Bell, welcher in Köln im Jahre 1591 geboren wurde. In seinem 20. Lebensjahre trat er in den Orden der Jesuiten ein, und ging 1620 nach China als Missionar, um dieses unermessliche Reich dem Christenthume zu erobern. Der damalige chinesische Kaiser, durch den Ruhm der vielseitigen Gelehrsamkeit des Missionars auf denselben aufmerksam gemacht, berief ihn nach seiner Hauptstadt Peking hin, wo er zuerst einen chinesischen Kalender entwarf, und durch seine dort ganz wunderbar erscheinenden Vorherbestimmungen der Sonnen- und Mondfinsternisse und der Bewegung der Gestirne ein ganz ungewöhnliches Aufsehen erregte. Der Kaiser ernannte ihn zum Mandarin, und zum Vorsteher eines neu gegründeten mathematischen Collegiums. Nach einem Siege des tartarischen Stammes über die Chinesen ward er von dem neuen Kaiser dieses Geschlechtes in seinem Range und seinen Würden bestätigt, und durch den Titel: „Meister himmlischer Gelehrsamkeit" vor allen Gebildeten des Reiches ausgezeichnet. Mit dem Kaiser blieb er bis zu seinem Tode im freundschaftlichsten Verkehr, und wurde durch seine Vermittelung dem Christenthume in China damals der freieste Eingang gewährt. Er wurde in Peking beerdigt, wo sein Grab von den Engländern vor nicht langer Zeit wieder aufgefunden wurde. Die Hoffnung, bei dieser Gelegenheit speziellere Nachrichten über die Schicksale dieses merkwürdigen Mannes zu erhalten, ist leider nicht in Erfüllung gegangen. Seine Statue ziert, als letzte in der Reihe, die Ostseite des neuen Museums.

Die Kirche St. Maria-Himmelfahrt.

Die St. Maria-Himmelfahrts Kirche in Köln, von den Vätern der Gesellschaft Jesu im Jahre 1629 erbaut und im Munde der Kölner noch immer die Jesuitenkirche genannt, blieb auch nach der im Jahre 1773 erfolgten Auflösung des Ordens noch längere Zeit dem öffentlichen Gottesdienst geweiht. Zur Zeit der französischen Revolution aber wurde sie zum Decade-Tempel erklärt, am Aufgange zum Chore, wo die Klammerlöcher noch heute in den Steintritten zu sehen sind, ein eigener Altar in derselben erbaut, und auf diesen die Göttin der Vernunft gesetzt. Jedoch dauerte dieser republikanische Schwindel nicht lange, denn schon am 3. Brumaire des Jahres IV. überwies man die Kirche als Eigenthum der neu errichteten Centralschule (s. S. 32), deren Verwaltungsrath, eines Gotteshauses nicht bedürftig, sie an den Meistbietenden zu beliebigem Gebrauche verpachtete. Ein Bürger der Stadt, Herr Laurenz Fürth, übernahm sie in Gemeinschaft mit einigen Freunden zum Meistgebot von jährlich 300 Francs, um sie durch dieses grossmüthige Opfer vor weiterer Entehrung zu bewahren. Nach der Vertreibung der Franzosen und dem Abschlusse des zwischen Rom und Preussen vereinbarten Concordates wurde sie zur Pfarrkirche bestimmt, jedoch in Folge der ihr widerfahrenen frivolen Schändung durch die Vernunftgöttin von Neuem für den katholischen Gottesdienst wieder eingeweiht. Der erste Erzbischof, der den eine Zeit lang verwaisten Sitz der kölner Diözese nach der neuen Organisation unter preussischer Herrschaft wieder bestieg, Ferdinand August, Graf Spiegel zum Desenberg und Cannstein, wurde in derselben am 11. Juni 1825 durch den Bischof von Trier in feierlichster Weise consecrirt,

Die Maria - Himmelfahrtskirche präsentirt sich schon im Aeussern recht günstig durch ihren kunstvollen Giebel; das Innere derselben ist jedoch geeignet, auf jeden Besucher einen wirklich überraschenden und grossartigen Eindruck zu machen. Sie ist 204 Fuss lang, 84 Fuss breit und 86 Fuss hoch. Die weite Bogenspannung des Mittelschiffes, das so leicht gebaute, besonders für Architekten äusserst interessante Gewölbe, und die kollossalen, dabei doch so schlank erscheinenden Säulen übertreffen an Kühnheit, Eleganz und Schwung alle ähnlichen Constructionen der vielen, wenn auch in anderer Beziehung noch so berühmten Kirchen der Stadt.

Der Fussboden der ganzen Kirche ist mit schwarzem und weissem Marmor belegt. Jedes der beiden Seitenschiffe ist mit einer Gallerie überbaut, die nach dem Innern der Kirche und vor der Orgel als Brüstung ein schönes Hausteingeländer umzieht. An den 14 Säulen des Langschiffes sind ausser der überreich verzierten Kanzel 13 hölzerne Apostelfiguren angebracht, die auf kunstvoll gemeisselten Steinconsolen stehen. Zwischen diesen sind über den Bogenwölbungen, von Engelsfiguren umgeben, die Hauptbenennungen Mariä's aus der lauretanischen Litanei auf wappenähnlichen Schildern bildlich dargestellt.

Die Seitenschiffe enthalten an der Wandseite zusammen 12, und die Gallerien über denselben 10 aus Holz geschnitzte Beichtstühle. Diese, sowie das Schnitzwerk an der prachtvollen Orgel und noch viele andern Zierrathen in dieser Kirche, sind das Erzeugniss kunstfertiger Hände der Ordensbrüder. Die Bilder über den Beichtstühlen der Unterkirche sind grösstentheils von Fuckerath, einzelne aber auch von Jesuiten gemalt. In der Kapelle des heiligen Ignatius, der ersten am Ende des linken Seitenschiffes, weisen wir noch auf das naturgetreue Portrait dieses Heiligen (auf die Wand gemalt) und in der folgenden Kreuzkapelle auf ein gutes Bild von Honthorst hin. Sämmtliche Bilder in den Wänden der Kirche sind ausnehmbar und verdecken zahlreiche Reliquien von der Gesellschaft der h. Ursula und anderer Heiligen. Die Communionbank ist eine der Hauptsehenswürdigkeiten dieser Kirche. Sie ist aus weissem Marmor gehauen, und war ursprünglich ganz aus Arabesken, und Bas-Reliefs zusammengesetzt. Diese wurden theilweise von den Franzosen zertrümmert, so dass die beiden Thüren in der Mitte und die äusseren Theile nach den Wänden hin noch allein vom Originale vorhanden sind. Die Zwischenräume sind mit weissen Marmorsäulchen ausgefüllt, die man von den Seitenchörchen nahm, und sie dort durch kupferne ersetzte. Die ganze Communionbank ist das Meisterwerk zweier Jesuiten, die bis zur Vollendung derselben 10 Jahre lang fortwährend an diesem Kunstwerke beschäftigt geblieben sind.

In dem Hochaltare sind übereinander drei Oelgemälde eingefasst, von welchen das untere Hauptbild 22 Fuss Höhe misst. Diese drei Bilder stehen sechsfach hintereinander, und wird in jedem Rahmen, je nach der Bedeutung der Kirchenzeit, ein anderer Gegenstand vorgeschoben. Mehrere dieser 18 Gemälde gingen aus der Meisterhand des Corn. Schütt hervor. Der Hochaltar, der wie die Kanzel und überhaupt die ganze Kirche von Verzierung überladen erscheint, wurde vom Erzbischof Maximilian Heinrich, Herzog von Baiern erbaut, dessen Wappen, von zwei Engeln getragen, über dem Hauptbilde erscheint. Das Tabernakel wird hinter dem Altare auf- und zugedreht, wobei sich die davor befindlichen Engelfiguren, dem Scheine nach wie von selbst, nach beiden Seiten hin, resp. zu ihrer ersten Stelle wieder zurückbewegen.

Die beiden Wände des Chores sind mit je vier grössern Landschaften geziert. Es sind dies Copien des berühmten Malers Nicola Poussin und stellen dieselben im Zusammenhange folgende biblische Begebenheiten vor. Rechts: 1. der englische Gruss; 2. Maria bei Elisabeth; 3. Erscheinung eines Engels, der den h. Joseph ermahnt, Maria zu sich zu nehmen; 4. die Beschneidnng Christi. Gegenüber 5. die Aufopferung Jesu und die Freude Simeons; 6. die Flucht nach Aegypten; 7. Reise nach Jerusalem; 8. der zwöljährige Jesus im Tempel.

In der Maria-Himmelfahrtskirche bewahrt man ferner einen Rosenkranz des h. Franciscus Xaverius, des Apostels der Indier, ein Kreuz des h. Aloysius, und vom Stifter des Jesuitenordens, dem h. Ignatius von Loyola, einen Riegel, mit welchem er, um einsam zu sein, seine Thüre verschloss, ferner ein Habit, welches er getragen und eine grosse Handschrift von ihm, in silbernem Rahmen eingefasst. Die drei Glocken dieser Kirche, 7242, 4000 und 2000 Pfund schwer, hat dieselbe hauptsächlich dem österreichischen Feldmarschall Tilly zu verdanken, der zu ihrem Guss neun im 30jährigen Kriege eroberte Kanonen von Magdeburg herübersandte.

Die Kirche St. Ursula.

Die St. Ursula Kirche ist zum Andenken an die h. Ursula und an die mit ihr gemarterte und gemordete Gesellschaft von 11,000 Jungfrauen erbaut, und wurde deren Verehrung geweiht. Die Legende erzählt darüber folgendes: Flavius Clemens Maximus war Anführer eines römischen Heeres in Brittanien. Vom Siegesglücke begünstigt und trachtend nach Ruhm und Herrschermacht, liess er sich dort von seinen Truppen zum Kaiser ausrufen, was die von ihm unterjochte brittanische Bevölkerung in stumme Angst und blinden Schrecken versetzte. Durch solch glücklichen Erfolg in seinem masslosen Ehrgeize nichts weniger als befriedigt, zog er mit einem neugebildeten Heere nach Gallien, und eroberte sich dort einen der fruchtbarsten Länderstriche, die heutige Bretagne, aus welcher er die Einheimischen vertrieb, und Land und Gut unter seine Krieger vertheilte, die sich dann dort förmlich niederliessen. Ein solcher Staat, einzig aus Männern bestehend, wäre natürlich seinem Tode entgegen gegangen; darum beschloss der neue Kaiser auf den Rath eines brittischen Häuptlings, von den besiegten Brittaniern eine der Schaar seiner Krieger entsprechende Anzahl Jungfrauen, zur ehelichen Verbindung mit denselben, zu fordern. Die Britten, nicht wagend dem Willen des Kaisers zu widersprechen, entschlossen sich, dieser Forderung nachzukommen, indem sie für ihre Töchter manche glänzende Verbindung darin erblickten, und sich ausserdem die Gunst des Kaisers zu erwerben gedachten. Man versammelte eine Schaar dieser Jungfrauen in London, und brachte sie, unter Anführung der Ursula, der Tochter des Königs von Kornu-

19

bia (das jetzige Cornwal), die schon mit dem eben genannten brittischen Häuptlinge verlobt, theils freiwillig, theils gewaltsam zu Schiffe. Auf offener See wurde diese sonderbare Ladung von einem grausamen Sturme überfallen, der die Schiffe nach der germanischen Küste verschlug, und sie mit vollen Segeln in die Mündung des Rheines trieb. Hierin einen Fingerzeig des Himmels erblickend, vereinten sie sich alsbald zu dem Entschlusse, auf dem ihnen von der Vorsehung angezeigten Wege ihrer Bestimmung zu entfliehen und in Köln, dem heiligen, ans Land zu steigen. Hier aber hatte eben der römische Kaiser Gratian (378—383) zum Kampfe gegen den neuen Kaiser Maximus die Hunnen versammelt, welche sich, von Geilheit und Wuth entbrannt, der wehrlosen Schaar dieser Jungfrauen bemächtigten. Da gelang es dem entschiedenen Auftreten der muthigen Führerinn, die ganze Schaar der Jungfrauen zu dem heiligen Gelübde zu begeistern, lieber den schrecklichsten Tod zu erleiden, als diesen Barbaren ihre Jungfrauschaft und Keuschheit zu opfern. Von thierischer Wuth ergriffen, fielen die rauhen Krieger über die Unschuldigen her, und die gesammte christliche Jungfrauenschaar, 11,000 an der Zahl, erlitt gefasst und ergeben den Martyrtod, um ihre Unschuld und ihre Seele dem Himmel zu retten. Ihre Leichname wurden von den Kölnern in derselben Gegend beerdigt, wo jetzt die St. Ursula Kirche steht, und nahm die Stadt zur ewigen Erinnerung an den Martyrtod dieser 11 Tausend Jungfrauen, die die katholische Kirche sämmtlich als Heilige (21. Oktober) verehrt, 11 Flammen ins untere weisse Feld ihres Wappens zu den drei Königskronen im oberen rothen Felde desselben auf.

Nach Angabe Anderer soll das in einer alten Inschrift hinter der Zahl XI befindliche M, als Mille ge-
deutet, allein zu der Behauptung veranlasst haben, es
seien der Jungfrauen 11 Tausend gewesen. Dieses M
soll aber nach entgegenstehender Deutung nur Martyrer heissen, und der Jungfrauen bloss 11 getödtet worden sein, die auch der gelehrte Binterim in seinem
kölnischen Kirchenkalender mit den Namen: Ursula,
Sencia, Gregoria, Pinosa, Martha, Saula, Britula, Sat-
nina, Rabacia, Saturia und Palladia bezeichnet. Die
überaus grosse Anzahl von Gebeinen aber, die auf dem
die Ursula-Kirche umgebenden, bis ins 12. Jahrhundert
mehrmals durchwühlten „Ager ursulanus" aufgefunden,
und als Reliquien nach den verschiedensten Kirchen der
Christenheit versandt worden sind, lassen viel eher
die Zahl von 11 Tausend wie 11 als die richtige erscheinen. —

Aequillus II., der im Jahre 418 kölnischer Erzbischof
war, liess die zuerst aufgefundenen Gebeine dieser jungfräulichen Martyrinnen in Särge legen, und eine ihrer

Verehrung geweihte Kirche auf der damaligen Grab-
stätte erbauen. Vor den Mauern der alten Stadt gelegen, hatte dieselbe durch die damaligen Kriege vieles
zu erleiden, und wurde noch dazu durch einen Brand
eine sehr geraume Zeit hindurch unbenutzbar gemacht.
Am Anfange des 11. Jahrhunderts nahm sich der fromme
Kaiser Heinrich II. (1002—1024) ihrer besonders an;
sie wurde vollständig wieder hergestellt und erweitert,
und wahrscheinlich auch um dieselbe Zeit der jetzige
Thurm und etwas später der Chor der Kirche erbaut.

Die Gebeine der h. Ursula selbst wurden erst vom
Erzbischof Cunibert (s. Seite 10) und zwar durch eine
weisse Taube entdeckt. Als nämlich der Erzbischof

die h. Messe las, flog eine Taube um den Altar und
dann zu einer bestimmten Stelle in der Nähe der Kirche
hin. Nachdem sie dieses dreimal hintereinander wiederholt, wurde man aufmerksam auf diese wunderbare
Erscheinung, grub auf Anrathen Cunibert's an der bezeichneten Stelle nach, und entdeckte dort die Gebeine
der h. Führerinn. Sie wurden in der Kirche an der
linken Seite vor dem Chore beigesetzt, und der Patroninn im Jahre 1650 an dieser Stelle ein schöner Sarkophag erbaut. Das Bild der h. Jungfrau, aus weissem
Alabaster gehauen, liegt in Lebensgrösse auf einem
schwarzmarmornen Postamente; die geheimnissvolle Taube
sitzt zu ihren Füssen, und ist um den Sockel folgende
Inschrift eingegraben: Sepulcrum S. Ursulae, indicio
columbae defectum. — Mehrere Steinsärge, hin und
wieder in der Kirche angebracht, so wie eine grosse
Anzahl zierlicher Fächer, in den obern Wänden beim
Eingange und um den Chor herum, alle von Goldrah-
men umfasst, sind mit Gebeinen der übrigen h. Jungfrauen gefüllt.

Malerei und Sculptur sind in der St. Ursula-Kirche
durch verschiedenartige und zwar gute Produkte vertreten. Gleich beim Eingange sehen wir zehn uralte
Apostelbilder auf Schieferplatten gemalt, von denen
eines die Jahreszahl 1224 trägt. Dieselben wurden
vom Pfarrer Vochem entdeckt, von ihrem verhärteten
Schmutzüberzuge gereinigt, und dann am Eingange aufgestellt. In der Nähe an einem Pfeiler unter der Orgel ist eine alte Steinarbeit, die Kreuztragung Christi,
ebenfalls der Besichtigung zu empfehlen. Das grosse
Altarbild, von Cornelius Schütt gemalt, stellt den Martyrtod der h. Patroninn dar. Die Legende der Heiligen
und ihrer Genossen ist in einer ganzen Reihe alter,
theilweise übermalter Bilder aus dem 15. Jahrhundert
gleich beim Eingange an der Wand und in den Seitenchörchen enthalten. Ausserdem sind einige Bilder von Herr-

gotts gemalt, ferner in dem Seitenaltare rechts eine Taufe Christi, über dem zweiten rechten Seitenaltare eine Copie des Raphael'schen Engels Michael, so wie auch eine h. Familie an einem der Pfeiler bemerkenswerth. Die sogenannte goldene Kammer unter der Orgel ist wohl der interessanteste Raum dieser Kirche. Ausser mehreren Fächern, mit Glas verdeckt und Reliquien enthaltend, sind die Wände dieses Raumes ringsumher mit den Gebeinen der h. Jungfrauen, in allerlei Formen zusammengesetzt, fast vollständig bedeckt. 123 rund herum aufgestellte Büsten, von denen 31 mit echt silbernen Masken versehen, enthalten ebenfalls eine Anzahl Schädel oder sonstiger Körpertheile der Heiligen. Ausserdem befindet sich hierselbst der vergoldete Reliquienschrein des h. Hypolitus, mit zierlicher Emaille geschmückt, und ein aus orientalischem Alabaster verfertigter, vom Erzbischof Bruno nach Köln gebrachter Krug, und zwar, der Sage nach, einer von den sechsen, deren Wasser bei der Hochzeit zu Kana in Wein verwandelt wurde.

Im Jahre 1861 erhielt die St. Ursula-Kirche eine neue Orgel, und wurde dieselbe am 29. August dem Vorstande der Kirche feierlichst übergeben. Sie dient dem Gotteshause ebenso sehr zur besondern Zierde, wie sie dem Meister, Orgelbauer Fr. W. Sonreck in Köln, zum grössten Ruhme gereicht. Diese Orgel enthält 32 Register, und sind dieselben auf drei Handclaviere und ein freies Pedal vertheilt. Von den circa 2000 Pfeifen sind nur 142 aus Holz gefertigt. Die Winderzeugung geschieht durch das Treten dreier Faltenbälge, die zusammen einen Magazinbalg füllen, der circa 200 Kub.-Fuss gepresster Luft umfasst, und sämmtliche Windladen des Werkes speist. Die Tasten und Coppelungen wirken unter dem Fingerdrucke direkt, und ist die Spielart so leicht, dass das Hauptmanual per Taste nur 10, die Nebenclaviere per Taste bloss

7 Loth Druck erfordern. Die Klangfarbe sämmtlicher Register ist ausgezeichnet gelungen, das Pfeifenwerk solid und schön gearbeitet, und der Mechanismus mit Benutzung aller neuern Erfindungen und Verbesserungen sehr sinnreich und höchst zweckmässig zusammengestellt; mit einem Worte: Herr Sonreck hat mit dieser Orgel seine Meisterschaft bewährt.

Die Ursulinerkirche und das Kloster.

Die h. Ursula, durch deren eindringliche Belehrung, Ermahnung und Ueberredung sich die ganze Schaar ihrer Gefährtinnen dem grausamsten Martertode muthig unterwarf, die also 11,000 jungfräuliche Seelen für den Himmel e r z o g, wird desshalb als Patronin der E r - z i e h u n g verehrt, und findet man daher mit den Ursulinerklöstern fast überall weibliche Bildungsanstalten vereinigt. In Köln ist dieses auch der Fall, und steht nicht nur eine Elementar-Mädchenschule (für die Pfarre St. Cunibert), sondern auch ein stark besuchtes Fräulein-Pensionat mit höhern Bildungsclassen unter Leitung der Schwestern dieses Ordens. Das Kloster und Pensionat nebst einem ausgedehnten, schönen Garten liegt auf der Machabäerstrasse 25 und 27, und ist mit demselben eine sehr schöne Klosterkirche verbunden, die sich namentlich durch einen prachtvollen Giebel präsentirt.

Die Kirche St. Cunibert.

Der Schifferstand Kölns hatte schon vor dem Beginn des 7. Jahrhunderts ein sehr einträgliches Gewerbe, und hat die Stadt demselben eine dem Patrone des Standes, dem h. Clemens gewidmete Kirche zu verdanken. Diese wurde der nördlichen Spitze der grössern Rheininsel (s. S. 4 u. 245) gegenüber am damaligen Hafen erbaut, und zwar auf einem Terrain, welches dem Bette des Rheines mühsam entrissen worden war. Das Hauptschiff der jetzigen Kirche, der oben genannten Zeit entstammend, wurde unter Conrad von Hochstaden (s. S. 110) durch Seitenschiffe und sonstige Anbauten erweitert, und weihte er die in ihrer jetzigen Form, im byzantinischen Style, gleichsam verjüngt entstandene Kirche im Jahre 1248, dem Jahre der Grundsteinlegung des kölner Domes, von Neuem wieder ein, und wurde ihr zu Ehren des h. Bischofs, unter dessen Regierung die erste Kirche entsand, und dessen Gebeine sich noch in derselben befinden, der Name des h. Cunibertus beigelegt. Am Anfange des 14. Jahrhunderts wurden die beiden Thürme am Chore erbaut, deren hochauslaufende Dachspitzen vor mehreren Jahren wegen Baufälligkeit abgetragen und durch stumpfe ersetzt werden mussten. Im Jahre 1830 am 28. April Abends 11 Uhr stürzte das Dach des Hauptthurmes ein, und beschädigte die Kirche dergestalt, dass fast neun Jahre, nämlich bis zum 27. März 1839, kein Gottesdienst in derselben gehalten werden konnte. Die Lücke, die durch das Fehlen des Hauptthurmes im Panorama der Rheinfronte der Stadt entstand, wurde von den Kölnern so schmerzlich empfunden, dass man ernstlich den Wiederaufbau aus freiwilligen Beiträgen zu ermöglichen gedachte. Die verschiedenartigsten Hindernisse stellten sich der Ausführung entgegen; doch gelang es endlich der unermüdlichen Ausdauer der Bewohner der Pfarre wie der Stadt, das einmal gestellte Ziel zu erreichen, und bildet der neue schlanke Thurm in seiner ehemaligen Gestalt seit dem Jahre 1860 eine wahre Zierde der Stadt.

Das grosse Querschiff am Fusse der Kirche St. Cunibert, welches über seiner Mitte den genannten
Hauptthurm trägt, konnte nach dem Wiederaufbaue desselben, aus Mangel an Mitteln, im Innern noch kein
neues Gewölbe erhalten, wodurch ein grosser Raum,
der durch eine Bretterwand vom Langschiff abgeschnit-
ten ist, für den Gottesdienst noch immer nicht benutzt
werden kann. Das ganze Innere muss früher bemalt
gewesen sein; denn überall, wie z. B. auf den mittleren Säulen des Langschiffes, in der niedlichen Taufkapelle rechts, wie um das gegenüberliegende Sakra-
mentshäuschen rechts vor dem Chore, treten schätzbare
Reste der ehemaligen Frescogemälde hervor. Die beiden Standbilder des Erzengels Gabriel (links) und der

h. Maria (rechts) an den letzten Säulen vor dem Hochaltare erregen bei ihrem Alter nicht weniger die Bewunderung des Kenners, wie die prachtvollen Consolen, von denen sie getragen werden. Die verschiedenen Dessius echt römischen Pflasters um den Hochaltar sind durch ihr historisches Alter, und die vier schwarzen Marmorsäulen in dem Rundgange um denselben durch ihre seltene Schönheit bemerkenswerth. Von den sechs Gemälden auf Goldgrund aus der kölner Schule, die an den Wänden nach den beiden Seitenchörchen hin angebracht sind, und des künstlerischen Werthes durchaus nicht entbehren, haben die beiden grösseren dem Reliquienkasten unter dem Sanctuarium früher als Thüren gedient; der Stein unter letzterem mit seinen sieben gothischen, ehemals schön. bemalten Bogenfeldern soll eine der Langseiten des Sarges vom h. Cunibertus gewesen sein. Derselbe wurde bei Erbrechung einer der verschiedenen Chornischen, die in der Zopfperiode alle vermauert worden sind, wiederaufgefunden.

Die Hauptzierde der St. Cunibert-Kirche bildet die in enkaustischer Manier und in treu romanischem Style ausgeführte Bemalung der ganzen Chorwölbung über dem Hochaltare. In der Mitte sitzt Christus als Richter; zu seinen Seiten befinden sich diejenigen beiden Heiligen, die, erfüllt von der höchsten Menschenliebe, die wirksamste Fürbitte bei dem Weltenrichter auszuüben vermögen: die h. Maria zur Rechten, der h. Johannes zur Linken. Die beiden Engelsfiguren, eine an jeder Seite, deuten das Weltgericht durch ihre Posaunen, und die geflügelten Köpfe der Randumfassung die neun Chöre der Engel an. Auf den Wandflächen zu beiden Seiten ist rechts das Bild des h. Petrus und links das des h. Paulus angebracht. — Das Ganze wurde durch den kölner Maler Michael Welter ausgeführt, 1856 begonnen, und in drei Jahren vollendet. Er hat sich in diesem Werke, sowohl durch stylgetreue

Zeichnung nach echt romanischen Mustern, durch ernste Charakteristik der einzelnen Figuren, und durch kunstgerechte Wahl der verschiedenen Farbentöne ein ehrenwerthes Denkmal in seiner Vaterstadt gesetzt. Möchten sich bald die Mittel finden, die es dem Künstler vergönnten, das ganze Innere der Kirche in gleicher Weise auszuschmücken, um dadurch den grellen Contrast des nackten Langschiffes gegen den reich bemalten Chor, welcher Abstand durch eine andere als die stylwidrige neue gothische Kanzel entsprechender gemildert werden konnte, gänzlich aufzuheben.

Die Glasfenster dieser Kirche stammen aus der Zeit der Erbauung derselben und wurden von Peter Grass in jüngster Zeit ergänzt und restaurirt. Das mittlere, um den Rand herum von Prophetenfiguren umgeben, enthält von unten herauf den englischen Gruss, die Geburt, Kreuzigung und Aufopferung Christi, dann Christus als Richter und darüber den h. Geist. Das zur Rechten stellt die Legende des h. Cunibertus, das zur Linken die des Papstes Clemens dar. In den Fenstern des linken Seitenchörchens sind die Bildnisse der h. Cäcilia und Catharina in Glas gebrannt.

Vor dem Hochaltare verdeckt ein Stein den für Köln so merkwürdigen Cunibertspütz. Es ist dies der geheimnissvollste Brunnen der ganzen Stadt, weil jedes kölner Kind aus ihm hervorgegangen ist. Sein Wasser wurde nur von Müttern getrunken, die vom Himmel ein Söhnlein oder Töchterlein erflehten; und wie der Durst von diesem befruchtenden Wasser, so wurde in gleicher Weise jedes derartige Verlangen vom Vater aller Menschen gestillt, indem er aus dem Brunnen seiner Güte die begierliche Mutter mit dem ersehnten Kindlein beschenkte. — Ein Canal, der früher vom Werfte des Rheines in horizontaler Richtung bis zu dieser Quelle führte, wurde durch die letzten Hafen- und Uferbauten seines ehemaligen Einganges beraubt.

Der zoologische Garten in Köln.

Wenn der Fremde, nachdem er die alte Colonia durchwandert, noch einige Stunden der Erholung und dem Vergnügen zu widmen gedenkt, so mag er nach dem grossartigen Eindrucke, welchen die Stadt mit all ihren Merkwürdigkeiten auf ihn gemacht, sich vertrauensvoll in die freie Natur begeben, und den eben neu gegründeten zoologischen Garten besuchen, der, erst seit kurzer Zeit dem Publikum geöffnet, sich den ungetheilten Beifall aller Besucher erworben hat. Seine Lage im Norden der Stadt, den erhabenen deutschen Fluss mit seinen fliegenden Schiffen zur Seite, das malerisch gelegene Mülheim a. Rh. mit den bergischen Gebirgen im Hintergrunde ist ausgezeichnet zu nennen, und gewährt dem Schauenden wahrhaften Genuss, der durch die umgebenden, prachtvoll eingerichteten, die lebende Thierwelt enthaltenen Häusergruppen und Volieren, die nirgend die Aussicht stören, bedeutend erhöht wird. Dazu kommen die meisterhaft angelegten Gartenanlagen mit ihren Teichen, Brücken und Ruheplätzen, die elegante Dampfmaschine, die mit ihrer Kraft viele Fontainen speisst, der Musik-Kiosk mit der davor liegenden vortrefflich eingerichteten Restauration, von deren Terrasse aus die grossartig hervorragende Bärengruppe mit ihrem felsigen Hintergrunde, welcher das lebendige Wasser auf die zottigen Eisbären ausströmt, der die possierlichen Affen bergende elegante Tempel, die rastenden und ruhig weidenden Wiederkäuer, und die im Prachtgefieder auftretende tropische Vogelwelt überschaut werden können. Man darf behaupten, dass das geschaffene Werk selbst jetzt schon durch die Auswahl der aufgenommenen Thiergattungen den wissenschaftlich Gebildeten sowohl als den Dilettanten befriedigt, und dass sich dasselbe an die bekannten Anstalten dieser

Art würdig anzureihen befugt ist. Dazu kömmt der schöne, längs des Rheines dahin führende Weg, dessen linke Seite durch vortreffliche Gartenanlagen geziert ist, sowie die bequeme Wasserstrasse, deren Dampfschiffe alle halbe Stunden für sehr mässigen Preis den Besuchenden hin und zurück bringen, und schliesslich die angenehme Möglichkeit von jedem Punkte der Stadt aus vermittelst Droschken dahin zu gelangen, deren Taxe, um den Benutzer vor Prellerei und Ueberforderung zu schützen, polizeilich fixirt worden ist.

Nach dieser allgemeinen Skizze soll der Fremde vornümlich darauf aufmerksam gemacht werden, dass die Restauration ihm jede körperliche Pflege für den ganzen Tag gewährt, falls er zum Vergnügen und zur Erholung über diese Zeit disponiren kann. Wir versuchen, ihn bei seiner Wanderung in diesem Naturtempel als kundiger Führer zu begleiten, auf Hervorragendes aufmerksam zu machen und dadurch zur Erhöhung seiner Freuden beizutragen. Wenn am Eingange der schuldige Tribut als Aequivalent für das zu Empfangende berichtigt, die Legitimation sich in seinen Händen befindet, wird zunächst zur Linken ein elegant gebautes rundes Drahthaus mit seinen gefiederten, hetrogenen Bewohnern seine Aufmerksamkeit erregen. In Abtheilungen getheilt, soll es auf den Besuchenden einen wohlgefälligen Eindruck eben durch seinen mannigfaltigen Inhalt machen. In seinem Centrum enthält es die sehr zu beachtende Einrichtung, dass im Winter die tropische Vögelwelt aus dem ganzen Garten hier ihre Verpflegung und erwärmte Räume findet. Zur Rechten beim Eingange weilen friedliche und bösartige Lama's so wie das gutmüthige Kameel mit seinen hier geworfenen Jungen. Am südlichen Theile des Gartens tritt man den sehr gut eingerichteten 15 Hühnerherbergen entgegen, die alle durch kleine bepflanzte Gärtchen von einander getrennt sind, und in denen sich im untern Theile die mannigfachen Hühnerarten, im obern eine reiche Auswahl von schönen Tauben befinden. Ebenso beachtenswerth und naturgemäss eingerichtet sind die Aufenthaltsorte der Pfauen und Fasanen, deren Prachtgefieder nicht genug bewundert werden kann. Am Westende des Gartens begegnet man zunächst einer Anzahl Volieren, die zur Aufnahme der zum Theil mehr Wasser bedürfenden Vögelwelt eingerichtet sind. Man erblickt hier den stets ruhig stehenden, in sich gekehrten, gleichsam überlegenden Marabu neben den rosenfarbigen, hochbeinigen Flammingo's, den imponirenden Kronenkranich, den Purpurreiher und dergleichen. Abgesondert davon neben der Restauration gelegen befindet sich eine durch eiserne Säulen gestützte sehr grosse Voliere, einzig in ihrer Art, imposant in ihrem Totaleindruck nach Form und Inhalt. Sie ist so gross, dass der Silberreiher, Möven, Seeschwalben und andere grössere Vögel darin frei herum fliegen, sich auf die im Innern eingeschlossenen Bäume setzen und ausruhen können. Dabei gewährt die in der Mitte liegende Springquelle, die ihren Wasserüberfluss über terrassenförmige Absätze sprudeln lässt, und so in der Tiefe einen kleinen Weiher speisst, einen überraschenden Anblick. Jetzt tritt man auf eine mit rothblühenden Castanien bepflanzte, erhöhte Terrassse vor dem Restaurationsgebäude, von welcher man den Anfangs schon geschilderten Eindruck empfängt. Bei gutem Wetter wimmelt es hier von Besuchenden, als Centralpunkt geselligen Vergnügens, das oft durch treffliche Harmonie-Musik gesteigert wird. Hinzufügen wollen wir, dass der städtische Garten-Direktor Anton Strauss, der die Gartenanlagen disponirte, vornämlich den Gesichtspunkt im Auge behielt, dass man der Täuschung unterliege zu glauben, es gehöre das Stück Rhein, welches man von hier übersicht, als grösserer Weiher sammt Mülheim mit zu den Gartenanlagen, — eine Ideen-Ausführung, die ihren Meister lobt und von sehr lieblichem Eindrucke ist. Zur Seite dieser Terrasse befindet sich ein Bassin mit Fontaine-Anlage, die, in ihrer vollen Kraft wirkend, ihren Wasserstrahl bis zu 50 Fuss Höhe emportreiben kann. Eine Reihe von buntfarbigen Ara's, Papageyen und Kakadu's beleben das Ganze; und die daneben in eigenthümlicher Bauart construirte Voliere, grösstentheils für ausländische Vögel bestimmt und mit vielen kleinen Fontainen versehen, deren Wasser in niedlichen Felsenbassins gesammelt, den prachtvoll gefiederten Bewohnern den Aufenthalt naturgemäss gestaltet, befriedigt sicher den Freund der Natur. Zunächst hinter dieser Voliere winden sich Stachelschweine aus einem Felsengebilde und präsentiren sich mit ihren klirrenden Stacheln. Der mit vielem Geschmack und Sachkenntniss versehene sehr thätige Direktor, Dr. Bodinus, hat hier zur Schönheit des ganzen Geschaffenen dadurch seine Meisterschaft bekundet, dass er mit wahrer Intelligenz die nun zu besprechende Wasser- und Teichanlagen construirte, die man von einer hier angebrachten Anhöhe zum grossen Theile übersehen kann, eben weil er diese Teichanlagen so ausführen liess, dass der oberste dem zweiten, und dieser dem dritten das durch die Dampfmaschine geförderte Wasser zuführt, und dadurch das Wasser zu einer wohlthuenden Belebung steigert, die zugleich das Leben und Treiben der Bewohner desselben um so interessanter zeigt. Die grosse Masse der hier hausenden Wasservögel ist überraschend schön, und gewährt belehrende Unterhaltung durch genaues Wahrnehmen aller der eigenthümlichen, in vielen Nuancen auftretenden Manieren dieser interessanten Wasserbewohner. Die seltensten Species von Gänsen, Schwänen, Enten, Pelicanen findet man hier in Prachtexemplaren vorgeführt. Viele Ruheplätze vermehren die Bequemlichkeit, und gestatten auch die Beobachtung des Aufenthaltes der Fischotter zwischen zwei Teichen, denen das fliessende Wasser, unter völliger Absperrung nach Aussen, zugeführt wird. Klassisch ist der zur Speisung der Teiche ausgeführte Gedanke, das Wasser zuerst der vorhin bezeichneten Berghöhe zuzuführen, auf deren obern Plateau es sich sprudelnd und schäumend in ein Felsenbassin ergiesst, dann über Felsen herabstürzt, einen Katarakt und fliessenden Bach bildet, der sich unterirdisch verläuft, dann wieder zu Tage kömmt, und in schlängelnder Weise die Teiche mit klarem Wasser versorgt. Die Peripherie der Teiche umschliesst mehrere kleine, mit Buschwerk versehene Inseln mit zweckmässig eingerichteten Häuschen und Behältern, in denen die Thierwelt für ihre Nachkommenschaft eifrig Sorge trägt.

Der Schmuck des Gartens wird durch das überaus schöne und naturgemäss gebaute grosse Raubthierhaus erhöht und erfreut sich dasselbe des ungetheilten Beifalls des Publikums. Man sieht nur Prachtexemplare, und sehr ergötzlich und grosse Theilnahme erregend ist das Zusammenleben eines Königstiegers mit einem rothbraunen Hunde. Diese höchst interessante Thatsache, die hier dem Beschauenden vorgeführt wird, findet nur allein darin ihre annähernde Erklärung, dass jener wüthende Fleischfresser die Muttermilch von diesem Hunde erhielt, und fortwährend mit demselben vereinigt geblieben ist. Was aber das grösste Staunen erregt, ist die sichtbar hervortretende Herrschaft, welche der mit würdevollem Ernste auftretende Hund über den noch spielsüchtigen Mitbewohner des gemeinschaftlichen Hauses ausübt. — Dem Erforderniss, diese schöne Collection von reissenden Thieren auch im Winter beschauen zu können, ist vollständig Rechnung getragen, und für Reinlichkeit durch leicht zu bewirkendes, fliesendes Wasser gesorgt. Von hier führen mehrere Wege, durch mannigfache Ueberbrückungen zwischen den Teichanlagen zugänglich gemacht, zu mehreren am Wasser liegenden Ruheplätzchen, von wo aus, ganz in der Nähe, die muntern

Schwimmvogelwelt in ihren Fertigkeiten zu tauchen, zu rauben, zu zanken, zu lieben, zu brüten u. s. w. beobachtet werden kann. Das grosse in der Ausführung begriffene Gebäude an der nördlichen Umfassungsmauer ist für den zukünftigen Aufenthalt der Giraffen und Antilopen bestimmt. Wir gelangen nun zum Straussenhaus, dessen weitläufige, durch Eisengitter abgesperrte Abtheilungen, die afrikanischen, amerikanischen Strausse und Kasuare in freier Bewegung enthalten. Dass diese Thiere sich im besten, körperlichen Wohlsein befinden, also naturgemäss leben, möchte daraus hervorgehen, dass ein Kasuar in diesem Sommer vier prachtvolle Eier legte. Sie haben neben der eleganten Eiform eine sehr schöne dunkelgrüne Farbe mit gleichmässigen lichtgrünen Pünktchen. (Länge 14 c. m., Dicke 10 c. m., Schwere 33 Loth.) Die Volieren der kleinern und grössern Raubvögel sind auf die zweckmässigste Weise construirt. Künstlich errichtete Felsen, im Innern angebracht, gereichen zur Zierde der Behälter für die Geier und Adler, denen zum Baden und Trinken das durchfliessende Wasser ihren Aufenthalt dergestalt angenehm macht, dass vor Kurzem der weissköpfige Geier auf einem Felsen einen Horst baute, ein Ei legte und bebrütete, eine Thatsache, die wohl bei Raubvögeln unter solchen Verhältnissen noch nie beobachtet worden. Mitten zwischen diesen Raubvögelräumen liegt ein Glanzpunkt des zoologischen Gartens, bestehend in zwei Felsenanlagen, die oben künstlich mit einander verbunden, aber unten eine freie, malerische Durchsicht bieten. Dem Publikum ist mittelst einer künstlichen Felsentreppe der Aufgang, und oben eine Aussicht, besonders auf die Wasserparthien, den Garten, den Rhein und Mülheim gestattet, welche die vollste Bewunderung verdient. Dazu kömmt, dass von dieser bedeutenden Höhe das sprudelnde Wasser sich den niedern Felsengebilden zuwendet, rauschend herab füllt, einem Bassin Nahrung gibt, dann sich zu einem Felsenbächlein gestaltet, welches sich endlich unter der Erde verliert und zu den Teichen eilt. Das zu diesen Berganlagen gehörige Terrain ist mit Eisengittern umzäunt, zwischen denen Muflon's, Gemsen, Schaafe und ähnliche Kletterthiere ihre freie Bewegung in Berg und Thal erhalten sollen, was man jetzt schon bei zwei Muflon's und zwei Schaafen bewundert. Inmitten der Felsparthie ist für den nächtlichen Aufenthalt an vier verschiedenen Stellen zweckentsprechende Sorge getragen. Die zu solchen Felsengebilden sich vortrefflich eignenden porösen Basalte, Laven und Tuff, verbunden mit den Kalkgebilden des Neanderthales geben dem Aeussern ein imponirendes Ansehen. In dieser Gegend findet man noch eine beachtenswerthe Anzahl grösserer und kleinerer Raubthiere, als Wölfe, Füchse, Dachse, Marder, Iltisse, Wiesel und Waschbären zusammengestellt. Die Felsenparthie der beiden Prachtexemplare kalifornischer Grisly-Bären mit den über Felsen herabrieselnden Wasseranlagen wird man als imponirend anerkennen, welches Prädikat auch dem grossen Bärenhause zugehört. Dasselbe ist in drei Abtheilungen getheilt, wovon die beiden äussersten, für schwarze und braune Bären bestimmt, mit dicken Eichenstämmen und Wasserbassins versehen sind. Der mittlere Theil, von zwei zottigen, prachtvoll erhaltenen Eisbären bewohnt, enthält wieder eine schöne Felsparthie, deren von oben eintretendes Wasser, über dieselbe rauschend herabfallend, das grosse Bassin im Innern speisst. Es ist interessant, die plumpen Bewohner auf die Felsen klettern zu sehen, um sich von oben ins Wasser zu stürzen.

Die Arrangements für die plump und zart gebauten Widerkauer, der Büffel, Auerochsen, Elennthiere, Hirsche, Antilopen, Kameele, Schaafe, Ziegen u. s. w., wird man naturgemäss vertheilt und entsprechend eingerichtet finden. Wen sollte endlich das vortrefflich und splendid gebaute Affenhaus mit seinen allen Lebensmuth, Schlauheit, Tücke, Sanftmuth, Gelebrigkeit, Nachahmungssucht, körperliche Gewandtheit entwickelnden, possierlichen Bewohnern nicht lebhaft interessiren, besonders wenn ihnen zur Sommerzeit die ausreichendsten Mittel zum Spielen und Klettern im Freien dargeboten werden? Erhöht wird die Freude dem sich hier niederlassenden Naturfreunde durch die Menge der in nächster Umgebung hausenden Wasser- und Sumpfvögel, die in allen ihren Manieren auf dem nassen Elemente, das ihnen durch eine mächtig sprudelnde Fontaine zugeführt wird, beobachtet werden können.

Und wem ist die erste Idee dieses für Kölns und Rheinlands Bewohner so herrlich geschaffenen Werkes, an welchem alle Fremden eine so ungeheuchelte Theilnahme bekunden, zuzuschreiben? Nur allein unserm in so manchen Beziehungen um Köln verdienstvollen, gelehrten und geachteten Mitbürger, dem ersten Oberlehrer der hiesigen Realschule (z. Z. a. D.) Herrn Dr. Garthe! Unter den schwierigsten Zeitverhältnissen gelang es seinem beharrlichen Muthe und seiner überall anregenden Energie unter Mitwirkung tüchtiger und würdiger Männer dieses mit jugendlicher Begeisterung von ihm aufgegriffene Unternehmen zur Verwirklichung zu bringen. Der grössere Theil seiner Muse wurde ausschliesslich dieser Lieblingsschöpfung gewidmet, und sogar mehrere Modelle zu den bedeutendsten Bauten, wie z. B. das der Bärengrotte, der Felsparthie u. s. w. wurden eigenhändig von ihm in der zierlichsten Weise angefertigt. Endlich verewigte er sich durch die Widmung eines den Freunden des zoologischen Gartens interessanten Denkmals in Form einer genau construirten Sonnenuhr mit Zeitrechnungstafel, worauf folgende historische Notizen auf einer Platte verzeichnet sind:

Erste öffentliche Anregung zur Errichtung eines zoo-

logischen Gartens in Köln durch Dr. Garthe. Köln.
Zeitung Nr. 223 vom 13. August 1857.

Beginn der Arbeit auf dem gegenwärtigen Terrain am 17. September 1859.

Der erste technische Director Herr Dr. Bodinus aus Greifswalde berufen am 24. April 1859.

Genehmigung der Statuten am 23. Februar 1860.

Feierliche Eröffnung des Gartens am 22. Juli 1860.

Mitglieder des Verwaltungsrathes waren die Herren:

W. L. Deichmann.	Ed. Kühlwetter.
Ph. Engels.	Fr. Leiden.
J. M. Farina.	J. Marcus.
H. Garenfeld.	Ed. Oppenheim.
Dr. C. Garthe.	Rob. Peil (Präsident.)
E. Joest.	W. H. Pepis.
Jac. Kaufmann-Asser.	G. Rick.
Franz Koch.	H. J. Stupp.

Die Lindenburg bei Köln.

Aus der nächsten Umgebung der Stadt haben wir bereits den Fremden ausser dem zoologischen Garten auf den Besuch des kölner Kirchhofes (Seite 64) aufmerksam gemacht. Unter den zahlreichen, und theilweise ausserordentlich bedeutenden gewerblichen Etablissements, die Köln in nächster Nähe umgeben, wäre zwar noch auf manches zu verweisen, was für den Interessenten von der grössten Wichtigkeit wäre; aber leider verwehrt es uns der Raum, auch nur das Hauptsächlichste davon näher anzuführen. Eine Anstalt wollen wir indessen nicht übergehen, welche ihrem Besitzer zur Ehre, und der leidenden Menschheit zur Linderung eines jammervollen Zustandes gereicht. Es ist dies die auf der Lindenburg eingerichtete Privat-Irrenpflege- und Krankenanstalt des Herrn Aloys Joseph Maassen, ungefähr eine

halbe Stunde westlich von der Stadt in einer reizenden
Gegend gelegen. Der Park nebst den Gärten und Feldern dieser Anstalt umfasst innerhalb der Umzäunung
ungefähr 55 Morgen, und sind die Anlagen an der südlichen Seite durch einen Bach begrenzt, der einen grössern
Teich und mehrere zierlich umfasste Bassins mit fliessen-
dem Wasser füllt. Gleich hinter der geschmackvollen
Wohnung des Besitzers liegt das grosse, drei Stock hohe,
mit Luftheizung, Wasserleitung und Bädern versehene
Gebäude für die Kranken, an dessen westliche und östliche Seite besondere Höfe und Gärten grenzen, welche
den geschlechtlich getrennten Patienten zum beliebigen
Aufenthalte dienen.

Bei der Einrichtung im Innern, in den Zellen der
Tobsüchtigen, den Räumen für epileptische und unrein-
liche Kranke sind nicht allein alle Erfahrungen benutzt,
die sich in ähnlichen Anstalten als praktisch bewährten,
sondern ausserdem die sinnreichsten Vorkehrungen getroffen, um den nothwendigen Schutz und die Sicherheit
der Patienten mit der möglichsten Bequemlichkeit und
Freiheit derselben zu verpaaren. Nahrung und Bekleidung sind einfach und zweckentsprechend, die Hausordnung ist strenge geregelt, und erkennt man in der Art
der Behandlung, der jede Spur von Härte und Strenge
fehlt, die väterlichste Liebe und Fürsorge in tausend
einzelnen Zügen. Dabei herrscht in den Schlaf- und
Conversationssälen, überhaupt in dem ganzen Gebäude,
eine so gesunde Luft und grosse Reinlichkeit, dass jeder
Besucher den wohlthuendsten Eindruck davon behält.
Was aber der Besitzer, welchem ausser dem erforderlichen Beaufsichtigungspersonal ein Geistlicher und ein
Arzt zur Seite stehen, und den alle seine Pflegebefoh-
lenen mit einer wirklich kindlichen Anhänglichkeit und
dem unverkennbarsten Zutrauen verehren, zur Erheiterung
der armen Geschöpfe ersinnt, hat schon häufig die rüh-
rendste Theilnahme und die lauteste Anerkennung der

besuchenden Gäste hervorgerufen. Zwanglose Arbeit und beliebige Bewegung im Freien, besonderer Unterricht im vierstimmigen Männergesange, Frühlings- und Sommerfeste mit Gartenconzerten, Tanz und buntfarbiger Beleuchtung, gemeinschaftliche Ausflüge zu Fuss, per Dampfschiff und Eisenbahn, Christtags-Bescheerung mit kolossalen Weihnachtsbäumen, alles dieses wird aufgeboten, um das in sich gekehrte Gemüth der armen Irren aufzurichten und zu erheitern, und ihre geistige Thätigkeit in eine angenehme und bestimmte Richtung zu leiten. Dass die städtische Verwaltung die von ihr zu verpflegenden Irren ebenfalls auf der Lindenburg untergebracht, ist kein weniger günstiges Zeugniss für den Besitzer und seine Bestrebungen, wie der durch die Statistik gelieferte Beweis, dass keine ähnliche Anstalt in Preussen eine grössere Zahl ihrer Pfleglinge als geheilt oder gebessert entlässt, wie eben die Lindenburg bei Köln.

Der Hafen zu Köln.

Der Rhein ist einer der herrlichsten und verkehrreichsten Ströme der Welt. Sein durchgehends lichtgrünes Gewand wird nur dann in ein trübes Gelb verwandelt, wenn von links aus der Fremde oder von rechts aus dem eigenen, auf der Karte so bunt aussehenden deutschen Vaterlande übermässige Strömungen sein Inneres in zu grosse Aufregung versetzen. Gewöhnlich bewegt er sich in sanft gekräuselten Wogen zwischen seinen Burgen und Rebhügeln daher; wenn er aber die Nähe der Stadt Köln erreicht, dann wird seine ruhig wallende Oberfläche durchschnitten, zerkreuzt und aufgewühlt, wie nirgendwo auf seinem gangen Laufe. Bald zieht hier ein schwarzer Schlepper mit seinem tiefgehenden, flottenähnlichen Gefolge lange Furchen durch seine vergeblich widerstrebende Fluth; bald jagen die Räder eines zierlich gebauten hin- und herüber

kreuzenden Dampfers seine Wellen nach rechts und
links aus der gewöhnlichen Richtung heraus, und nöthigen sie, von den beiderseitigen Steinufern, an denen sie
ermattet hinauf zu klettern versuchen, sich unbarm-
herzig wieder zurückwerfen zu lassen; bald durch-
schneidet ein stolzer Segler oder ein durch Ruder dahin geschnelltes Boot seine sich im zarten Schlummer
wiegende Oberfläche, — und so kömmt der arme Strom
erst dann wieder in die natürliche Lage seines breiten
Bettes, in sein ruhiges Geleise zurück, wenn er längst
die Fronte der stolzen Colonia passirt.

Ausser dieser lebhaften Bewegung der vielgestaltig-
sten Fahrzeuge bietet der Hafen bei Köln ein nicht
weniger prachtvolles Bild durch die grosse Zahl der
zum Ein- und Ausladen vor Anker liegenden Schiffe
dar, besonders wenn ihre zahllosen Masten bei irgend
einer festtäglichen Veranlassung bewimpelt, beflaggt und
geziert erscheinen.

Wenn auch durch die verschiedenen Eisenbahnen und
durch die Anlage des Central-Güterbahnhofes bei St.
Gereon ein ziemlicher Theil des Güter-Verkehrs dem
Rheine entzogen worden ist, so blieb der Ein- und Ausgang von Schiffen und Waaren im kölner Hafen noch
immer ein viel bedeutenderer, wie bei irgend einer anderen Binnenstadt an sämmtlichen Strömen des deutschen Vaterlandes. Die Wahrheit dieser Behauptung
ergibt sich wohl am deutlichsten aus der Angabe folgender Zahlen:

Im Jahre 1862 sind im kölner Hafen an Gütern

1. angekommen rheinaufwärts:

in 699 Dampfbooten	76,105	Ctr.
„ 147 Schleppkähnen	649,347	„
„ 546 Segelschiffen	1,193,501	„
„ 1392 Fahrzeugen	1,918,953	„

2. angekommen rheinabwärts:

in 1563 Dampfbooten	270,033	Ctr.
„ 2986 Segelschiffen.	1,691,867	„
durch Holzflösse	374,443	„
„ 4549 Fahrzeugen . . . . . - .	2,336,343	„

3. abgefahren rheinaufwärts:

in 1324 Dampfbooten	227,871	Ctr.
„ 1254 Segelschiffen.	510,665	„
„ 2578 Fahrzeugen	788,536	„

4. abgefahren rheinabwärts:

in 560 Dampfbooten	70,303	Ctr.
„ 84 Schleppkähnen	238,708	„
„ 407 Segelschiffen und Nachen .	151,027	„
„ 1051 Fahrzeugen	460,038	„

also angekommen rheinaufwärts . .	1,918,953	Ctr.
dito rheinabwäts . . .	2,336,343	„
zusammen	4,255,296	„

abgegangen rheinaufwärts	788,536	Ctr.
„ rheinabwürts	460,038	„
zusammen	1,248,574	„
dazu obige	4,255,296	„
macht in Summa	5,503,870	Ctr.

Die neue Eisenbrücke über den Rhein.

Der grossartige Aufschwung, den der Handel Europa's in den letzten Jahrzehenden unter dem Schutze eines seit beinahe 50 Jahren kaum unterbrochenen Friedens erfahren, hat die Nationen unseres Erdtheiles und die Völkerstämme der ganzen civilisirten Welt immer näher einander entgegen geführt. Hunderte von veralteten Hindernissen, die dieses natürliche Entgegenkommen erschwerten, mussten weichen vor der trotzenden Kraft des Dampfes und der geflügelten Sprache des einfachen Telegraphendrahtes. —

Durch den von Preussen angeregten Zollverein fielen die unnatürlichen Schranken der innern Zölle Deutschlands fast gänzlich zusammen. Die zahllos entstandenen Eisenbahnen, dieser mächtigste Hebel der Intelligenz und des Weltverkehrs in unserm Jahrhundert, legten sich wie eiserne Gürtel um den Körper unseres Erdballes herum, und beschworen mit unabweisbarer Macht alle jene Erleichterungen im Personen- und Güter Verkehr herauf, durch welche die benachtbarten Völker sich nothgedrungen, aber gegenseitig beglückten. Die früherhin so sehr beschränkte Freiheit der Wasserstrassen hätte diese natürlichsten Handelswege sogar von der berechtigten Theilnahme am Binnenverkehr allmählig ausgeschlossen, wenn nicht die sämmtlichen Uferstaaten durch Aufopferung der Stapelrechte und sonstiger Privilegien den Forderungen des Zeitgeistes sich gefügt haben würden. Eine der unangenehmsten, wenn auch noch so kleine, aber schwer auszufüllende Lücke im Verkehr bildete der Mangel an festen Uebergängen über die grössern Ströme. — Preussen, einer von denjenigen europäischen Staaten, welche die ausgedehntesten Eisenbahnlinien besitzen, füllte zuerst eine dieser Lücken durch den kolossalen Brückenbau bei Dirschau über die Weichsel aus. Wo aber in einem Staate von allerhöchster Stelle aus solche Unternehmungen und Ideen zur Ausführung gelangen, da ist es mit dem gebührendsten Danke anzuerkennen, wenn auch die übrigen Faktoren der Staatsverwaltung auf Mittel sinnen, den internationalen Verkehr von allen entgegenwirkenden Hindernissen zu befreien. Um die westlichen und östlichen Provinzen des preussischen Staates um so enger mit einander zu verbinden, und zugleich eine zweite jener Lücken auszufüllen, die für den Handelsverkehr des ganzen nördlichen und östlichen Deutschlands mit Frankreich, Belgien, Holland und Grossbrittanien eine der empfindlichsten war, griff der Präsident der königl. Regierung zu Köln, Herr von Möller, mit allem Eifer den Gedanken auf, den Rhein bei der Metropole der Provinz mit einer festen Brücke zu überbauen, und hatte man es seinen unaufhörlichen Anregungen und erfolgreichen Bestrebungen zu verdanken, dass schon am 23. März 1849 der königl. Ober-Baurath Lentze mit den technischen Untersuchungen beauftragt, und am 1. April 1850 eine Preisbewerbung für zweckmässige Baupläne anberaumt werden konnte. Eine eiserne Gitterbrücke mit drei Strom- und zwei Stirnpfeilern wurde in Aussicht genommen, und im Jahre 1852 der Wasserbau-Inspector Wallbaum, der bei der Concurrenz der Pläne den Sieg davon getragen, mit der definitiven Ausarbeitung der Bau-Projekte beauftragt. Dem Regierungs-Präsidenten, Herrn von Möller, wurde die staatliche Leitung, und die technische Superrevision dem Ober-Baurath Lentze übertragen. Regierungs-Baurath Lohse aber wurde zum ausführenden Baumeister ernannt.

Nachdem die Mindener Eisenbahn-Gesellschaft unter Beihülfe der Stadt und der rheinischen Bahn mit je 250,000 Thlern den Bau gemäss Vertrag vom 29. Juni 1854 übernommen, konnte am 6. Juni 1855 der erste Spatenstich am linksseitigen Stirnpfeiler geschehen, und wurde am 3. Oktober 1855 durch Se. Majestät den König Friedrich Wilhelm IV. unter entsprechenden Feierlichkeiten der erste Stein mit folgenden Worten gelegt:

„Meine Herren! Gottes Gnade hat gegeben, dass wir dieses Werk im Frieden beginnen können; lassen wir bitten, Gott möge geben, dass der Bau im Frieden fortgeführt werden kann; lassen wir bitten, dass er unter dem goldenen Füllhorne des Segens gedeihe; dass das Werk auf immerdar unantastbar bleibe und dass, lange bevor der letzte Stein zu demselben gelegt wird, auch dem gesammten Europa der Friede wiedergegeben sei."

Unter der umsichtigsten Leitung, verpaart mit der musterhaftesten Ordnung und dem planmässigsten Ineinandergreifen sämtlicher Arbeitsleistungen und Kräfte wurde der Bau begonnen und auf eine auffallend rasche Weise seinem Ziele entgegen geführt. Alle Erfahrungen, die man bei dem dirschauer Brückenbau gemacht, wurden hier, da das leitende Personal das nämliche war, auf die vortheilhafteste Weise in Anwendung gebracht, und konnten Wasserstand und Witterung während der vierjährigen Bauperiode kaum gewünschter erscheinen. So gelang es denn im Vereine der günstigsten Verhältnisse, den kolossalen Bau ohne Störung und Unglücksfälle zu vollenden, und fand am 3. Oktober 1859 durch den Prinz-Regenten, jetzigen König Wilhelm I., die feierliche Eröffnung Statt.

Die kölner Brücke ist von der Mitte der beiden Stirnpfeiler 1332 (mit denselben 1352) Fuss lang; die Lichtweite zwischen jeden zwei Pfeilern beträgt 313, und die Breite eines jeden der fünf Pfeiler 20 Fuss. Die drei Strompfeiler dehnen sich in einer Länge von 89$\frac{1}{2}$, und die beiden Stirnpfeiler in einer solchen

von 91³/₄ Fuss aus. Vom Nullpunkte des kölner Pegels aus gerechnet haben sämmtliche Pfeiler bis zur Brükkenlage eine Höhe von 52¹/₂ Fuss. Die Träger der 130 Fuss langen Werftbrücke sind aus ¹/₂ Zoll starken und 4 Fuss hohen eisernen Platten gefertigt. Die zwei Thürme auf dem mittleren Strompfeiler sind sechs-, die vier andern auf den beiderseitigen Stirnpfeilern viereckig gebaut, und haben alle sechs bei einer Länge von 19 und einer Breite von 14 Fuss 9 Zoll 80 Fuss Höhe. Die beiden Wachtthürme am Ende der kölner Rampe sind 27 Fuss hoch, 18 Fuss lang und 16 Fuss breit. Der Gitterbau besteht aus 27 Fuss 2 Zoll hohen eisernen Trägern, die bei der Eisenbahnbrücke doppelt, bei der Chausséebrücke aber einfach angebracht sind. Die Eisenbahnbrücke ist 24, die Chausséebrücke hingegen 27 Fuss breit, wovon in der Mitte 16 Fuss für das Fuhrwerk und an jeder Seite 5¹/₂ Fuss in Form eines etwas erhöhten Trottoirs für die Fussgänger dienen.

Zu dem ganzen eisernen Oberbaue wurden circa 10 Million Pfund Schmiedeeisen verbraucht, die etwa 1¹/₂ Million Thaler gekostet haben, und von der Steinhauserhütte bei Witten an der Ruhr geliefert worden sind.

Die Eisenbahnrampe nach Deutz ist von unten bis zum Festungsabschluss 1413 Fuss lang, und hat eine Steigung von 1:45; die Eisenbahnrampe nach Köln läuft bis zum Centralbahnhofe mit einem Gefälle von 1:130 und in einer Curve von 50 Ruthen Radius aus. — Die Chausséerampe an der kölner Seite misst 450 Fuss Länge, und hat ein Gefälle von 1:33. Die zuerst in Angriff genommene deutzer Chausséerampe war vom Aufgange an auf eine Steigung von 1:38 angelegt, da aber die Brücke in Folge des Protestes der Rheinuferstaaten später einige Fuss erhöht werden musste, wurde der obern Hülfte eine Steigung von 1:33

gegeben. Die dadurch in der Höhe der Festungsmauer entstandene Biegung ist aber kaum mit dem Auge zu erkennen.

Unmittelbar vor dem Gitterabschlusse der Brücke und zwar zwischen Eisenbahn und Chaussée werden in Köln die Statue des verstorbenen Königs Friedrich Wilhelm IV., und in Deutz die Statue Seiner Majestät des regierenden Königs Wilhelm I., beide zu Pferde sitzend, in mehr als menschlicher Grösse auf hohem Postamente der Art aufgestellt, dass dieselben das Gitterwerk überragen. Die erstere, von Bläser in Berlin übernommen, ist bereits vollendet. Der Entwurf der letzteren ist dem berliner Bildhauer Drake übergeben.

Zu dem kolossalen Baue, der beinahe 4 Millionen Thaler gekostet hat, welche Summe sich trotz der Höhe des Capitals nicht nur gut verzinst, sondern sich auch in den ersten 50 Jahren, nach welchen die Brücke Eigenthum des Staates wird, voraussichtlich vollständig amortisiren dürfte, wurde folgendes Material verbraucht:

1. Holz zu Pfählen und zum Gerüst
der Pfeilerbauten . . . . . 130,000 K. F.
2. Holz zum Gerüst des Eisenbaues 100,000 „ „
3. Holz zu den Brückenbahnen . . 34,000 „ „
4. Ziegelsteine . . , ... 9,000,000 Stück.
5. Kalk . . . . 93,000 Schffl.
6. Trass . . . . 150,000 „
7. Mörtel . . . . 3,000 Sch.R.
8. Bruchsteine . . . . . . 6,000 „
9. Quadersteine . . . . 315,000 K. F.

Die Anstrichfläche des Eisenwerkes, sämmtliche Stäbe mit ihren Seiten nebeneinander gedacht, entspricht einem Flächeninhalte von 21 preussischen Morgen.

Hiermit wäre nun die Wanderung im Innern der Stadt vollendet, und schlagen wir zum Schlusse noch einen Spaziergang über die beiden Brücken vor, um

auch das gegenüberliegende Deutz zu besuchen. Auf
der eisernen Brücke von Köln aus hinüber wandelnd,
besteigen wir auf dem Mittelpfeiler den offenen Thurm,
um von diesem Punkte aus, den zugänglich gemacht zu
haben die Brückenbaugesellschaft den besondern Dank
des Publikums verdient, das grossartige Panorama der
Stadt zu beschauen. Auf der deutzer Seite angelangt,
lassen wir auf dem dortigen Rondelle den Blick über
den Stationshof der köln-mindener Eisenbahn in die
bergische Gegend schweifen, deren auffallendste Punkte
im Osten das bensberger Schloss (als Cadetten-Anstalt
benutzt) und im Nordosten das freundliche Mülheim
bilden. Die deutzer Rampe führt uns dem Hôtel belle
vue entgegen, dessen Gartenconcerte und Glas-Veranda
auf die Kölner, besonders an Sonn- und Feiertagen
eine bedeutende Anziehung üben. Im Städtchen selbst
wäre nur die alte katholische und die neue evangelische
Kirche zu besehen, ehe wir uns über die Schiffbrücke
auf den Rückweg nach Köln begeben. — Die kölner
Schiffbrücke ruht auf 42 Brücken-Pontons, von denen
drei an jeder Seite die Landbrücke bilden. Die übrigen
sind paarweise zu Jochen verbunden, die zum Ausfah-
ren eingerichtet sind. Sie hat eine Länge von 1250
Fuss, und wird im Frühlinge und Herbste, besonders
aber an den Abenden der heissen Sommertage wegen
der auf ihr herrschenden angenehmen Kühle und frischen
Luft von der vornehmeren Welt und von Fremden sehr
stark als Promenade benutzt. Sie mündet in Köln am
Eingange zur Friedrich-Wilhelmstrasse, welche uns in
fortlaufender Richtung zum zweitgrössten Platze Kölns,
zum Heumarkte führt. Links erblicken wir hier das
Kaffeehaus zur Börse, welches vor dem prachtvollen
Hôtel Victoria liegt, rechts die Hauptwache, gewöhnlich
von den verschiedenartigsten Schaubuden umringt, und
ragen über die nördliche Häuserreihe hinweg die Thürme
des Rathhauses und der Kirche Gross-St. Martin hervor.

Das Weichbild der Stadt.

Köln ist durch den breiten Gürtel seiner Festungswerke in solch enge Grenzen geschnürt, dass eine weitere
Ausdehnung der Stadt nach der Landseite hin im Augenblicke leider nicht denkbar ist. Um aber bei der Zunahme der Population und gegenüber der nothwendig
gewordenen Freilegung so vieler bisher bebauten Stellen
eine entsprechende Vermehrung der Wohnräume zu erzielen, treibt man einestheils die Neubauten zu sehr in
die Höhe, wodurch die ohnehin schon so engen und
dunkeln Strassen ihr bischen Luft und Licht noch mehr
verlieren, und fallen anderntheils die sogenannten Lungen der Stadt, die wenigen noch vorhandenen Gärten
und unbebauten Flächen der Art der Bauspekulation
anheim, dass es von einem erhöhten Punkte im Centrum
Kölns immer schwieriger wird, in weiter Runde einen
Baum oder grünen Rasen zu erspähen. Die fortwährend
neu auftauchende Hoffnung der Bewohner, den jetzigen
Festungsring etwa bis in den Halbkreis der die Stadt
umgebenden Forts hinausgerückt zu sehen, wird aber
trotzdem vielleicht nach mehreren Decennien erst zur Wirklichkeit gedeihen. Was aber in Wien und Berlin schon
früher für nothwendig befunden, was in Antwerpen noch
kürzlich zur Ausführung gekommen, wird auch in Köln
über kurz oder lang nicht mehr zu umgehen sein: Die
Festungswerke müssen fallen, und Köln wird
alsdann seinem Berufe, eine der grössten Welt-
städte zu werden, um einen bedeutenden Schritt
entgegen geführt. Wenn aber einstens eine dritte
Ummauerung sich als nothwendig erweisen sollte, so wird
man sich hoffentlich nicht mit dem Ringe zwischen den jetzigen Forts begnügen, sondern die sämmtlichen, in jüngster Zeit entstandenen Vorstädte Bayen- und Lindenthal,
Ehrenfeld, Nippes und Riehl, so wie das gegenüber lie-

geude Deutz mit den Ansiedelungen an der mülheimer und kalker Chaussée als E i n e Gesammtgemeinde mit Mauern umziehen, deren City alsdann die jetzige Altstadt bildet.

Die Gründung und die so rasch zunehmende Bevölkerung der genannten Vorstädte Kölns wurde einestheils durch die enorme Miethe im Innern, anderntheils durch die grosse Zahl der ausserhalb neu entstandenen industriellen Etablissements veranlasst, deren Arbeiterpersonal sich grösstentheils in unmittelbarster Nähe derselben niederliess. Vom Thürmchen bis zum zoologischen Garten wurden ausser dem Sommertheater eine Reihe der prachtvollsten Villa's erbaut. Ein Dutzend verschiedener Fabriken und die grosse Reparatur-Werkstätte der rheinischen Eisenbahngesellschaft vor Nippes beschäftigen beinahe 1000 Menschen, die theilweise ihren Wohnsitz noch in Köln behielten. Zwischen hier und dem Ehrenfelde bildet der städtische Garten einen höchst angenehmen Erholungsort, der, würde er später ins Innere gezogen, der Stadt zur grössten Zierde gereichte. Der Vorort Ehrenfeld, durch mehrere zierliche Landhäuser ausgezeichnet, wird bald die Zahl von 1800 Seelen erreichen. Bei Lindenthal sieht man jährlich neue Gärten mit Lust- und Wohnhäusern entstehen. Die kölnische Maschinen-Bauanstalt im Bayenthal bildet mit ihren zahlreichen Arbeiterwohnungen schon für sich eine förmliche Stadt, die sich durch die davor liegenden Holzschneidemühlen nebst verschiedenen Wohn - und Lagerhäusern, sowie durch die Gebäulichkeiten am Todten-Juden und am Bayen mit Köln in einer nur stellenweise unterbrochenen Verbindung erhält. Die mülheimer sowohl wie die kalker Chaussée, an welch ersterer wir noch besonders auf die grossartige Eisenbahnwagen- und Maschinen-Bauanstalt von van der Zypen und Charlier verweisen, werden beide fortwährend mit neuen Wirths- und Wohnhäusern bebaut, so dass selbige wie zwei lange Strassen erscheinen, die sich mit Deutz in immer nähere Verbindung setzen möchten. Ausser diesen genannten und compakter zusammenhängenden Gebäude-Complexen sehen wir im ganzen Weichbilde der Stadt eine grosse Zahl umzäunter Gärten und einzelner Wohn- und Sommerhäuser zerstreut, wodurch schon heute der ganze Ring bis weit über die Forts hinaus das Bild einer grossartigen Gartenanlage mit kleinern und grössern Villa's gewährt, in welcher die eingepferchten Bewohner der Stadt noch im Genusse erfahren, was frische Luft und ländliches Stillleben heisst. Würde nun später dieses ganze Terrain bei einer abermaligen Erweiterung der Stadt mit neuen Mauern umzogen, so wäre dem Luxus und der Privat-Speculation ein Gebiet der grossartigsten Entwickelung eröffnet, und breite, gesunde Strassen und öffentliche Gebäude, Palläste und bescheidene Arbeiterwohnungen würden rasch wie durch Zauber der Erde entsteigen.

Wohlan denn, du reiches, du mächtiges Köln! schreite muthig voran auf bezeichneter Bahn deiner dir bestimmten grossen Zukunft entgegen! Zersprenge mit Macht den Gürtel der Mauern, der dich zu lange schon beengend umschnürt! Trete hinaus über die Gräben in die frische Natur, annectire das ganze vor deinen Thoren sich dir freudig ergebende Gebiet, und umgebe dich dort mit jugendlicher Schönheit und grossstädtischer Pracht, damit das alte und ruhmvolle Wort zur neuen und weltbekannten Wahrheit werde:

„Cöllen eyn Croin,
Boven allen Steden schoin!"

Sach-Regifter.

Straßen-Verzeichniß.

	Carré.		Carré.
Aar (auf der). . . .	G. 6	Bobstrasse	F. 2
Achterstrasse	C. 5	Bollwerk (am) . . .	H. 6
Agatha (an St.) . . .	G. 4	Bolzengasse	G. 5
Agrippastrasse . . .	F. 4	Botengässchen . . .	H. 5
Albertusstrasse . . .	H. 2	Brand (auf dem) . .	J. 6
Alexianerstrasse . . .	F. 2	Breitestrasse	H. 3 4
Allerheiligenstrasse .	L. 5	Brigittengässchen . .	H. 6
Alte Mauer an Aposteln	H. G. 2	Brinkgasse (grosse) .	H. 2
Alte Mauer am Bach	E. 4 5	„ (kleine) .	H. 1
Alte Mauer am Laach	F. 2	Brückenstrasse . . .	H. 4
Altenbergerstrasse . .	K. 5	Brüderstrasse . . .	G. 3
Altengraben	K. 3 4	Brunostrasse	B. 5
Altengrabengässchen .	K. 3	Budengasse (grosse) .	H. 5
Alter Markt	H. 5	„ (kleine) .	H. 5
Andreaskloster . . .	J. 4	Bürgerstrasse	H. 5
Ankerstrasse	D. 4	Burghöfchen	G. 5
Annostrasse	B. 6	Burgmauer	J. 4
Antonitern (an den) .	G. 4	Buschgasse	C. 6
Antonsgasse	G. 4	Buttermarkt	G. 6
Apernstrasse (St.) . .	H. J. 2	Cäcilienkloster . . .	F. 4
Apostelnkloster . . .	G. 2	Cäcilienstrasse . . .	G. 3
Apostelnstrasse . . .	G. H. 2	Cardinalstrasse . .	J. 3
Appellhofsplatz . . .	J. 3	Carthäusergasse . .	B. 5
Augustinerplatz . . .	G. 5	Carthäuserhof . . .	B. 5
Bachemstrasse . . .	E. 4	Carthäuserwall . . .	C. 3
Bahnhofstrasse . . .	J. 5	Casinostrasse . . .	G. 5
Bayardsgasse	F. 3	Catharinen (an St.) .	D. 5
Bayenstrasse	C. 6 7	Catharinenstrasse .	D. 6
Bechergasse	H. 5	Catharinengraben . .	D. 6
Benesisstrasse . . .	G. 1	Christophsstrasse . .	K. 2
Berlich (auf dem) . .	H. 3	Clemensstrasse . . .	M. 6
Bieberstrasse	C. 6	Columbastrasse . . .	H. 4
Bischofsgartenstrasse .	J. 6	Comödienstrasse . . .	J. 4
Blaubach	E. 4	Corneliusstrasse . . .	B. 6
Blindgasse	G. 4	Cunibertsgasse . . .	L. 6

	Carré.			Carré.
Cunibertskloster . . .	L. 6		Goldschmied (unter) .	H. 5
Domhof	J. 5		Gottesgnaden (unter) .	H. 5
Domkloster	J. 5		Griechenmarkt (grosser)	E. 3 4
Dominikanern (an den)	J. 4		„ (kleiner)	E. 3
Domstrasse	K. L. 5		Hämmergasse . . .	H. 3
Dreikönigenstrasse . .	C. 6		Hafengasse	G. 6
Drususgasse	H. 4		Hahnenstrasse . . .	G. 1
Ehrenstrasse	H. 1 2		Hahnenwall	G. H. 1
Eiche (an der) . . .	B. 5		Helenenstrasse . . .	H. 2
Eigelstein	L. M. 5		Herzogstrasse. . . .	G. 4
Elisenstrasse	J. 3		Heumarkt.	G. 6
Elogiusplatz	G. 5		Himmelreich (auf dem)	G. 6
Elstergasse	H. 4		Hirschgässchen . . .	B. 5
Enggasse	K. 4		Höhle (in der) . . .	G. 5
Entenpfuhl	L. 4		Hof (am)	H. 5
Entenpfuhlsgässchen .	L. 4		Hofergasse	K. 5
Eulengarten (im) . .	D. 4		Hochpfortenbüchel . .	F. 4
Fassbindergasse . . .	G. 6		Hohepforte	F. 5
Ferculum (im) . . .	B. 5		Hochstrasse	G. H. 5
Fettenhennen (unter) .	J. 5		Holzgasse	E. 6
Filzengraben	F. 6		Holzmarkt.	D. E. 6
Filzgasse	H. 3		Hosengasse	F. 4
Fischmarkt	H. 6		Hühnergasse	H. 5
Fleischmengergasse . .	G. 3		Huhnsgasse	E. 2
Follerstrasse	E. 5 6		Hundsgasse	E. 4
Frankstrasse	E. 2		Hunnenrücken . . .	K. 4
Frankenplatz. . . .	J. 5 6		Hutmacher (unter) . .	G. 5
Frankenthurm (am) .	J. 6		Johanneshöfchen . .	D. 5
Friedrichsstrasse. . .	D. 2		Johannisstrasse . . .	K. 6
Friedr.-Wilhelmstrasse	G. 6		Josephsplatz	D. 5
Friesenstrasse. . . .	J. 1 2		Josephstrasse	C. 5
Friesenwall	J. 1		Judengasse	H. 5
Georgsplatz	E. 5		Jülichsplatz	G. 5
Georgsstrasse	E. 5		Kämmergasse	F. 4
Gereonsdriesch . . .	K. 2		Kästen (unter) . . .	H. 6
Gereonshof	K. 2		Kahlenhausen . . .	M. 6
Gereonskloster . . .	K. 2		Kammachergasse. . .	H. 6
Gereonsmühlengasse .	K. 3		Kattenbug.	J. 3
Gereonstrasse . . .	K. 3		Kaufhausgasse . . .	G. 5
Gereonswall	L. 3		Kaygasse	E. 3
Glaspassage (neue) .	H. 4		Kettengasse	H. 1
Glockengasse	H. 3 4		Klappergasse	D. 6
Glockenring	L. M. 4		Klapperhof (im) . . .	J. 1 2
Goldgasse	K. 6		Klingelpütz (am) . .	K. 3

	Carré.			Carré.
Klobengasse	G. 6	Mauritiuswall	E. F. 1
Königsstrasse	F. 5	Mauthgasse	H. 6
Kostgasse	J. 6	Maximinenstrasse	K. 5
Krämerei (in der)	H. 5	Mechtildisstrasse	D. 6
Krahnenbäumen (unter)	L. 5 6	Michaelsstrasse	D. 2
Krahnengässchen	L. 6	Minoritenplatz	H. 4
Krebsgasse	G. 3	Minoritenstrasse	H. 4
Kreuzgasse	G. 3	Mittelstrasse	G. 1 2
Krummenbüchel	F. 4	Mörsergasse	H. 3
Kuhgasse	F. G. 6	Mohrenstrasse	J. 3
Kupfergasse	H. 3	Mühlenbach	F. 5
Laach (im)	G. 2	Mühlengasse	H. 6
Landsbergerstrasse	D. 6	Nächelsgasse	D. 6
Langgasse	H. 3	Neugasse (grosse)	H. 6
Laurenzplatz	H. 5	„ (kleine)	J. 4
Lichthof	F. 5	Neumarkt	G. 2 3
Linde (an der)	L. 6	Norbertsstrasse	J. 2
Lintgasse	H. 6	Obenmarspforten	H. 5
Litsch (auf der)	J. 5	Olivengasse	G. 3
Löhrgasse	F. 3	Ortmannsgasse	F. 3
Löwengasse	E. 5	Pantaleonsberg (St.)	D. 2
Lungengasse	F. 2 3	Pantaleonskloster	D. 2
Lyskirchen (an)	F. 6	Pantaleonsmühlengasse.	E. 2
Machabäerstrasse	L. 5	Pantaleonstrasse	D. E. 3
Magdalenen (an St.)	B. 5	Paulstrasse	C. D. 4
Magnusstrasse	H. 2	Pelzergasse	G. 6
Malzbüchel (am)	F. 5	Penzgasse	K. 6
Malzmühle (an der)	F. 5	Pepinstrasse	F. 5
Margarethenkloster	J. 5	Perlengässchen	G. 4
Maria-Ablassplatz	K. 3	Perlengraben	D. 4
Mariengartengasse	J. 4	Perlenpfuhl	G. 4
Mariengartenkloster	J. 4	Petersgässchen	F. 4
Marienplatz (St.)	F. 5	Peterstrasse	F. 3
Marsilstein (am)	G. 1 2	Pfeilstrasse	G. 1
Marspfortengasse	G. 5	Plankgasse	L. 3 4
Marsplatz	G. 5	Plectrudengasse	F. 5
Martin (vor St.)	G. 5	Portalsgasse	H. 5
Martins-Abteigasse	H 6	Poststrasse	E. 3
Martinsfeld (St.)	D. 3 4	Probsteigasse	K. 2
Martinspförtchen	H. 6	Pützgasse	H. 3
Martinsstrasse	G. 5	Quatermarkt	G. 5
Marzellenstrasse	K. 5	Quirinstrasse	D. 3
Mathiasstrasse	F. 5	Rechtschule (an der)	J. 4
Mauritiussteinweg	E. F. 2	Reinoldstrasse	F. 2

	Carré.		Carré.
Rheinaustrasse	E. 6	Spitzengasse (grosse)	E. 4
Rheinberg	F. 6	„ (kleine)	D. 5
Rheingasse	F. 6	Sporergasse (kleine)	H. 5
Richartz-Platz	H. 4	Spulmannsgasse	D. 5
Richmodstrasse	G. 3	Stadthausplatz	H. 5
Rinkenpfuhl	F. 2	Stavenhof (im)	M. 4 5
Rochusstrasse	E. 4	Steinfeldergasse	J. 2
Röhrergasse	F. 4	Steinweg	G. 5
Römergasse	J. 4	Stephanstrasse	F. 5
Römerthurm (am)	J. 2	Sternengasse	F. 4
Rosengasse	C. 6	Stolkgasse	K. 4
Rosenstrasse	C. 5	Strassburgergasse	G. 6
Rothenberg	G. 6	Strassburgergässchen	F. 6
Rothgerberbach	E. 3	Streitzeuggasse	G. 3 4
Ruhr (auf der)	H. 4	Taschenmacher (unter)	H. 5
Sachsenhausen (unter)	J. 4	Taubengasse	E. 1
Salomonsgasse	H. 5	Telegraphenstrasse (gr.)	E. 2
Salzgasse	G. 6	„ (kleine)	E. 2
Salzmagazin (am)	L. 4	Tempelstrasse	L. 4
Sandbahn	G. 5	Theophanienstrasse	D. 3
Sandkaul (grosse)	G. 5	Thieboldsgasse	E. F. 2
„ ⸗ (kleine)	G. 5	Thürmchensgasse	M. 7
Sassenhof	G. 6	Thürmchenswall	M. 5 6
Schafenstrasse	F. 1	Thurnmarkt	G. 6
Schartgasse	E. 3	Tipsgasse	G. 6
Schemmergasse	E. 3	Trankgasse	J. 6
Schildergasse	G. 4	Ufer (am alten)	K. 6
Schlachthaus (am)	K. 6	Ulrichsgasse	C. 4
Schnurgasse	D. 4	Ursulakloster	L. 4
Schulgasse	G. 2	Ursulaplatz	L. 4
Schwalbengasse	H. 3	Ursulastrasse	K. 4
Schwertnergasse	H. 4	Victoriastrasse	K. 4
Seidmacher (unter)	G. 5	Voigteistrasse	L. 3
Seidmachergüsschen	G. 5	Wallrafsplatz	J. 5
Severinskloster	B. 5	Waidmarkt	E. F. 5
Severinsmühlengasse	B. 6	Waisenhausgasse	D. 3
Severinsstrasse	C. D. 5	Wallgasse (alte)	H. 1
Severinswall	B. 6	Weberstrasse	E. 5
Seyengasse	D. 6	Wehrgasse	H. 6
Siebenburgen (vor den)	C. 3 4	Weichserhof (im)	E. 5
Silvanstrasse	B. 6	Weidenbach	D. 2
Sionsthal	D. 6	Weidengasse	M. 4
Spiesergasse	J. 2	Weingartengasse	F. 4
Spinnmühlengasse	F. 2	Weissbüttengasse	E. 4

Weissgerbereckgasse	E. 4	Wolfsstrasse . .	
Weyerstrasse	E. 2	Wollküche. . .	
Wilhelmstrasse . . .	B. 5	Zeughausstrasse .	
Witschgasse (grosse)	F. 6	Zollstrasse.	
„ (kleine)	E. 6	Zugasse	

Gasthöfe.

In Köln:

Hôtel Disch, Brückenstrasse 13—21 . . . .

Königlicher Hof (Dietzmann) Thurnmarkt 16—20 .

Hôtel Victoria (Clement) Heumarkt 46 . . . . . .

Hôtel du Nord (Mann) Frankenplatz 6 . . . . .

Hof von Holland (Tillmann) Thurnmarkt 48 . . .

Kölnischer Hof (Harperath) Thurnmarkt 28—34 . .

Wiener Hof (Merzenich) Glockengasse 6—10 . . .

Mainzer Hof (Welter) Glockengasse 14—20 . . .

Russischer Hof (Liebst) Friedr. Wilhelmstrasse 4 .

Hôtel du Dome (Metz) Domhof 7—9 . . . . . .

Laacher Hof (Schmitz) Laach 6—8 . . . . . .

Hôtel Hilgers (z. Bönn'schen Posthause) Hochstrasse 27

Pariser Hof (Gottschalk) Drususgasse 3 . . . . .

Friedrichs Hof (Joos) Pepinstrasse 2A . . . . .

Brüsseler Hof (Appel) Eigelstein 41 . . . . . .

Würtemberger Hof (Mayer) Kreuzgasse 8 . . . .

Bergischer Hof (Pfeiffer) Thurnmarkt 3—5 . . .

Hôtel St. Paul (Kleff) Marzellenstrasse 1 . . . .

Hôtel Billstein Friedr. Wilhelmstrasse 7 . . . .

Zu den drei Königen (Kaulitz) Thurnmarkt 10 . .

Zum Riesen (Seil) Friedr. Wilhelmstrasse 13—15 .

In Deutz:

Hotel belle vue (Kimmel) Inselstrasse 1 . . . . .

Hôtel Fuchs Freiheitsstrasse 1 . . . .

Hôtel du Prince Charles (Mann) Freiheitsstrasse 2 .